U0840425

广东省高等学校人文社会科学重大项目

“女童教育机会与教育质量研究”

（06JDXM880001）结题成果

女童教育公平与教育质量研究

主编　强海燕　郑新蓉
副主编　刘朝晖　王剑兰　韩　娟

教育科学出版社
·北　京·

出 版 人　所广一
责任编辑　何　艺
版式设计　北京博祥图文设计中心　孙欢欢
责任校对　贾静芳
责任印制　曲凤玲

图书在版编目（CIP）数据

女童教育公平与教育质量研究/强海燕，郑新蓉主编. —北京：教育科学出版社，2013. 12
ISBN 978 -7 -5041 -7917 -3

Ⅰ. ①女…　Ⅱ. ①强…②郑…　Ⅲ. ①女性—儿童教育—研究　Ⅳ. ①G61

中国版本图书馆 CIP 数据核字（2013）第 181234 号

女童教育公平与教育质量研究
NÜTONG JIAOYU GONGPING YU JIAOYU ZHILIANG YANJIU

出版发行	教育科学出版社		
社　　址	北京·朝阳区安慧北里安园甲 9 号	市场部电话	010 -64989009
邮　　编	100101	编辑部电话	010 -64989363
传　　真	010 -64891796	网　　址	http://www.esph.com.cn
经　　销	各地新华书店		
制　　作	北京博祥图文设计中心		
印　　刷	北京中科印刷有限公司		
开　　本	169 毫米×239 毫米　16 开	版　　次	2013 年 12 月第 1 版
印　　张	21. 5	印　　次	2013 年 12 月第 1 次印刷
字　　数	322 千	定　　价	49. 00 元

如有印装质量问题，请到所购图书销售部门联系调换。

目　录

探 讨 篇

区 域 篇

女 校 篇

视　野　篇

导 言

一、我国女子学校教育之历史回顾

谈起女子接受学校教育，我们都会觉得那是天经地义的事，其实不然，学校教育从一开始就与女性无缘，她们被排斥在学校大门之外，这是奴隶社会和封建社会的普遍状态。为什么祝英台和梁山伯能在学校“同窗共读”？那是因为女扮男装！就在100多年前，学校教育在我国仍旧是男性的特权。在革新派、革命派的倡导下，在进步运动的推动下，在妇女要求平等与解放的奋进中，女子教育权利的获得走过了一个漫长的历程。

我国女性争取接受学校教育机会，是从清朝末年兴办女学开始的。发端于西方传教士在华开办的教会学校，面对清政府的腐败，社会进步人士从教会开办女子学校的事实中，意识到女性受教育的重要性。甲午战争失败后，更多的爱国志士认识到兴办教育的迫切性，维新派人士甚至把战败的原因归结为缺乏女学，由此推崇女校实践，掀起了一股女子教育思潮，认为女性受教育能够广开民智，强国强种，女子有受教育的权利，“必使妇人得其自有之权”。

据统计，1907年，400多所女学堂遍布我国绝大部分地区。面对各地相继创办女学的不可阻挡的潮流与压力，清政府于1907年颁布了《女子小学堂章程》和《女子师范学堂章程》，使女子教育正式归入学制，在法令上认可其权利，但是又对女子教育的进一步发展进行限制。例如：将女子受教育的最高机构限制为师范学堂，政府不设女子中学，更无女子大学，而且必须男女分校。

1912年中华民国建立后，革命派极为重视女子教育，认为要实现男女平权，必须从女子教育入手。1912 年，孙中山在广东女子师范第二学校以“女子教育”为题发表讲演。他说：“中国女子虽有二万万，惟教育一道，向来多不注意，故有学问者甚少。处于今日，自应以提倡女子教育为最重要之事。”“教育既兴，然后男女可以望平权，然后可成此共和民国。”因此民国初年，我国女学发展很快。女学的兴起是中国两千多年教育的历史转折点，是女性地位重大变化的前奏曲，奠定了妇女解放的基础。但是，那个时候的女子教育充满着很浓的封建性，女生没有权利与男子“同窗共读”，那时的女学实际上是一种性别隔离的教育。

五四运动反对封建礼教，提倡男女平等，以北京大学为首掀起了男女同校运动，要求大学开女禁的呼声日益高涨。1919 年 4 月，几名女学生上书北京大学校长蔡元培，请求开放女禁，不久就有 9 名女生得到旁听课程的许可，1920 年北大正式招收女生入学。由陶行知任校长的南京高等师范学校也同时采取了同样的开明举措。此后全国许多高校陆续开始招收女学生。1926 年后，男女同校已在全国各地普遍实施。然而，由于民国时期中国未能真正摆脱半封建、半殖民地的命运，“兴女学”、“开女禁”虽然使妇女获得了受教育权利，但男女平等的受教育机会远未实现。新中国成立之前，我国妇女的受教育程度很低，能够接受学校教育的人数很少，是一个文盲充斥的人口群体。

新中国成立 60 多年来，妇女教育取得了令人鼓舞的成就。改革开放 30 多年来，女性无论是在教育的起点、过程，还是在结构方面，都有了更为显著的发展。女性享有与男性平等的法定教育权利；妇女受教育总人数和比例不断扩大；妇女受教育年限和层次明显上升，受教育质量和条件显著改善。各级各类教育中女性参与率呈上升态势，义务教育阶段男女生入学率和巩固率大体持平；就读普通高中的女生比例持续增长；高等教育阶段女性人数和比例大幅度攀升。

虽然我国人口受教育程度的性别差距在明显缩小，但男性受教育程度依然高于女性，反映了在教育发展中男女获益不完全相等的问题。在经济不发达或贫困地区，仍存在教育发展的性别不平衡问题。尤其是义务教育阶段女童的失学、高中阶段女生的入学率等问题，还应当引起足够的关注。

男女平等是社会进步的标志，回首我国百年女子学校教育历程，我们可以看到，妇女教育的发展围绕着女子能不能进学校、能不能“男女同校”、能不能升入高一级水平的教育机构而推进男女平等的历史进程。在已经基本实现教育机会平等的今天，我们千万不要忘记，女子教育的理想还未完全实现，我们正在面对女性教育公平问题：社会传统的男尊女卑观念还在侵蚀着本应反映时代文明与社会进步的教育系统，包括教育内容、教学方法、教师对待女生的态度、学校隐型课程以及教材中隐含的性别偏差与歧视等，都需要我们去审视，去反思，去评判，去改变！为了性别教育公平和女生的学校教育质量，我们希望能够秉承前人“兴女学”、“开女禁”的执着开拓精神和性别平等理念，在社会主义制度的优越条件下，继续为建构理想的教育现实而努力！

二、21 世纪女童教育之使命

“女童教育”指 18 岁及以下的未成年女性的学校教育。国际机构的一些大型研究都发现，女童教育对经济增长、人口控制、儿童与家庭健康、教育机会、社会公平具有重要的意义，女童教育往往是人权问题、人口问题、妇女问题、民族问题、经济问题等社会问题在教育领域的综合反映，近年来受到世界范围内各国政府、民间组织、教育专业群体的广泛、密切关注。发展女童教育是提高民族素质的基础工程，是衡量一个国家和地区社会文明与进步的尺度，也是教育民主化的重要标志。

20 世纪 80 年代末以来，我国女童教育得到了迅速发展，其中女童教育的重要性也得到了广泛的宣传。特别是在北京召开的第四届世界妇女大会之后，发展女童教育在我国媒体和官方话语系统中受到重视，在各级政府和社会力量的工作日程中也占有相当位置。进入 21 世纪以来，女童教育继续受到党和政府的高度关注。十余年来，我国先后两次颁布《中国儿童发展纲要》和《中国妇女发展纲要》。

《中国儿童发展纲要（2001—2010 年)》提出了 21 世纪第一个十年的儿童发展目标和策略措施。在儿童与教育和儿童与环境方面的国家宏观政策中提出：关注女童和处于特殊困境的儿童，保证其获得健康成长和平等发展的机会；切实保障女童受教育的权利，消除阻碍女童入学的障碍；将性别平等意识纳入教育内容。这些政策陈述体现出对女童教育机会和权利、性别平等意识和性别平等发展的高度重视。在21世纪第二个十年的《中国儿童发展纲要》中，对女童教育的重视体现得更具体、更有针对性，特别关注少数民族以及其他边缘性地区的女童教育。在《中国儿童发展纲要（2011—2020年）》的第三部分“发展领域、主要目标和策略措施”中，“儿童与教育”这个发展领域目标的第4条策略措施是“加快发展少数民族和民族地区儿童教育事业。加大对民族教育的支持力度，积极推进民族地区、农村牧区、偏远山区、边境地区改善中小学办学条件，巩固提高九年义务教育水平，促进女童接受学前和高中阶段教育。大力推进双语教学，全面推广国家通用语言文字，尊重和保障少数民族儿童使用本民族语言接受教育的权利，重视加强学前双语教育。加大民族地区师资培养培训力度。进一步完善发达地区、大中城市对民族地区的教育支援工作”。

21世纪初以来，我国政府先后颁布了两个十年的《中国妇女发展纲要》。2001年，国务院颁布了《中国妇女发展纲要（2001—2010年）》，确定了妇女与经济、妇女参与决策和管理、妇女与教育、妇女与健康、妇女与法律、妇女与环境六个优先发展领域的主要目标和策略措施。截至2010年，该纲要确定的主要目标基本实现，我国在促进妇女发展和男女平等方面取得了重大进展。这十年是我国妇女发展的历史最好时期之一。在教育方面，妇女受教育水平稳步提高，男女受教育差距进一步缩小。但是，由于受社会主义初级阶段生产力发展水平和社会文明程度的制约与影响，妇女发展仍面临诸多问题与挑战。我国妇女受教育程度与男性相比还存在差距。

国务院于2011年颁布了21世纪第二个十年的《中国妇女发展纲要》，明确阐明“实行男女平等是国家的基本国策”。指出：“未来十年，经济全球化将深入发展，国际竞争会日趋激烈。国际社会在推动人类发展进程中，更加关注妇女发展和性别平等。从现在起到2020年，是我国全面建设小康社会的关键时期。经济社会快速发展，既为妇女发展提供了难得的机遇，也提出了新的挑战。促进妇女全面发展，实现男女平等任重道远。”在“总目标”中阐述了妇女教育发展的目标，即“平等享有受教育的权利和机会，受教育程度持续提高”。提出了中国妇女的七个发展领域，其中第二个发展领域就是“妇女与教育”。对“妇女与教育”发展领域，制定了十项发展目标，其中七项涉及女童基础教育（义务教育及高中阶段教育），例如：“教育工作全面贯彻性别平等原则”；“女童平等接受九年义务教育，消除女童辍学现象”；“女性平等接受高中阶段教育”；“性别平等原则和理念在各级各类教育课程标准及教学过程中得到充分体现”。针对“妇女与教育”发展领域的目标，提出了14项策略措施，也大都与女童教育有关。例如：“在教育法规、政策和规划的制定、修订、执行和评估中，增加性别视角，落实性别平等原则”；“确保适龄女童平等接受义务教育，加大对教育法、义务教育法等法律法规的宣传力度，提高家长保障女童接受义务教育的守法意识和自觉性”；“保障女性平等接受高中阶段教育。加大对中西部贫困地区高中阶段教育的扶持力度，满足农村和贫困地区女生接受高中阶段教育的需求”；“实施教育内容和教育过程性别评估。在课程和教材相关指导机构中增加社会性别专家。在教育内容和教育方式中充分体现社会性别理念，引导学生树立男女平等的性别观念”；“提高教育工作者的社会性别意识。加大对教育管理者社会性别理论的培训力度，在师资培训计划和师范类院校课程中增加性别平等内容，强化教育管理者的社会性别意识”。

因此，在21世纪的第二个十年中，进一步深入探讨女童教育公平和教育质量问题，揭示和剖析阻碍性别公平教育的障碍，寻求学校教育促进性别公平的有效途径和方式，确保女童学校教育有质量地发展，有着重要的理论和现实意义，是时代的使命。

三、本书的特点与新意

本书聚焦21世纪初十余年来的我国女童学校教育，在性别意识和社会性别研究方法指导下，对我国当前女童的学校教育状况予以检视。本书是广东省高等学校人文社会科学重大项目“女童教育机会与教育质量研究”（06JDXM880001）的结题成果。

本书关注女童学校教育机会、公平和质量。根据联合国教科文组织倡导的教育性别平等的四层次框架（入学机会平等、学习过程平等、教育结果平等、教育外部结果平等），本书所探讨的女童教育公平议题，主要围绕学习过程平等和教育结果平等，即探讨在学校教育中女生是否得到了公平的对待。根据第五次全国人口普查（2000年）结果，总体看来，我国人口受教育程度的性别差异正持续地表现出缩小的趋势，但是在贫困农村和民族地区，还存在着教育机会不均等问题。因此，本研究不仅关注学校教育中男女学生的教育公平和质量问题，还关注贫困农村地区女童教育机会均等问题。本书对女童教育质量的探讨，主要涉及女童的学业发展、身心发展、性别平等意识与性别观发展。有些问题研究同时涉及教育机会、教育公平和教育质量范畴，如女童辍学现象。

本书具有突出的实证性，是在扎根学校、进行较大范围的实证调查的基础上形成的。近年来，以社会性别视角审视学校教育在教育学术界逐步受到研究者的关注，但多停留在对国外性别教育理论与实践问题的引介上，对国内学校教育中的女童教育现状缺乏实证性和系统性研究。有鉴于此，本研究在结合文献研究基础上，深入学校，进行了较大范围的实证调查研究，在搜集了我国女童学校教育的第一手资料基础上形成了课题研究成果。

本书注重女童的话语权和女童的主体地位。从女童的自身发展来看，已有的研究过多地强调女童教育的工具价值，如女童受教育是社会平等与进步的工具，是经济发展的工具，是更好地实现传统家庭角色的工具等。对女童来说，受教育更是一种赋权过程，对女童具有本体价值，进学校读书是女孩自己的声音和需要。从“女童自身发展”这一新的视角来理解和宣传女童教育的重要性，应该是新世纪我国女童教育发展的理念方向和核心价值。当前，我国已有女童教育研究在很大程度上忽视了女童作为受教育主体的需要和话语表达权，因而未能充分揭示女童学校教育发展的各种因素及其关系。本书关注女童主体学校教育经验，倾听女童主体声音。在研究方法上，社会性别研究非常注重用女性的视角来体验、考察教育问题，让女性的主体声音表达其学校教育经历和经验。我们采用了量的研究和质的研究相结合的研究方法，既关注女童群体学校教育状况，更关注女童个体的学校教育体验和女生群体内的学校教育经验差异，以女童主体声音和话语寻找女童学校教育的发展和需求。本书的研究注重反映女童作为受教育主体的教育观点，从女童的本体经验中揭示影响女童教育质量与教育公平的内部关键因素。在此基础上，提出满足女童教育需求、促进女童教育公平与质量的新的研究议题、实践对策及政策依据。

本书体现了研究样本的丰富性与多元化。为了比较系统地检视和反映当前我国女童学校教育的现状，我们在研究样本的选取上注重了研究对象特征的多元性。从区域来看，研究对象选取了东、中、西部的广东、上海、山东、陕西、宁夏、新疆、内蒙古等七个省、自治区、直辖市的女童，她们有的来自如上海、广州这样的国家中心城市，有的来自如西安、乌鲁木齐、银川这样的西部中心城市，还有的来自广东、山东、宁夏、新疆以及内蒙古这些省或自治区的农村地区，尽可能地关注女童生活区域发展水平的多样性。从女童年龄分布来看，我们重点选取了中学初中和高中阶段的学龄女童作为研究对象，因为这个年龄阶段是女童性别意识相对敏感且发展较快的时期，尽可能地关注女童生理和心理发展阶段的多样性。从教育组织形式来看，我们不仅关注在混合中学就读的女童，还选取了在单一性别构成的女子中学就读的女童作为研究对象，尽可能地关注女童学习环境的多样性。从女童取得的学业成绩分布来看，我们不仅选取了学业成绩优异的在学女童样本，倾听她们的学校经历、主观感受和教育需求，还关注学业处境不利的在学女童以及辍学女童，深入了解和理解身处学业发展不利处境女童的教育经历、主观感受和发展需求，力求全面呈现女童的学校教育发展状况。

四、本书的内容框架

本书共有14章，分为五篇，即背景篇、探讨篇、区域篇、女校篇、视野篇，从五个维度呈现我们的研究。

本书的第一、第二、第三章为背景篇，为对女童教育研究与实践感兴趣的读者提供了相关理论和实践发展的背景，是理解和思考本书后面章节的具体深化研究的前提，也是我们从事大型实证研究的基础和起点。第一章围绕“性别社会化与性别平等学校教育”主题，阐明了“社会性别”的含义及特征，论述了我国实施性别平等教育“要求社会性别主流化”和“指向性别平等教育”的政策依据，介绍了国内外性别平等教育的发展，揭示了我国学校教育中仍旧存在的性别不平等问题，总结了我国在促进性别平等学校教育方面的改革措施。第二章对20世纪90年代以来我国女童教育研究的主要文献进行了梳理和综述。可以看到，我国女童教育的研究重点探讨了发展女童教育的意义、女童教育现状、女童教育发展阶段、女童教育滞后的原因及发展女童教育的对策等问题。进入21世纪以来，随着女童的入学机会基本得到保障，女童教育的研究逐渐走向深化和具体化。第三章对90年代以来我国在两性教育公平方面的主要研究进行了梳理和综述，概述了对两性教育公平内涵的探讨、两性教育不公平现状的研究、两性教育公平实践中存在问题的分析以及对两性教育公平实现路径的探索。

第四、第五两章为探讨篇。作为姊妹章，这两章对我国中小学语文教材进行了性别文化分析。第四章对性别文化与儿童性别社会化过程的密切联系，以及教材作为隐蔽课程对学生性别观形成的作用进行了论证和阐述，对我国中小学语文教材性别分析的研究进行了综述，对我国中小学语文教材中所反映的性别文化偏差进行了审视和批评。在此基础上，第五章论述了通过教育发展和建构先进性别文化的必要性，充分肯定了新课程改革后的语文教材在性别文化建设上的变化和进展；同时，通过对新课程语文教材的系统分析，指出我国现行语文教材在性别角色数量与意义、性别观、性别刻板观念等方面依然存在问题；提出语文教材一定要体现先进的性别观，提升性别平等意识并实现男女话语权的平等。除了教材的性别文化分析之外，对于学校性别教育公平具有重要意义的性别社会化过程中同伴互动的审视，也是关于性别文化的另一种隐蔽课程研究。

第六、第七、第八、第九章构成区域篇，我们分别从农村地区的辍学女童和跨省区的在校女童教育入手，了解女童学校教育在公平和质量方面的成就和问题。我们也以一个小的地级市区为对象，探讨在经济相对落后地区的男女混合学校就读的女童的教育情况。第六章对农村女童辍学现象进行了调查分析，对我国西北地区某国家级贫困县的14名辍学或者曾经有过辍学经历的农村女童及部分家长和教师进行了深入访谈。该研究揭示了女童辍学的经济因素、文化因素、学校教育因素；发现了女童辍学现象的被动接受和主动选择两类不同的过程。以经济因素和文化因素为导引的辍学是家长的决策，而学校教育问题引发的辍学是女童自己的选择。作者提出，学校教育应该保障所有女童的受教育权利，有效发挥教育的补偿性功能，教育内容应满足女童的多元需要。为了能够比较真实地了解女童学校教育现状，第七章呈现了较大样本问卷调查的结果。该研究选取了沿海和西部两省区共5所中学22个班的学生，主要对校园环境自我感知、学业状况、教师的期望与态度、自我期望与评价、社会性别人格特征等方面的性别差异进行了详细的数据分析和解释。问卷调查结果显示，女童的学校教育存在四个方面的问题：女童缺乏性别意识和性别敏感，在数理学科的学习上遭遇更多困难，学校体育设施不能很好满足女童需求，性别刻板观念仍然影响着女童的性别角色塑造。为此，作者提出了针对性的建议和对策。与第七章的较大范围问卷调查相比较，第八章是与之相呼应的小范围深度考察，分别在沿海和西部三个省选取具有样本代表性的在校女生进行深入访谈，对受访女童在学业发展、校园生活、性别认同与志向追求以及学校寄望等方面进行话语归纳与总结。这些主体的声音，对于学校教育工作者提高女童教育质量提出了值得探讨的问题和议题，例如，在学业发展上，存在着城乡差距、阶段性差距、学科差距。该研究还揭示了学习主动性与学业成绩水平及年龄的关系。在此基础上，作者对性别差异与性别教育进行了理论反思，提出了促进女生教育发展之心理保障的重要性。第九章聚焦一个经济欠发达的市区进行女童学校教育的区域研究，包括学生问卷调查、教师访谈和学生访谈等调查活动。有一些发现对今后的女童教育研究和实践发展具有重要意义。例如：学科倾向性在尖子班、重点班及重点学校没有明显的性别差异，传统上认为的女生理科的弱势在重点学校或重点班已被突破，说明女生身上蕴藏着巨大的潜能。在今后的女童教育对策上，作者高度关注教育能力的发展，提出教师要以正确的性别观念为指导，改进教育教学方法，提高教育教学技能，从而发展女生优势，挖掘女生潜力，使女童成为宝贵的教育资源。

女校篇由第十、第十一两章组成。女子学校一直是一个有争议的研究议题，它在历史上既是解放女性的力量，也是隔离女性的屏障。在21世纪的今天，女子学校存在的价值和意义又是什么？这两章以我国一所历史悠久的女子学校为研究案例，探讨成功的单一性别学校的特点及其在女生发展上的独特优势。这两章围绕女子学校的课程展开研究，研究结果显示：成功女校的显性课程弘扬女性优势，尊重性别差异，关注女生发展；单一性别本身就构成了隐性课程的重要环境因素，单一性别构成的同伴互动和学生自主性活动、单一性别环境下的师生关系等，都对女生发展产生了重要影响。研究结果证明，当今成功的女子学校的作用不是解放，不是隔离，而是促进女生发展。成功的女子学校对女生发展具有保护性和挑战性，其单一性别环境对女生社会性别观念重构具有重要的引领作用；女子学校为那些需要单一性别环境来促进自身健康成长的女童而存在，其理念与经验对男女混合学校的性别平等教育也有重要的借鉴价值。

第五篇为视野篇，由第十二、第十三、第十四章和附录组成。第十二章是对社会性别主流化的研究，主要介绍和分析了2007年8月苏格兰行政院出台的《苏格兰学校性别平等清单》，这是性别主流化进入校园的具体政策体现，指明了实施性别主流化的具体措施，引导着学校性别平等工作的开展。《苏格兰学校性别平等清单》在一定程度上体现了国际社会关于性别平等教育和女童教育的政策导向和范畴，对于其他国家将性别主流化引入教育领域有很重要的启发性。该章重点对性别主流化的作用、领域和表现形式进行了系统分析，并对我国学校引入性别主流化和制定“清单”提出了明晰而具体的建议。东南亚是一个拥有5亿多人口的地区，其中大部分国家是发展中国家，女童教育始终是其基础教育的重要问题。第十三章概述了东南亚发展中国家的女童学校教育，对联合国教科文组织统计局以及东南亚地区教育网站提供的大量有关数据进行了整理和归纳，对该地区发展中国家女童教育的分析从入学机会平等、教育过程公平、教育结果公平三个层面展开。研究发现，在20世纪中期以来的60年中，东南亚发展中国家女童教育既取得了突出的进展，又面临着艰巨的任务，仍旧存在着晚入学率、失学率高，入学率和完学率低的问题，主要反映在与中国边境相邻的老挝、柬埔寨、缅甸等几个经济发展水平低的国家。东南亚是中国的南邻，与中国在政治、经济、文化和教育上都有着密切的关系。对东南亚女童教育的了解，可以帮助我们更好地认识和探讨我国的性别教育公平和女童学校教育问题，也有助于彼此吸取教训，相互借鉴经验。越南是地处东南亚的发展中国家和社会主义国家，自1986年的革新开放以来，在提升女童教育机会方面取得了突出成绩，明显地改善了教育上的性别不平等状况。第十四章概述了越南女童教育机会的发展成就，从经济发展、教育发展与教育投入、社会性别观念转变等三个方面分析越南女童教育机会发展的重要影响因素。视野篇旨在为关注我国女童教育的读者开拓国际视野、提供外部信息和参照。

五、本书的撰写分工

本书的作者团队如下（以姓氏笔画为序）：

于康平　许昌学院教育科学学院　博士，副教授

王剑兰　广东韶关学院教育系　教授

刘朝晖　华南师范大学教育科学学院　教授

李闻戈　华南师范大学教育科学学院　教授

张　伟　山东菏泽学院初等教育系　教师

陈旭兰　广州市南国学校　教师

欧阳丽　华南师范大学教育科学学院　2011 级博士研究生，副教授

周桂香　广东省英德市第一中学　教师

郑新蓉　北京师范大学教育学部　教授

夏玉花　华南师范大学教育科学学院　2011 级硕士研究生

郭葆玲　陕西师范大学教育学院　教师

韩　娟　广州城市职业学院社区教育研究中心　博士

强海燕　华南师范大学教育科学学院　教授

蔡雅娟　北京师范大学教育学部　2011 届硕士毕业生

作者撰写分工如下。

导言：强海燕、郑新蓉；第一章：郑新蓉、欧阳丽、李闻戈；第二章：于康平；第三章：于康平；第四章：刘朝晖、周桂香；第五章：刘朝晖、周桂香；第六章：韩娟；第七章：于康平；第八章：郭葆玲、李闻戈；第九章：王剑兰；第十章：韩娟；第十一章：韩娟；第十二章：蔡雅娟、郑新蓉；第十三章：强海燕、陈旭兰、张伟；第十四章：夏玉花、韩娟；附录：蔡雅娟（翻译）。

强海燕作为“女童教育机会与教育质量研究”重大项目的负责人，负责全书的撰写策划和组织工作。郑新蓉两次来广州参加课题启动会议和审稿会议，对课题的理论与实证研究提出了引领性建议。强海燕、郑新蓉、刘朝晖、王剑兰、韩娟对书稿初稿进行了审稿并提出了修改建议，郑新蓉对全书的系统修改和完善提出了重要的建设性意见。韩娟对书稿修改稿进

行了预统稿和编辑；强海燕、韩娟对预统稿中的有关章节进行了修改和补充；强海燕、郑新蓉进行了最后统稿。

《女童教育公平与教育质量研究》一书的撰写与相应大型调查研究的开展，离不开多方的支持和合作。华南师范大学教育科学学院原院长、文科基地主任、教育学一级学科带头人扈中平教授对本项目给予了大力支持和高度重视；各省、自治区、直辖市有关教育行政部门及调查学校进行了积极的配合与协作；广州玛莎女子学校原校长马莎、华南师范大学李闻戈教授对课题调研进行了得力的联络和协调；南方科技大学韩蔚博士对审稿会议提供了方便条件和支持；项目组全体成员以及张丹、王令军、赵迪等华南师范大学教育科学学院研究生在调研工作中积极参与、默契配合。在出版过程中，本书还得到了教育科学出版社学术著作编辑室刘明堂主任的支持和帮助，在此一并表示诚挚的谢意！

背景篇

第一章

性别社会化与性别平等学校教育

“现今，全世界教育系统面临的一个最棘手也最激烈的挑战是如何在教育过程中融入性别的视角。”① 即使各国法律规定男女可以享受平等的教育，但是由于各种显性或隐性的性别刻板观念，依然存在着学校忽视性别平等教育、教师缺乏性别平等意识、教育过程性别偏差严重等问题。

教育作为培养人的活动，在性别的视角下，其使命是：帮助学习者扩展社会性别角色认知，引导学习者消除社会性别刻板观念对自身发展造成的消极影响和束缚，最大限度地促进每一个学习者——无论男女——潜能的发挥。

一、性别与社会性别

社会是两性的社会，两性话题是社会永恒的话题之一。“所谓男女有别，便是性别。性别是根据男女两性之间的差异作出的区别。”② 从女性主义立场来看，“性别”既是一个生物学的事实，也是一个社会事实，是生物因素与社会因素共同建构的结果。充分了解两性间的生理差异、生理性别与社会性别间的区别，是历史唯物主义应持有的态度，也是讨论学校教育

---

① 转引自：杜芳琴．赋知识以社会性别［M］．天津：天津师范大学出版社，2000.

② 郑新蓉．性别与教育［M］．北京：教育科学出版社，2005.

中社会性别议题的起点。

（一）性别与生物学意义上的性别差异

“性别”（sex）常译为“性”，是生物学的研究对象，是男女与生俱来的在生物学领域表现出的遗传、性腺以及性征等方面的差别，一般也称为生理性别。性别对于新生儿而言，只具有生物学上的意义。无论男婴女婴，都只是一个具有自然属性的人。两性生理结构上的差异主要表现在两性染色体、性激素、内外生殖器等方面。而关于不同性别的个体在大脑组织与大脑功能方面的差异，均没有最新的科学进展表明其有显著的差异。

两性生理机能上的差异主要表现在身体发育过程、身体素质方面。男女两性出生时，在体型与重量、身体与神经系统发育以及肌肉与内脏器官发展方面都存在差异，如：女婴的身体和神经系统发育较男生快，体重较轻；男婴则在肌肉、心脏与肺等方面发展较快，体重相对较重。这种出生时的差异不但影响着两性个体在婴儿期间及以后的发育过程与身体状况，也在客观上为不同社会形态形成的对男女两性的性别气质期待与性别刻板印象①提供了条件。

简言之，两性在生理上的差异是客观的，各有优势、各具特色；差异不是女性也不是男性的弱点，而是女性与男性的力量和特点，不存在谁强谁弱、谁尊谁卑的问题，应该无差异地尊重与平等对待。因此，两性在生理上的差异与区别不应成为两性地位的障碍，更不是女性处于性别不平等和从属地位的根本原因。

（二）社会性别及性别角色社会化

将“性别”与“社会性别”相区分是由心理学家罗伯特·斯托勒最先提出的。斯托勒在对两性人的研究中发现，这些人在生物学意义上的性别与他们出生时被认定的性别或他们自己定位的那个性别并不相符，他认为划分“性别”与“社会性别”十分有用。实际上，自然个体的社会属性的

---

① 性别刻板印象（gender stereotype），又称“性别角色定型”，是针对不同性别群体的简单概括表征，常常表现为人们对男性或女性角色特征固定的、僵化的看法。性别刻板印象抹杀了男女两性群体内部的个体特征多样性。

无差异状态在其出生后就被打破。成年人根据外生殖器官判断性别的做法，使得儿童一出生就被分别纳入由社会划分好的两个性别范畴，受到区别对待，由此，社会性别得以构建，社会性别差异逐渐形成，并体现出不同社会文化对社会性别的影响与塑造。

1. 社会性别的概念

社会性别是与自然性别或生理性别相对应而产生的一个概念，英文为“gender”。社会性别是一种文化构成物，是通过社会实践的作用发展而成的女性与男性在角色、行为、思想和感情特征等方面的差别。所谓社会性别，“是指两性在社会文化的建构下形成的性别特征和差异，即社会文化形成的对男女差异的理解，以及在社会文化中形成的属于男性或女性的群体特征与行为方式”[①]。社会性别是以男女两性生理差异赋予他/她们的不同的期望、要求与限制为基础的。社会性别概念的提出，是对传统社会性别不平等关系的挑战与批判，颠覆了一般意义的生物学上的“性别”概念，将人的自然性别和社会性别加以区别，强调性别的社会建构性，揭示了社会性别的文化制约性，社会性别这个概念旨在说明社会性别差异并非只针对女性，两性在社会性别的机制中都受到了规训，对社会性别平等的追求实际上是要求男女两性的共同发展。

2. 社会性别的特征

社会性别首先体现了社会文化的建构性。虽然社会性别在不同的历史时代和文化背景中有不同的内涵，不同的妇女问题研究人员和女性主义学者也从不同视角探讨了社会性别的概念，但都强调社会性别是由社会因素建构的。每个人的生理性别是身体的一种属性，是与生俱来的。而社会性别是个体在社会文化对性别的不同要求下逐步习得和塑造的，是从社会身份、交往和社会评价中获得的。也就是说，真正对社会性别起分化作用的是文化的规范，是长期的文化熏陶形成了我们关于男女的概念，它们是不同社会文化观念体系作用的结果。这种着重规范两性的社会文化，使性别个体和群体明确了自己应有的外表、性格和行为，相应的，社会也在各个领域区分了性别。

---

① 郑新蓉. 性别与教育［M］. 北京：教育科学出版社，2005.

社会性别还体现了制度安排与权力关系。随着男性地位的崛起和父权制的建立与巩固，社会性别逐渐演变为一种秩序，成为一个既定的支配与被支配、压迫与被压迫的制度。作为制度安排，它既体现宏观的社会结构如基本的夫妻纲常和父权制度，又体现微观的人与人之间的关系如婆媳关系等，它贯穿种族、阶级、年龄的各个方面，并能通过社会的意识形态不断得以传递和巩固。但是，制度安排下的社会性别，不仅包含着性别期待与性别规范，更包含着权力关系，并在性别劳动分工、财产分配等制度的影响下形成不平等的性别关系和角色，并由此形成权力的不平衡与性别的不平等，形成强势性别的制度化支配，削弱了女性在社会中的地位与作用。

社会性别还具有偶然性和跨越性。科学研究表明，社会性别不是非男即女那样简单，不同的社会中有不同的性别认同，不同的文化赋予了相同的生理学现象以不同的意义。美国著名人类学家M. 米德在对新几内亚的几个部落的考察中发现，不同部落中的男女社会角色是不同的，有的部落"男主外，女主内"，有的部落"女主外，男主内"，而有的部落则是"男女共同捕鱼打猎，共同分担家务"。不同社会具有不同的、约定俗成的社会性别角色。心理学家桑德拉·贝姆对得克萨斯州大学75名学生进行的心理测试也显示：1/3的人具有男女双性化气质，14%的女生和34%的男生具有男性气质，35%的女生和5%的男生具有女性气质，28%的女性和25%的男生具有中性气质。[①]"男人"和"女人"作为不同的"符号"被使用，意味着男人和女人的社会角色和性格气质并非绝对的，社会性别界限是可跨越的。在现实生活中，跨越社会性别界限、体现双性化气质的现象大量存在，如说话粗声粗气的女性，喜欢做手工的男性等。

3. 性别角色社会化过程

性别角色社会化是指一个人在特定的社会环境中，通过与他人交往，学习性别认同以及男性与女性应具备的适当的特质、态度与行为活动的过程。这个过程从人一出生就开始了，且持续塑造着人们的思想、观念和行为，形成符合社会要求的男性和女性角色。儿童关于自身性别角色的认知

---

① 方俊明. 性别差异与两性化人格［J］. 陕西师范学院学报，1996（9）：165－167.

是一个长期、复杂的社会化过程，是由诸多要素相互交织、交互作用的过程。生物因素是构成性别角色社会化的基础，而生物因素及来自社会环境的正强化与负强化、模仿成人的性别角色并加以内化、认知发展促进性别角色的社会化等都是其作用机制。对儿童而言，他们主要处在亲子关系、师生关系和同伴关系这三种人际互动关系中，因此，家庭、学校与社会是儿童性别角色社会化的重要环境。不同性别的儿童在成长与互动交往关系中，不断学习社会期待的态度、信念和行为并内化为自己的人格，使自身的性别身份与人类文化规定的性别符号一致，与传统的性别社会期待及社会性别规范一致。

（三）教育中的性别平等与均等

在教育领域，性别平等（equality）不同于性别均等（parity）。后者是数字概念，它反映相同比例的男童女童进入各级各类学校或年级的状况，通常指男女儿童接受和完成各级教育的数字比例，它是实现性别平等的充分条件，是比较容易监控和测量的；而性别平等包含男女儿童入学机会、教育过程以及发展方面的平等。具体来说，在入学方面，为男女儿童提供同样的受教育机会；在教育过程方面，对男女儿童的需要和差异予以同样的尊重和关注，让男女儿童享有无歧视的教学方法、课程、学业指导，男女儿童有同样的权利、机会、责任，儿童的自我选择和发展不受性别刻板印象影响和偏见的束缚；在结果方面，给予男女儿童在学习年限、学习成绩和学术资格方面平等的对待，为男女儿童平等参与社会生活打下心智、身体和品德的坚实基础，使他们在未来的社会生活中都能平等地自我实现。性别平等的实现是更高的目标，同时也更难监控和测量。性别平等，是社会文明进步的主要尺度。教育中的性别平等，也教育现代化、民主化的重要标志，同时，教育中性别平等的成果，如果没有性别平等的社会环境保障，也是难以持续的；同样，社会生活中的性别偏差，也通常会通过学校教育中的性别偏差和歧视表现出来。教育中的性别问题是人权问题、人口问题、妇女问题、教育公平问题、民族问题、贫困问题在教育上的综合反映。一些国际组织和机构近年来对此问题的研究和观察表明[①]：

- 性别歧视是有效学习和高质量教育的最大障碍之一；
- 对生男孩有强烈偏袒的国家，通常表现出更大的性别不平等；
- 2005 年，在有统计数字的 128 个国家中，实现初等、中等在校生人数性别均等的仅有 52 个，不足 50%；
- 在性别差异最严重的国家，初等教育中女性教师人数比例最低；
- 对学生而言，学校的人员性别和权力结构体现了社会秩序的原则；
- 许多事例表明，女生无法把超越于男生的学术优势转化为其他生活领域更多的平等；
- 让女童接受教育可以促进社会和经济的发展，一个促进教育中性别平等的政策或决定，可以对经济和社会发展产生整体性的积极影响；
- 男女均等是全民教育最有效的预示，是实现全民教育的最佳途径；
- 教师的性别平等意识和行为是促进性别公平的关键因素；
- 即使在经济欠发达的国家和地区，公共政策也可以改变妇女的教育状况。

以上这些研究和观察，对于促进我国的性别平等的教育是有借鉴价值的。

二、我国实施性别平等教育的政策依据与性别平等教育的发展

虽然性别平等的表述形式因时代、国体和社会的不同而不同，其内涵界定也因人们视角的不同而有差异，但这一体现“以人为中心”的时代特征的概念，现已成为国际社会非常关注的重要议题，成为国际社会统一行

① 参见：联合国教科文组织. 性别与全民教育：跃向平等（2003—2004 年全民教育全球监测报告）［M］. 北京：人民教育出版社，2004；联合国教科文组织. 全民教育：提高质量势在必行［M］. 北京：中国对外翻译出版公司，2005；联合国儿童基金会. 2007 年世界儿童状况［R］. 2007.

动的共同目标。《墨西哥宣言》对性别平等做了比较权威的界定：男女的人格尊严和价值的平等及男女权利、机会和责任的平等。教育在个体社会性别形成中至关重要，是社会成员完成其性别社会化，学习性别社会文化、性别态度与性别行为的重要场所，具有促进性别平等的可能性。但长期以来，很少有人关注学校中存在的女生和男生及他/她们在发展条件与状况上的差异，少有人认识到教育的性别塑型作用及学校教育不同层面与环节中存在的性别不公平，少有人注意到学校教育表面呈现出的“无性别意识”或“回避性别意识”状态。政策具有引导人与社会改变认识和行为的作用，改变不合理的性别关系须从改变社会政策开始。

（一）我国实施性别平等教育的政策依据

1. 国际层面的依据——要求社会性别主流化

国际社会很早就注意到教育中的性别歧视问题。1960 年在巴黎举行的第一届联合国教育、科学及文化组织大会通过的《取缔教育歧视公约》，就提出要消除教育歧视，实现教育上的待遇平等。20 世纪 80 年代后，联合国已将社会性别观念纳入各项社会发展决策中，所支持的一些援助项目均要求有社会性别视角，要求将社会性别平等作为发展中的核心问题。1990 年泰国宗迪恩世界全民教育大会通过的《满足基本学习需要行动纲领》和 2000 年塞内加尔达喀尔世界全民教育论坛制定的《达喀尔行动纲领》也强调教育中的性别平等问题。尤其是在 1995 年召开的第四届世界妇女大会的行动纲领明确规定，提高妇女地位的首要任务是推动社会性别在国家政策中的主流化，其含义是将两性平等观念社会化、全面化地贯彻到各个领域和各个层面，最终达到性别平等与两性和谐发展。联合国开发计划署《2003 年人类发展报告》中也明确指出：教育上的“性别平等并不仅仅是性别自身的目标，而且是实现其他所有目标的核心”①。同时，在联合国千年发展目标中有两项与教育中的性别平等有关，即普及小学教育，确保所有男童和女童都能完成全部小学教育课程，以及促进两性平等并赋予妇女权力，到 2005 年在小学教育和中学教育中消除两性差距，最迟于 2015 年在各

① UNDP. Human Development Report [R]. 2003.

级教育中消除两性差距。国际社会要求在所有领域政策和方针的设计、落实、监测中重视男女的差异与发展，实现男女平等受益，为世界各国制定社会性别主流化政策提供了依据，克服了以往发展理论和发展战略的社会性别盲点，也为女性享用各种资源和机会、参与决策并实现自身发展提供了政策保障。

2. 我国的政策依据——指向性别平等的教育

新中国成立后，制定了一系列法律和制度。尤其是20世纪90年代以来，党和国家颁布了重要的法律和政策，提出教育的性别平等，男女平等已成为基本国策。

1982年制定的《中华人民共和国宪法》第2章第48条规定："中华人民共和国妇女在政治的、经济的、文化的、社会的和家庭的生活等各方面享有同男子平等的地位。"

1992年制定的《中华人民共和国妇女权益保障法》（以下简称《妇女权益保障法》）第3章"文化教育权益"中规定，"国家保障妇女享有与男子平等的文化教育权利"，"学校和有关部门应当执行国家有关规定，保障妇女在入学、升学、毕业分配、授予学位、派出留学等方面享有与男子平等的权利"，并在"法律责任"一章中规定，对"应当录取而拒绝录用妇女或者对妇女提高录用条件的"，"在入学、升学、毕业分配、授予学位、派出留学等方面，违反男女平等原则，侵害妇女合法权益的"，"由其所在单位或者上级机关责令改正，并可根据具体情况，对直接负责人员给予行政处分"。

1995年通过的《中华人民共和国教育法》（以下简称《教育法》）在"总则"第9条中规定："公民不分民族、种族、性别、职业、财产状况、宗教信仰等，依法享有平等的受教育机会。"第36条第2款规定：保障女子在入学、升学、就业、授予学位、派出留学等方面享有同男子平等的权利。

国务院2001年5月发布的《中国妇女发展纲要（2001—2010年）》和2011年发布的《中国妇女发展纲要（2011—2020年）》（以下简称《纲要》）都提出"保障妇女获得平等的受教育机会，普遍提高妇女受教育程度和终身教育水平；保障妇女获得平等的受教育机会"，并提出"教育工作全面贯彻性别平等原则"、"性别平等原则和理念在各级各类教育课程标准及教学过程中得到充分体现”等目标。

《中华人民共和国义务教育法》（以下简称《义务教育法》）、《中华人民共和国职业教育法》、《中华人民共和国高等教育法》等都明确规定了学校与有关行政部门要保证男女尤其是女性在教育机会、教育过程与结果方面的平等性。

（二）性别平等教育的发展

1. 美国性别平等教育的发展

美国从20世纪60年代开始关注性别议题，并致力于改善性别不平等现象，减少教育与其他社会领域中的性别歧视。从20世纪70年代开始，妇女运动与妇女研究者就开始针对学校中存在的性别歧视、男性至上主义等问题，开展性别研究以探讨教育中性别不平等问题，力促性别平等教育政策的制定与落实，如：统计女性在数理学科领域学习的人数比例、女性从事行政工作的人数，分析课程中的性别刻板印象，检视高等教育中对女性的不利气氛，探讨教室中对女生的偏见，研究教师教育中的性别歧视问题、单一性别学校对女生的发展和影响等问题。这些研究得到的信息与数据为两性教育平等政策的发展提供了依据。

美国联邦政府在教育领域制定了一系列保护女性权利的法案，包括1972年的《教育法修正案》第9条、1974年的《妇女教育平等法案》、1976年的《职业教育法》等。这些法案是美国两性平等教育的重要里程碑，其后的相关政策都遵循这些教育法律。联邦政府两性平等教育政策的颁布，不仅通过资金、行政、司法手段促进了教育中的性别平等，还有力地推动了各州性别平等教育工作的开展。

在美国，女子学校也得到了很大的发展，以更好地培养女性人才。美国约有80所左右的女子学院。这些学院从女性的特殊要求出发，探索和建立女性高等教育的途径和内容，在教学管理，专业设置、教学计划、教学内容和方法等方面都充分考虑女性的特点和社会对女性人才的需要。此外，美国民间及非政府组织也发挥了重要作用，如美国大学女性协会等组织机构关注性别平等议题，多途径促成教育上的两性平等。

2. 加拿大性别平等教育的发展

从20世纪60年代末起，加拿大的学者进行了一系列的性别研究并指向课本中的性别偏见与刻板印象，如1975年一些研究者分析、研究了安大略省小学4—6年级的阅读课本，发现教科书中没有出现“积极的妇女形象”，存在着性别歧视的内容。在北约克进行的一项研究也发现，1—3年级使用的教材中存在大量的性别歧视现象及各种明显的刻板印象和种族歧视主义。1970年，皇家妇女地位委员会在其报告中建议，教材要体现担任不同角色、从事不同职业的女性的形象。各省政府也制定了政策指导纲要，要求消除教材中的性别刻板印象。如安大略省教育部规定，在审议教材时要评估教材在语言的使用、图案的选择和对男女两性的刻画等方面是否存在性别偏见问题，同时要求文学和历史教材中的两性角色必须保持平衡。同时，研究者也非常关注课程中的女性形象，认为课本中缺乏能干、成功的女性形象，无法为女学生树立强有力的榜样。为此，各省政府提供了各种资源帮助在教材中“添加和激活妇女”。如安大略省教育部为妇女教育及研究提供样本库、参考书目，许多省的教师联合会提供有关加拿大的女名人、女先驱等的资料供教材使用。此外，为改变教师观念，提高其性别平等意识，一些省如安大略省的教育部于1977年出版了《性别刻板印象和妇女研究指导丛书》，哥伦比亚省教育部也出版了《妇女研究：教师丛书》等。

从20世纪80年代前期开始，加拿大中小学先后设立了“自尊运动”、“女生日”、“角色模型”和“形体工作坊”等项目。1994年安大略省教育和训练部门公布了一份支持教师性别平等的文件，呼吁实行过渡课程和融合课程，挑战学校中包括性别歧视、种族歧视等所有的歧视和偏见。1991年多伦多教育委员会在学校创立了“静思四天”项目，具体活动内容是每年让40位男生和40位女生分别组成男、女两队讨论性别歧视、同性恋和性暴力等话题，在第四天两个队伍会合并分享改变这些情况的方法和策略。“静思四天”项目使性别与阶级、种族、民族和性取向等因素的分析联系起来，强调妇女的改变机制和能力，并缓解年轻男子的内疚感，鼓励他们支持妇女改变社会中的性别歧视。

3. 韩国性别平等教育的发展

韩国从20世纪70年代开始关注性别议题，90年代末以来，政府通过制定各种政策法规，致力于改善性别不平等现象。1999年2月，韩国政府制定了《性别歧视预防与救助法》，该法第4条明确规定：禁止教育过程中的性别歧视，如果教育过程中发生性别歧视行为，会受到相应的法律制裁。该法的颁布实施，不仅预防了韩国教育中的性别偏见与歧视，而且为进一步消除教育机构及社会其他部门对女性的性别歧视、实施性别平等教育提供了指导和法律依据。

韩国还增加了男女合校的数量，扩大女性与男性同等受教育机会。韩国政府为进一步推行社会性别的主流化，实施了男女合校政策，使男女合校得以迅速发展。此外，韩国教育人力资源部在全国范围内，在城市和农村地区均衡选择部分学校作为性别平等示范学校，要求实施性别平等意识教育。根据教育人力资源部及市、道教育厅的具体要求，各级示范学校通过制订性别平等意识教育实施计划，编辑发行各种与改善性别歧视相关的教育资料等，提高了广大师生的性别平等意识。

根据相关政策规定，对各类进修的教师，韩国各市、道教育进修学院都设置了性别平等相关课程或讲座。这些课程主要有三类：一是直接与性别平等、性别平等意识相关的课程，如两性平等、两性平等教育的理解、两性平等政策等；二是性别平等与教师职务、学校现场相联系的课程，如学校文化、两性平等与行政服务、学校组织与两性平等；三是性别平等与性教育、性骚扰预防相关课程，如两性平等与性骚扰预防、青少年性教育等。韩国学者对学习了上述课程的教师的跟踪调查发现，她/他们在课堂行为上都有重大变化，不仅能自觉规避使用带有性别偏见的语言，而且更关注学生学习类型的多样性，尊重女生的学习方式与特点及她们的经验和观点。

4. 我国性别平等教育的发展

改革开放30余年来，我国的社会性别平等学校教育经历了前社会性别阶段（1978—1994）、社会性别意识确立阶段（1995—2000）、社会性别意识深化阶段（2001年至今）三个阶段。

前社会性别阶段将学校教育中的性别差异教育视为性别平等教育。而有关性别的议题，最初只有关于女性的研究，强调妇女的女性化，强调教育、服装、社会角色、行为和职业中的性别差异，并由此形成了20世纪80年代独具特色的女性味话语。在研究层面，一方面开始将“男”与“女”作为研究的变量并分析两性在兴趣、课程选择等方面的差异性，开始从事聚焦女性的研究，如对女性教育者和受教育者的研究、女子教育形态的研究等。另一方面，女学者把妇女在理论上从阶级中分离出来，但是几乎未见“性别平等教育”的字眼，“妇女”、“女性”、“性别差异”等词汇在教育研究中出现的频率有所增加。该阶段无论是两性差异的研究还是把女性作为对象的研究，都将两性的差异和独特性归因于生理因素。

在社会性别意识确立阶段，社会性别概念及其分析方法被引入教育研究。1995 年在北京召开的世界妇女大会是中国妇女学及性别平等教育研究的转折点，社会性别也由此第一次走入中国学者的视野，社会性别的概念逐渐为女性学者所接受，并成为研究的基本分析框架。据不完全统计，1996—2000 年关于国外妇女研究的 127 篇文章中，至少有 40 篇在标题中涉及“女性主义”、“女权主义”、“性别平等”、“社会性别”等西方女性主义理论的标志性词汇①，并开始用社会性别等来研究基础教育中女童的生存、发展及教育现状，教育过程中的性别不平等问题等。同时，相关研究不仅关注女生，也重视男生在教育起点、过程与结果上的差异，认为在现行教育体制中，男女学生都潜移默化地受到传统的性别观念和社会文化因素对性别的塑造与限制，力求将研究与推动社会意识改变相结合，呼吁社会关注教育的性别平等问题。

在这个阶段，我国学者开展了多领域、多角度的研究，基于教育现实提出了促进性别平等教育的措施。一是从 20 世纪 90 年代中国女童教育研究进入起步阶段到世界妇女大会在北京召开前后，在基础教育中逐渐形成了一股研究女童教育的热潮，内容涉及女童生存与发展现状，女童失学、辍学原因，不同地区女童教育模式策略等。二是研究领域从基础教育拓展至高等教育、非正规教育等方面。例如，在 1995—2000 年的 5 年间，蔡志敏主持的“中国高等教育中的妇女参与现状和特点研究”、黄慧芳主持的“高等教育中的妇女参与”等项目，都集中探讨了高等教育中的性别平等问题，提出了促进性别平等的措施。三是除关注女性教育起点的机会均等外，还重视对教育过程中性别平等的研究。四是研究视角更多元，问题归因更关注社会文化的塑造。这时期的研究者不仅从女性自身的视角研究性别平等，

① 郑新蓉，高靓. 三十年性别平等教育的研究［R］//莫文秀，张李玺，宋胜菊，郭冬生. 中国妇女教育发展报告（1978—2008）. 北京：社会科学文献出版社，2008.

也从社会、经济、政治、文化视角进行了研究。另外，研究者不再将女性的学习能力、整体素质、心理等方面存在的问题归因于女性的生理因素，转而关注传统文化、社会期望和学校性别平等教育的缺失对于女性的影响。总之，这一阶段有关女性及其教育的研究有了很大发展，但以社会性别为核心的理论并不占优势，其间仍有争论，特别是在一些女性研究中心，所推行的仍然是强调传统性别观念的课程及研究成果。

在社会性别意识深化阶段，除了将性别作为重要的研究视角并加以运用外，主要取得了以下研究成果。

首先，研究内容更深入。除了继续研究教育机会平等、教育过程平等议题外，还对义务教育阶段的性别差异、教育投资及回报率的性别差异、妇女教育与就业等方面的问题进行研究，从不同角度反映教育中的性别不平等问题。

其次，通过多种研究方法多角度分析教育中的性别不平等问题。在研究中注重运用社会科学研究方法，如运用历史学研究方法，探讨历史上的妇女教育权利等问题，厘清女性教育的发展脉络，运用田野研究和问卷调查等社会学、人类学研究方法，获得了较为丰富的研究资料。

最后，国际化与本土化同发展，在借鉴中关注本土实践领域的问题。性别平等教育的研究议题，不但包括欧美等国家的做法与经验比较，还涉及日本、韩国等亚洲国家妇女教育状况。妇女教育研究更加注重本土的理论与实践，特别关注社会转型、经济体制市场化改革、西部发展等中国现阶段社会状况下的教育与妇女发展问题。这种本土化不仅表现在研究内容上，也表现在区域研究上。有研究者应用教育性别平衡指数分析了当前我国人口受教育状况中的性别差异及其变化趋势，研究显示，受教育状况的性别差异逐渐缩小，但男性的受教育程度依然显著高于女性，且教育阶段越高差别越大。如在小学阶段，从近 10 年的小学入学率来看，虽然女童入学率始终与男童有差距，但这一差距正在逐渐缩小并且已经缩小到微不足道的程度。然而，男女生完学率存在显著的城乡差别，尤其是 12 岁以后差别越来越大。

三、当前我国学校教育中的性别不平等问题

（一）我国性别平等教育的现实问题

虽然我国政府为实践性别平等教育提供了政策指导与依据，采取了多种措施促进性别平等教育并取得了一定成效，但如世界上其他国家一样，我国的学校教育还普遍存在着性别不平等问题，主要体现在以下三个方面。

1. 学科或专业设置中的社会性别隔离

从全球情况来看，随着女性在高等教育中所占百分比的增加，学科与专业的性别分化也日趋严重，高等教育中业已形成社会普遍认同的“男性学科”和“女性学科”。“男性学科”指社会普遍认为适合男性和男性相对大量集中的学科领域。“女性学科”指社会普遍认为适合女性和女性相对大量集中的学科领域。如同世界上其他国家如日本、英国等发达国家，我国的高等教育学科设置及学生个体的专业选择中也隐喻了“男尊女卑”的学科思想。研究结果显示，目前我国女性所学专业主要分布在中文、外语等人文学科中，学习理工科类专业的女生明显少于男生，女大学生专业选择的性别趋向明显。

2. 教材或教科书性别比例不平衡，刻板印象突出

首先是我国现行使用的教材中两性比例失衡，女性形象过少，尤其缺乏有独立身份的女性主角。2008 年，刘朝晖等人的文章《2003 年人教版初中语文教材性别角色分析——基于 1998 年人教版初中语文教材研究结论的比较研究》表明：无论是在人物角色上还是在人物类型上，都缺失女性的身影，女性所占篇幅及出现的次数、频率与男性相比大为悬殊。史静寰教授主持的关于“性别与教材文化”的研究也得出，从男女两性的数量上，除幼儿园教材和中小学个别科目的教材外，各类教材当中的主角性别比例都是男性高于女性。教材中的男性和女性出现比例的失衡，使学生尤其是女生缺乏积极的性别学习榜样，并潜移默化地影响了学生对于性别角色的感知和认识。

其次，我国现行通用的教材版本还存在通过“形象塑造”来定位女性

的问题。如在社会地位方面，教材往往体现男性在家庭中的权威地位，女性则居家庭的次要地位，大多扮演依赖、附庸于丈夫的角色而非各领域的积极参加者。在职业范围方面，男性的职业范围比女性广，涉及社会生活的各方面，而女性的职业大多是教师或护士等体现耐心、服务型、缺乏竞争的职业。在人格特质方面，教材大多把男性刻画成刚强、独立自主、顽强进取、知识渊博的形象，而对女性，教材一般赋予她们传统女性性别气质特征的形象，并以柔弱、内敛、寻求保护的气质出现。对于教材中男性和女性的社会分工，一般对优秀女性的介绍，往往倾向于把女性放置于家庭领域中来呈现并展现其在生活中扮演的角色，或者把女性安排在公共领域中以职位、薪资较低的身份出现，而男性常被安排在职场上以“功成名就”的形象出现。另外，教材中的男性以正面形象出现多于女性的正面形象。

3. 教育过程中体现出社会性别不平等

课堂教育教学过程中体现的男女不平等，具体表现在教师的教育观念、教育行为及师生的互动过程中。首先，教师性别观念存在偏差。强海燕的相关研究表明：许多教师通常不反省自己在教学方式和教育观念上的性别偏差，而用世俗的刻板印象看低女生的发展。2007 年，南京师范大学硕士研究生肖蕾的硕士论文，通过对开元小学的实地调研发现：有的教师往往认为女生“笨”，当不了学生干部，女生应“好好打扮自己”，未来“干得好不如嫁得好”；而男生则被认为“聪明”，以后能“当领导”。2012 年，史明洁等在关于北京市幼儿教师性别意识现状的研究中发现：幼儿教师对性别气质的刻板化印象较严重。如，不希望女孩好动、冒险、支配、果断，认为这些特点正是男孩立足社会所不可或缺的品质。

其次，教师教育行为存在性别差异。我国有关这方面的研究较少，但已有的研究均反映出男生在受到教师的关注等方面超过女生。一是在教师关注度方面存在性别差异。吴康宁等人曾于 1995 年对江苏省 7 个地区的 14 个班级进行课堂观察，发现在大部分交往类型中，男生与教师的人均交往次数多于女生。肖蕾对开元小学的调查也发现：语文、英语、数学、科学四科的任课教师在课堂上普遍倾向于提问男生，男生被提问的总次数和人均次数在很大程度上多于女生。2007 年，卢红对若干中学教师的个案研究发现：教师与男生的交流通常较女生多，与男生的情感距离更容易拉近，使得男生更愿意大胆地展现自己的思想，女生则恰恰相反。二是在被教师选取回答问题的类型上体现出性别差异。一般情况下，教师倾向于向男生提开放式的问题，对女生更多地提那些需记诵的问题。三是在不同学科教师提问频度上存在性别差异。有研究表明，教师倾向于在语文与英语科目上更多提问女生，而在数学、物理等科目上更多提问男生。四是在组织与分配任务上体现出性别差异。在学校中普遍存在教师让男生去完成教室外的任务，如到办公室帮教师拿仪器等，女生则通常被安排做室内细微的工作，如分发试卷、整理图书室的书籍等。

再次，教师对学生的评价存在性别偏差。从性别视角来看，当前教师对学生的评价潜藏着根深蒂固的传统的社会性别期待。教师普遍认为女性只在教育的初级阶段较男性有优势，随着教育阶段的升高，女性就会不如男性。教师在评价和归因两性的成功时，往往把男生的成功归因于其天生的才能和优势，却把大多数女生的成功归因于其刻苦、勤奋和认真等，大有“笨鸟先飞”之意。对于两性的成功，教师往往给予具有不同意义的评价，在评价的语言上也呈现出性别偏差。肖蕾对开元小学的课堂观察指出，教师往往给予女生“（读得）有感情”、“看书姿势好”、“背得不错”等关于朗读背诵或外在行为表现的表扬语，给予男生“会思考”、“理解得好”、“回答得真棒”等体现认知水平的词语。从中不难窥探，教师不可避免地把自身意识的“社会性”杂糅在对学生的评价过程中，并呈现出明显的传统的社会性别期待。

4. 学校咨询与辅导中的性别倾向

学校咨询与辅导是指学校咨询工作者直接或间接对学生在学习、适应、发展与择业等方面的问题给予帮助与指导，以及对有关的心理和行为问题进行诊断与矫治的过程。学校咨询与辅导主要包括青春期生理与心理的辅导、情感与早恋方面的咨询、性别养成方面的咨询、学习辅导、升学与就业辅导等方面，在这些资讯与辅导内容中，普遍存在着较为明显的性别倾向。如在对学生青春期的生理与心理辅导中，教师往往告诉女生要自尊、自重，不能与男生打打闹闹，这种做法加深了已有的性别隔离，强化了女生胆小、怯弱及被保护的心理。而对于男生，教师更多的是强化“该懂事了”、“该像个男子汉了”，从而赋予男生“理性”、“责任”、“成功”的性别含义。再如在情感与早恋方面的咨询中我们常常发现，教师劝阻男生的理由是“先立业，后成家”、“不要分心学习”等，而对女生常常是把“自尊、自重”放在首位。

除此以外，学校人事结构以及学校文化与体育设施、文化与体育活动等方面也都存在着性别差异。

（二）我国促进性别平等学校教育的改革措施

在学校教育中实现社会性别公平及男女平等，既是教育民主化的主要目标之一，更是教育现代化的重要内容。我国应进一步审视、清理和修订现行教育政策和法律法规，各项性别平等法律和政策还需具体化、程序化。除了建立特别扶持政策外，在实践与微观层面需做好以下工作。

1. 确立新的教学指导思想，促进两性和谐发展

为促进我国教育事业的发展，促进两性潜能的发挥与和谐发展，必须构建基于男女平等的教学指导思想。首先，要破除传统的两性二元对立观念，既给予女生必要的关注和关照，也不忽视对男生发展的关照，确立和谐的性别观，促进两性共同发展。其次，要与时俱进，关注性别角色发展的时代要求与时代发展脉络，根据不同时代对两性的能力和素质的新要求为两性提供有针对性的教育教学，使教育成为促进两性平等发展的有力支撑。

2. 消弭教材文化中的性别差异观，推动教材重建

要重视教材中两性出现比例的协调，注意以性别的视角来消弭教材中存在的潜在性别刻板印象。要增加女政治家、女科学家等成功女性的传记作品和女作家的作品，编排反映女性在政治、经济等方面取得卓越成就的文章，体现男女平等，促进女性新知识的形成和女性角色新观念的产生。要改变反映传统的“男耕女织”、“男外女内”的插图，彻底消除或摒弃隐藏在其内容深处的性别偏见及性别歧视，真正做到男女平等。要把握好性别角色时代变迁的脉络和趋势，打破教材长期存在的僵化问题，与时俱进改革教材文化，为教学和学生提供鲜活、切合时代要求的教材文化。

3. 融性别意识教育于教师培训，强化教师性别平等教育的实践策略

要重视教师职前的师范教育，培养和重塑教师的性别意识，增强教师

教育教学过程中性别意识的敏锐性，使教师了解社会性别分析法的基本概念，具备从事性别平等教育的基本知识与技能，如：有关性别的教育学和心理学的基本知识、关于性别的社会学和妇女学知识、性别平等的教育教学理论与策略等。要开设一些有助于落实性别差异教育理念与实践的相关课程，如女性心理学、妇女运动史等，使教师在入岗前就具备正确的、敏锐的性别意识，培养具有现代平等观念的教师。要重视对于具体教学情境中性别差异教育策略的指导，包括教师对于教材的解读意识和诠释方式的指导、课堂提问过程中性别关照及客观教育教学评价能力的培养等，敦促教师超越传统的性别社会期待的桎梏。要积极鼓励教师参与性别差异教育的实践研究和问题探索，促进教师认同性别差异教育理念并内化为自身的教育理念，增强教师的教育反思能力，改进教师的教育教学行为。

4．承认性别差异的客观存在，在教育过程中增加性别视角的考量

在教学目标的制订上，教师应克服自身的性别刻板印象，针对学生的性别差异制订客观的教学目标。在教材的处理方式上，应增强性别意识，融入性别视角，对教材做出积极的、新的诠释，消弭教材潜在的、僵化的性别文化对学生的消极影响，或是选择无性别偏差的教材和课程内容。在教学行为策略的选择上，应正视与客观认识性别差异，关注不同性别的学习风格，采取不同的教学行为策略，鼓励两性积极参与课堂教学，采取针对女生不同心理发展特点的教学方法，促使她/他们各自优势的发展和劣势的互补。克服传统的性别偏见，在教学态度、教学行为上淡化性别界限，努力消除教师关于两性的自我设限与人为的优劣之别，尊重她/他们的特质与特长，给予两性学生表现特殊才能的均等机遇和平等权利，改善课堂环境。要客观评价两性的表现与发展，激发学生的学习动机。教师应努力超越传统的社会性别角色期待，给予男女生平等的关注和表现机会，客观分析和评价学生的发展状况，客观诊断存在的问题，矫正学生的偏差行为，强化学生的良好行为，激励两性学生的学习动机，实现课堂上的真正平等。

此外，还需对现有的教学环境进行审视，反思其中不合理的现象与因素，如男女生是否有意隔离，学生资料是否按性别做了分类等。进行重建、转化工作，构建男女两性均可得到全面发展的教学环境。在各类咨询与辅导中消除教师自身的性别经验与性别养成经验，改变性别刻板印象，积极

影响个体的性别社会化过程，促进两性和谐、全面发展。

四、性别平等学校教育的新探索：爱生学校的标准与实践

（一）体现性别平等的《中国爱生学校标准》

爱生学校（Child-Friendly School，简称 CFS）是 20 世纪 90 年代后期，联合国儿童基金会（UNICEF）与东亚一些国家开展基础教育合作过程中推行的试验项目，它的理念和实践体现了性别平等的基本价值和精神。

爱生学校是在学校层面创建以学生发展为中心，以保障儿童教育权利为本的教育质量模式。2007 年在我国西部一些地区试行的《中国爱生学校标准》，结合中国国情，吸收国际社会的有益经验，提出“全纳与平等”校园建设核心理念，把“平等”解释为“关注男女儿童平等的入学机会和发展，营造无歧视的、尊重学生多样性和差异的学校环境”。以下是爱生学校在校园性别平等方面具体的建设目标、标准和指标（过程指标和结果指标）。

建设目标：学校提供无性别歧视的教育教学环境，为女孩和男孩平等走向社会做好准备。

标准一：学校倡导性别平等，确保教育教学内容及环境具有性别敏感性

过程指标：

- 所有的教职员工在学校都能够接受到关于性别平等方面的培训
- 教师能够指出教学材料中存在明显具有性别偏见的内容并避免学生受到影响
- 在学生未来职业和爱好的引导方面，学校和教师能突破传统性别观念的影响
- 学校的海报和宣传栏中，展示积极的男性和女性角色榜样，特别是那些从事非传统性别角色工作的男性和女性
- 在课堂提问和反馈问题时教师不因学生的性别而降低或提升问题的难度

• 男女生在班级和学校事务管理上负有同等的责任，享有同等的机会

结果指标：

• 学生能够敏感地识别带有性别偏见和歧视的话语
• 男女生都没有受到性别歧视，学习和生活的自信心不断增强
• 课程设置和教材无性别、民族、文化歧视
• 男女生在升学和学科学习上享有平等机会

标准二：男女教师都能平等参与学校管理，享有平等的发展机会

过程指标：

• 全体教职工都知晓男女平等是我国的一项基本国策
• 女教师感到自己在工作中受到与男教师同等的重视
• 依法落实对孕产期女教师提供特殊照顾的规定
• 男女教师拥有同样的外出培训和发展机会

结果指标：

• 教师团队的性别比例均衡
• 各级行政领导中男女教师所占比例
• 不同职称水平上男女教师所占比例

此外，在其他标准的指标里，也体现了性别的内容，例如，在有效教学的维度里，把“男女学生的基本读、写、算能力得到提高”、“有适合女性教师（哺乳期教师）进修学习的渠道和条件”列为核心指标。

总之，《中国爱生学校标准》第一次把我国一贯重视的“男女平等”方针列入学校建设方面的政策文件，列入“全纳与平等”维度，把女童教育提升为“性别平等教育”，提倡男女儿童共同享有义务教育平等机会、平等待遇、平等的个人潜能发展和学业进步的权利。爱生学校模式的实践方式是建立在“标准”的基础上的，这一标准的实验已经取得了初步成果。

（二）性别平等校园建设行动与支持系统

性别敏感和平等（gender sensitive and equitable）的爱生学校的建设是

一个长期细致的工作，要在标准的指引下在学校各项具体工作中逐一展开落实。①

1. 校园环境方面

性别陈规，又称“性别刻板印象”，常常是一个社会性别文化和制度的最大众化的表现形式，它会通过各种形式传达给儿童。为此，学校可以开辟宣传性别平等的橱窗、海报、板报等，在其他内容的宣传中，使用积极的男性和女性形象。学校建立性别平等的信息交流制度，指定专人（如图书管理员）负责收集和在学校中传播最新资源和信息，例如国家、地方有关性别平等的政策，各种性别平等团体和组织的活动信息与宣传册等。

2. 辅导和咨询方面

教师在对学生进行职业生涯指导或选课指导时，避免传统男性与女性角色及分工的刻板印象和偏见，例如，男生学理工，女生学护理，“男主外，女主内”，等等；鼓励女生和男生享有同等的选择课程的机会，不因性别而受到限制，比如刺绣、缝纫只让女生参加，木工、维修只让男生学习；在教学中帮助学生认识和辨别性别歧视现象，帮助学生挑战性别歧视。

3. 课堂教学方面

在评价学业表现时，教师不应笼统地以性别作为评判学业能力强弱的依据，如“男孩聪明但容易马虎”，“女孩认真但是脑子慢”；应主动反思自己在向男生和女生提问时可能存在的偏见或差异；对男生和女生提出问题或分配任务时，在难度和类型上应大致相同，不按性别而是根据学号、姓氏等随机因素；不先入为主地认为某一学习方法或资源只适合男生或女生，应让所有学生都能参与到各种不同的教学活动之中；对男生与女生的学业成绩和行为表现应抱有相同的期望；不依性别将学生的学习方式定型，例如，认为女生喜欢记忆背诵，男生喜欢动手操作，应鼓励所有学生熟悉并自信地运用不同的学习方式；禁止使用对某一性别带有偏见和侮辱性的教学语言；避免在男生和女生之间挑起竞争和对抗情绪。

4. 学校与班级管理方面

男生与女生在教室和校园里承担同样的工作和责任，如担任班干部、

---

① 参见：联合国儿童基金会. 爱生学校标准实施指南（试用稿）[Z]. 2007；联合国儿童基金会. 爱生学校性别平等清单（初稿）[Z]. 2007.

值日生；男生和女生之间相互尊重，平等相处，教师不会简单地让男生管理女生，或让女生管理男生；分配班干部尽量避免传统的性别分工，如男生当体育委员，女生当卫生委员或文娱委员；向男生和女生共同开放所有课外活动，所有活动都应有男生和女生共同参加。

5. 校园设施和设备方面

学校应为男生和女生分别提供安全的、洁净的卫生间，由于女生使用卫生间的单位时间更长，学校应采取措施缩短卫生间排队等候的时间；学校的医务室为女生应准备必需的卫生用品，并且让学生知道在哪里可以获得必要的帮助；男生和女生可以充分利用所有体育设施，如果某一性别的学生在体育运动中不活跃或出现性别隔离，教师可以带领或安排女生和男生一起进行体育活动，如组织男女混合篮球赛，课间男生和女生一起踢毽子。

6. 社区和家长的联系方面

向社区和家长宣传学校有关性别平等的目标、价值和措施；同等地接待男性和女性家长，使家长感觉到学校同样地鼓励他们参与学校工作，自己能同样地获得帮助孩子提高学习成绩和日常表现的机会；与学生家长交流合作时不带有性别角色的陈规，例如学生身体方面的问题找母亲，升学和就业方面的问题找父亲。

性别敏感的爱生学校的建设，不仅需要在学校校长和教师层面行动，也需要社会各个方面的支持与配合，特别是各级教育行政部门的政策和经费的支持与保障。例如：制定各项有关性别平等的政策，把性别平等纳入教育督导和考核指标；在课程改革中特别关注性别平等，在课程编制组、审查组中增加性别平等方面的专家，从教学内容上保证性别平等；在农村边远地区，大力培养女性学校领导者。

参考文献

波伏瓦. 女性的秘密［M］. 晓宜，张亚莉，译. 北京：中国广播出版社，1988.

方刚. 男性研究与男性运动［M］. 济南：山东人民出版社，2008.

刘朝晖，周桂香，阳晴晴. 2003 年人教版初中语文教材性别角色分析——基于 1998 年人教版初中语文教材研究结论的比较研究［J］. 课程 · 教材 · 教法，2008

(9)：26－30.

刘东发．浅析“社会性别意识”观与“男女平等”[J]．中华女子学院学报，2003(6)：1－5.

卢红，敬少丽．基于社会性别理论的教师性别意识的研究——以若干中学教师个案研究为例[J]．教育科学，2007(4)：52－56.

米德．三个部落中的性别与气质[M]．杭州：浙江人民出版社，1998.

莫文秀，张李玺，宋胜菊，郭冬生．中国妇女教育发展报告（1978—2008）[M]．北京：社会科学文献出版社，2008.

强海燕．自信心的性别差异与女生的差异[J]．教育评论，1999(2)：51－53.

强海燕．性别差异与教育[M]．西安：陕西人民教育出版社，2000.

史静寰．从女童的视角对教育的审思[J]．妇女研究论丛，2000(3)：26－28.

史明洁，余珍有，黄河．北京市幼儿教师性别意识现状研究[J]．中华女子学院学报，2012(4)：96－101.

谭咏梅．我国女性高等教育中性别平等与差异问题——社会性别视角的透视[D]．长沙：湖南师范大学，2004.

吴康宁．教师课堂交往行为的对象差异研究[J]．教育评论，1995(2)：11－13.

肖蕾．从性别平等的视角看师生互动——基于开元小学的实地研究[D]．南京：南京师范大学，2005.

郑新蓉．性别与教育[M]．北京：教育科学出版社，2005.

第二章

20 世纪 90 年代以来中国女童教育研究

20 世纪初叶，伴随着资本主义社会的发展，西方国家的男女儿童获得了法律上的平等教育权，但实际上的不平等仍在很大程度上存在。于是，60 年代末，女童教育再次成为关注的热点，各专业领域的学者从各自不同的专业背景和视角出发，进行了大量的理论与实践研究，并取得了丰硕的研究成果。1990 年在曼谷召开的世界全民教育大会通过的《世界全民教育宣言》申明："每一个人——儿童、青年和成人——都应能获得旨在满足其基本学习需要的受教育机会。"为实现这一目标，"首要任务就是要保证女童和妇女的入学机会，改善其教育质量，并消除一切阻碍她们积极参与教育的因素"[①]。在这样的背景下，90 年代以来，女童教育与两性教育公平成为我国研究者关注的焦点。

我国女童教育研究主要采用实证研究、行动研究、文献研究、比较研究等方法，重点探讨了发展女童教育的意义、女童教育现状、女童教育发展阶段、女童教育滞后的原因及发展女童教育的对策等问题。进入 21 世纪以来，随着女童的入学机会基本得到保障，女童教育的研究逐渐走向深化和具体化。

---

① 蔡宝来. 论少数民族地区女童教育问题的社会历史成因和文化背景［J］. 西北师范大学学报：社会科学版，1996（9）：53－58.

一、发展女童教育的意义

马克思在100多年前曾说过："社会的进步可以用女性的社会地位来衡量。"因此，女童教育不仅是一个教育问题，同时也是一个更为广泛的社会问题，涉及政治、经济、人权、人口、民族、宗教等各个方面。

（一）女童教育的经济学意义

女性的社会地位在相当程度上是由其经济地位决定的，"男主外，女主内"的传统性别分工是造成男女社会地位不平等的重要原因。因此，不少研究者从女童教育与经济发展的关系这一角度，以女童教育对经济增长的贡献来说明女童教育的重要性，呼吁社会重视女性教育。许多有关女童教育的研究向人们提出这样的观点：比较两性受教育的效果，女童教育对经济增长的贡献要大于男童教育。[①]

1. 女童教育大大提高了女性的劳动参与水平和劳动价值

曾晓东引用了美国学者艾伦·贝纳沃特（Aaron Benavot）的研究结论：女童教育提高了女性潜在的劳动生产率，提高了她们的敬业精神，改变了她们对家务劳动和职业劳动的态度，向她们提供就业的必要文凭。所以，发展中国家城乡劳动力迁移主要发生在那些受过较多教育的年轻妇女中，教育影响了女性的劳动参与水平。[②]另外，联合国教科文组织在1981年所做的一项研究也得出结论：随着男女教育机会变得更加平等，妇女在工业、服务业中的就业比例将扩大，她们将降低老年男子教育文凭的相对价值。[③]

2. 女童教育对提高妇女收入，进而对提高女性经济地位以至社会地位有重要意义

一项国际调查表明，一个年轻女子每多接受一年学校教育，她以后的工资收入就能相应地提高10%—20%。印度的研究也证实：印度中学毕业的女性，其收入比未受任何教育者多一半，而受过技术培训的妇女，她们的收入则比文盲女性多出三倍。[④] 女性占人口的一半，因此通过女童教育提

①②③ 曾晓东. 世界女童教育研究［J］. 比较教育研究，1999（2）：36－40.

④ 赵中建. 世界女童教育面面观［J］. 社会，1996（6）：14－16.

高妇女收入，无疑将可以大幅度提高整个国家的财政收入。

3. 女童教育的投资回报率高于男童教育

关于两性教育投资回报率的研究受到了较多的关注，绝大多数的研究结论都表明：女童教育的投资回报率高于男童教育。有研究指出：在校多学习一年，可使妇女未来的收入增加15%，而男子只增加11%。[①] 世界银行在《1991年世界发展报告》中指出："有证据表明，一个国家为未来的增长和进步所进行的最好投资，其中之一可能就是对女孩实施教育。"[②]

近年来，国内外的诸多研究为"女性教育回报率高于男性教育"的结论提供了更多支持。阿尔巴-拉米雷斯（Alfonso Alba-Ramirez）等在西班牙的研究结论是无论在公共部门还是在私人部门，女性的教育收益率都高于男性（分别是7.5：6.1与8.0：6.4）。奥马尔（Arias Omar）和麦克马洪（Walter W. McMahon）对美国教育收益率变化的研究发现，在各级教育水平上女性的年收入平均增长率都明显高于男性。贾米森（Jamison）等人对我国甘肃徽县2154个1985年的样本数据，利用收入函数法计算出女性教育收益率为5.6%，男性为4.5%。邹至庄和艾米莉（Emily）的计算结果为女性收益率是4.46%，男性是2.78%。谢（Xie）和汉纳姆（Hannum）利用1988年中国城市住户收入抽样调查数据发现男性教育回报率为2.2%，女性为4.5%。[③] 刘泽云的一项实证研究结果显示，2004年中国城镇女性职工的教育收益率比男性高约2个百分点。[④]

黄志岭关于"教育回报率的性别差异"的最新研究提出，教育程度的提高对女性来讲，除了与男性一样具有直接增加生产力提高工资的作用外，还可通过降低女性在劳动力市场中受到的歧视程度，间接增加工资。正是教育对女性的这一间接作用，使女性的教育回报率高于男性。[⑤]

---

① 曾跃霞. 女童教育的经济学与社会学意义简析［J］. 郧阳师范高等专科学校学报，2000（8）：39－41.

② 世界银行. 1991年世界发展报告［R］. 北京：中国财经出版社，1991：56.

③ 周群英，周文莲. 农村地区性别教育收益率的比较研究［J］. 国家教育行政学院学报，2007（6）：42－49.

④ 刘泽云. 教育收益率的性别差异分析［J］. 妇女研究论丛，2008（2）：28－34.

⑤ 黄志岭，姚先国. 教育回报率的性别差异研究［J］. 世界经济，2009（7）：74－83.

（二）女童教育的人口学意义

人口问题是目前影响发展中国家，尤其是中国经济发展的主要因素。控制人口数量，提高人口质量是我们国家亟待解决的重要问题。研究表明，提高女童教育水平对于提高人口素质和控制人口数量都具有重要作用。

1. 提高女童教育水平可以提高人口素质

女童教育是对未来母亲的教育和培养。母亲作为家庭文化环境中的特殊主体，其文化程度、素质水平直接影响着家庭文化建构，既可体现家庭生活质量，又可体现其教育下一代的能力限度。① 正如阿尔及利亚学者巴迪斯所说："教育好一个男孩，只是培养一个人，而教育好一个女孩，则关系到一个民族。"②

家庭是影响儿童早期发展的最重要的因素之一。而在家庭中，母亲的影响尤为重要。在出生之前，母亲就是胎儿发育与接受胎教的环境。出生之后，母亲更是儿童成长的重要影响者。历史上不少成就非凡的人物，其成长经历都与母亲的早期教育有密切关系，"孟母三迁"、"岳母刺字"等已成为历久不衰、脍炙人口的佳话。受过良好教育的母亲不仅能意识到让子女接受良好教育的重要意义，而且其所表现出来的教育能力及所采用的教育方法也明显优于未受过良好教育的母亲，受过良好教育的母亲本身就是子女学习的良好榜样。

研究表明，受过教育的妇女一般结婚较晚，更倾向于有计划的生育，能更有效地与家人沟通、交流，维持良好的家庭生活，生育的孩子更健康，更重视并帮助孩子获得好的教育，从而改变下一代的生活。③ 儿童的健康也主要与母亲的受教育程度有关。国际研究获得的证据表明：母亲多受一年学校教育，孩子的死亡率可以相应地降低 5%—10%。例如，在每 1000 个

---

① 李兴国. 发展女童教育是民族地区普及教育的关键［J］. 贵州教育，2000（3）：4－6.

② 郭太友. 保安族女童辍学失学问题的对策性分析［J］. 四川文理学院学报：社会科学版，2009（4）：100－102.

③ 张庆亮. 浅谈贫困地区女童教育的本体价值与工具价值［J］. 教育前沿：理论版，2007（3）：17－19.

新生婴儿中，母亲为文盲的婴儿平均死亡 170 个，而母亲受过 6 年教育的婴儿死亡数约为 100 个。[①] 1985—1997 年 13 个非洲国家的数据表明：妇女识字率提高 10%，儿童死亡率下降 10%，而男子识字率的提高对此几乎没有影响。世界银行对 25 个发展中国家的人口和健康状况的调查表明，若其他因素一样，母亲即使受 1—3 年学校教育也足以使儿童死亡的风险减少约 15%，而父亲拥有同样的文化程度只能减少 6%，文化程度越高这一差异越显著。[②]

2. 女童教育有助于控制人口增长，减少人口数量

不仅发展女童教育有助于人口素质的提高，而且提高女性教育程度也是控制人口数量的有效手段之一。首先，女童教育程度的提高，必然推迟女性的首婚年龄和生育年龄，从而降低人口出生率。其次，女童受教育程度的提高可以提升女性对自我价值的追求，使她们没有太多的时间照顾子女，从而降低对孩子的需求数量。再次，女童受教育程度的提高，也能使她们更深刻地认识到人口与经济增长之间的关系，从而自觉实行计划生育。最后，女童受教育程度的提高，从整体上增加了家庭的教育负担，也有利于降低人口的出生率。

《世界生育研究报告》指出：教育有助于降低生育率，尤其是在中等收入和识字率较低的国家，女童教育对人口控制的影响要比男童教育强三倍。[③] 多个国家的研究表明：女童在校学习一年，生育率下降 5%—10%。[④]

母亲文化程度的高低同生育数量有着密切的关系。文化越发达，人们对子女的追求越侧重于质量方面；文化越落后，越侧重于数量方面。母亲文化程度高低与生育数量呈反比。1982 年我国第三次人口普查资料显示：40 岁妇女组，每一个文盲妇女平均生育子女 4.7 个，小学程度妇女为 4.1

① 赵中建．世界女童教育面面观［J］．社会，1996（6）：14－16.

② 唐晓杰．女童教育：国内外的进展与经验［J］．教育理论与实践，1995（5）：29－34.

③ 曾晓东．世界女童教育研究［J］．比较教育研究，1999（2）：36－40.

④ 曾跃霞．女童教育的经济学与社会学意义简析［J］．郧阳师范高等专科学校学报，2000（8）：39－41.

个，初中程度妇女为3.4个，高中程度妇女为2.7个，大学程度妇女为2.0个。①

（三）女童教育的社会学意义

2000年4月，联合国秘书长安南在达喀尔世界全民教育论坛上提出："让女童接受教育，对一个国家的发展来说是至关重要的。要建设一个更加健康、更加和平和更加平等的世界，所有的教室里都应该既有男孩，也有女孩。"②

1. 女童教育水平是衡量一个国家和地区社会发展程度的重要标志

妇女解放的程度是衡量人类普遍解放程度的重要标准，而女童教育问题则是平等问题、人权问题、人口问题、妇女问题、贫困问题等在教育上的综合反映，是妇女解放历程中的重要组成部分。马克思认为妇女参与社会公共劳动是妇女解放的第一个先决条件，要把妇女从家庭的束缚和与男子的依附关系中解放出来，使她们平等地参与社会生产劳动和社会生活，达到女性的自我发展和自我实现，从法律上、制度上保证妇女平等参与的权利固然是重要的前提，但更重要的是提高女性自身的觉悟、素质和可持续发展的能力，而这一切都有赖于女童教育。③因此，通过女童教育提高女性自身的觉悟，培养女性自立、自尊、自强的品质是妇女解放的重要途径。

2. 发展女童教育有利于提高女性的社会参与度

女童受教育程度的提高，不仅有助于女性摆脱经济上的依附地位，更重要的是将唤醒女性的自我意识，促进女性自我概念的形成，使她们成为自主、自信的新个体。她们不再仅仅是母亲、妻子、女儿，而首先是她们自己。这必将使女性走出狭小的家庭生活圈子，走向更广阔的社会，成为社会的成员，从而提高女性与整个社会政治、经济的融合程度。女性社会参与度的提高，女性对自身权利的诉求，又将进一步促使劳动就业、选举

①③ 曾跃霞．女童教育的经济学与社会学意义简析［J］．郧阳师范高等专科学校学报，2000（8）：39－41．

② 黄河．和谐社会建构下的性别平等教育［J］．中华女子学院学报，2007（5）：26－30．

制度等社会制度因此而做出调整。①

女性受教育水平的提高使社会在选择人才时更多地强调人的受教育情况，而不是性别、家庭等因素。尽管目前就业市场中仍然在一定程度上存在对女性的歧视。但就制度而言，在雇用、晋升和各类资源分配中不公平地考虑性别因素已是一种违法现象。②

3. 女童教育逐渐改变着传统的家庭组织形式

在传统的家庭组织形式中，男性由于是家庭主要甚至唯一的经济来源而被视为家中的“顶梁柱”。女童教育增加了女性的就业机会，提高了女性的经济地位，家庭中的权威关系得以重新建构，传统上父亲和丈夫作为家庭唯一经济来源的绝对权威地位削弱了，家庭经济来源多元化，家庭的组织形式也随之变化。正如联合国人口基金执行主任萨迪克所指出的：“教育为妇女打开了机会之门，并给她们以选择，教育是克服那些将女童和妇女在家庭和社会中归入‘二等公民’的陋习和传统的关键之所在。”③

（四）女童教育的教育学意义

1. 扩大女童教育机会是普及教育的重点和难点

从世界范围来看，男女教育的不平等既是一个长期的历史问题，也是一个全球问题。其主要表现就是世界各国女童教育的发展普遍滞后于男童教育。在发展中国家，这一问题更为突出。因此，女童教育已成为世界范围内普及教育的一个重点和难点问题，对于我国西部民族地区、贫困地区而言，更是如此。陶行知先生早在 50 多年前就明智地指出：“中国的普及教育问题，大半是女童教育问题，如果不能解决女子教育问题，无论什么方法，都是枉费心血。女子教育是普及教育运动中最大的难关。”④

我国一些贫困地区，女童入学率低、辍学率高，妇女文盲率高，形成了“女童入学难—母亲素质低—贫困愚昧—多胎多育—女童入学更难”的怪圈。发展女童教育对于打破这一圈，在贫困地区普及义务教育，具有十

①② 曾晓东. 世界女童教育研究［J］. 比较教育研究，1999（2）：36－40.

③ 赵中建. 世界女童教育面面观［J］. 社会，1996（6）：14－16.

④ 周卫，张铁道，刘文璞. 中国西部女童教育的困境与出路［J］. 妇女学苑，1996（2）：29－32.

分重要的意义。

2. 提高女童教育质量是实现两性教育公平的根本途径

当今中国，与经济发展不平衡相对应的是文化、教育发展的不平衡。这种不平衡不仅体现在地区差异上，表现为中东部教育远较西部教育发达，也体现在两性之间，表现为女童教育的发展滞后于男童教育以及男女儿童在学校教育中所接受的有区别的对待。因此，发展女童教育，为女童提供平等的入学机会，提高女童教育质量，将有利于实现两性教育公平，改变教育发展的不平衡状态，从而实现更大的社会公平。

3. 发展女童教育是克服性别刻板印象和消除性别图式的重要途径

性别刻板印象和性别图式是造成现实社会中男女不平等的重要的观念性因素。性别刻板印象和性别图式①塑造着人们的社会性别，影响着家长、教师对男女儿童不同的期望和不同的对待，也影响着男女儿童对自身的期待、学习成败的归因，影响着他/她们的升学、专业选择及就业，这些又反过来使现存的两性不平等得以合理化和延续。因此，使女童享有同男童平等的教育机会，提高女童教育的质量，不仅有助于提高女性的经济和社会地位，更重要的是将唤起女性的自我意识，改变女性传统的社会角色，从而不仅消除女性本身的性别刻板印象和性别图式，而且随着女性更广泛地参与社会生活，更多地突破传统女性角色与形象，整个社会的观念也将随之转变。

二、女童教育发展现状研究

20 世纪 90 年代以来，女童教育现状引起了许多学者的关注，在这一领域进行了大量的实证研究。研究表明，虽然近十几年来中国女童教育获得了迅速的发展，取得了较大的成绩，但女童教育现状仍然不容乐观。

---

① 图式这个概念来自皮亚杰，指的是认知结构，是人寻求和理解信息的准备状态。图式化的信息加工处理是一种促使个人把所获得的信息以某个标准加以归类的状态。性别图式就是把人的特质、行为分成男性和女性两个范畴，比如把“脆弱”归入女性范畴，把“勇猛”归入男性范畴。

（一）就全国总体而言，女童教育的发展仍滞后于男童教育

到目前为止，无论是学者的调查还是官方的统计数据都表明，与男童相比，女童入学率、升学率、巩固率低，辍学率高，即所谓的“三低一高”。有研究显示，由于经济文化发展的不平衡，我国每年因家庭困难而失学的100万名儿童中，女童占了70%。[①] 2006年四川省巴中市妇联对平昌县的调查显示：初一新生入学率为94%，其中女童为82%；初二辍学率为23%，其中女童为29%；初三辍学率为27%，其中女童为32.1%。女童辍学率随着年级的上升而上升，全市15岁以上女童辍学、失学总数达到了4000余人。[②]

而且，大量的研究表明：随着年级的升高，女生在校的比例呈逐步下降趋势。这说明在入学机会上，男女不平等虽然在逐步缩小，但依然存在。入学机会的均等只是教育起点上的公平，但过程和结果上的公平却远远没有达到。研究表明：在实际教育过程中，男女儿童仍然受到不公平的对待。这种不公平不仅表现为家长、教师（甚至女童自己）对女童的教育期望要远远低于对男童的教育期望，而且表现在学校教育内容、学校环境、教师的性别刻板印象等方面。总之，女童在教育资源的占有上及获得平等的发展机会上远远不及男童。

（二）女童教育发展的地区差异、城乡差异十分显著

在城市和比较发达的中东部地区，女童教育基本已经普及。但在农村和西部贫困地区，女童教育仍呈现出“三低一高”的现象，即入学率、巩固率、升学率低而辍学率高。1990年，全国小学学龄女童的入学率为96.31%，而青海、贵州、甘肃则分别为77.11%、81.58%和89%，远远低于全国平均水平。2002年，全国小学学龄女童入学率为98.53%，但宁夏仅为96.51%，居全国倒数第五位。以云南为例，1988—1994年的调查情况表明：女童入学率明显低于男童，妇女受教育程度低于男子，文盲、半文盲

① 王云建．女童教育之困，“困”在哪里［J］．教育，2006（11）：42－43.

② 刘琼，孙玉文．农村女童教育的现状及发展策略［J］．中国农村教育，2009（11）：21－23.

妇女的比例也远大于男子，未入学的儿童中大部分是女童，女童辍学率高于男童，在校学生中女生所占比例是金字塔形的，越到高年级女生越少。[①]到2002年年底，在地理位置较为封闭的西部省区，尤其是贵州、甘肃、青海、宁夏4省区，女童失学率、辍学率仍高于男童，约占全国失学、辍学学生总数的70%。女童接受教育的机会与男童有明显差距。[②]

有学者专门做了女童教育的地区与城乡比较，1997年，上海学龄儿童的入学率便达到了100%，而直到2004年，广西融水县白云乡小学学龄儿童的入学率仅为60.2%，学龄女童入学率则只有50.7%。2000—2003年，上海小学、初中辍学率最高分别为0.05%和0.88%，而白云乡小学辍学率则达到了15.1%。[③] 地区差异之显著让人瞠目。另据安徽某县教育局的统计资料，2002—2005年该县城镇女童入学率分别为99.3%、99.8%、99.3%和100%，而农村女童入学率则仅为82.4%、82.5%、84.6%和86.1%；城镇女童的辍学率分别为1.0%、1.1%、0.8%和0.5%，而农村女童的辍学率则分别为12.3%、11.6%、11.8%和10.0%。[④]城乡差异十分显著。

（三）流动女童教育异常艰难

近年来进城务工人员的数量越来越多，大批学龄儿童随父母进城，成为背井离乡的“流动儿童”。与同龄男童相比，流动女童的教育状况更为糟糕。2003年9月联合国儿童基金会和中国国务院妇女儿童工作委员会联合发布的《中国九个城市流动儿童状况调查研究报告》显示：流动女童入学比例为96.01%，男童入学比例为97.4%；女童失学比例为3.9%，男童失学比例为2.6%。在受教育过程中，流动女童也更容易受到性别歧视和受教育权利的侵害。[④]

---

① 郭学军. 贫困地区女童教育的现状、成因及对策［J］. 安徽教育，2003（11）：21－22.

② 王春玲. 甘肃省女童教育现状及改革措施［J］. 民族教育研究，2005（6）：67－71.

③④ 李申玉. 贫困地区女童义务教育状况研究［J］. 科技经济市场，2006（11）：252，257.

④ 刘琼，孙玉文. 农村女童教育的现状及发展策略［J］. 中国农村教育，2009（11）：21－23.

（四）大龄女童教育和培训仍是薄弱环节

由于自然、经济、传统观念以及教育自身存在的问题等多种因素的制约，一些女童在适龄阶段失去了学习机会。而目前我国的义务教育体制缺乏灵活性和多样性，无法给予她们第二次机会，使大龄女童被排斥在正规教育大门之外。同时，妇联、农业、劳动、计生等部门开展的培训活动更多地面向成年妇女，使得 13—18 岁的大龄女童培训成为一个薄弱环节。[①] 这些大龄女童辍学后，由于年龄小又没有掌握实用技术和生存的基本技能，难以走向社会谋职就业，只好回乡务农或滞留在家，另一些则受早婚早育习俗的影响而为人妻母，从而造成更大的社会性别不公。[②]

需要说明的是，虽然对女童教育现状的研究很多，但绝大多数研究者关注的主要是入学率、升学率、辍学率等教育机会问题，对女童的学业成绩、受教育质量等问题的关注与研究很少。而且，所引用的数据大都是 20 世纪 90 年代的数据，较新的数据也是 2005 年以前的，2006 年以后的数据几乎没有。据教育部统计公报，2005 年，全国小学学龄儿童入学率已达到 99.15%，其中男童和女童的入学率分别为 99.16% 和 99.14%，男女入学率性别差仅为 0.02 个百分点。小学辍学率为 0.45%，其中女童为 0.47%。[③] 到 2006 年，男童和女童的净入学率分别为 99.25% 和 99.29%，女童入学率首次超过了男童。[④] 这些数据是否说明女童教育问题已得到解决，甚至女童教育发展已超过了男童？这是一个新的需要探讨的问题，同时也说明单纯用入学率、辍学率等数据来解释女童教育现状具有很大的局限性，解释力不强。我们迫切需要对女童学校教育状况、女童教育质量进行研究与探讨，从更深层面揭示女童教育发展面临的问题。

---

① 饶亚娟，曾慧芳，刘玉儿．“女童教育”及其实施的思考与建议［J］．知识经济，2009（3）：165－166.

② 张燕．女童教育问题的探析［J］．黑龙江教育学院学报，2009（1）：31－33.

③ 教育部．2005 年全国教育事业发展统计公报［R/OL］．（2006－05）．http：//www. moe. gov. cn/publicfiles/business/htmlfiles/moe/moe_ 633/200607/15809. html.

④ 教育部．2006 年全国教育事业发展统计公报［R/OL］．（2007－05）http：//www. moe. gov. cn/publicfiles/business/htmlfiles/moe/moe_ 1237/200706/23240. html.

三、女童教育相对滞后的原因

教育部基础教育司副司长来萍认为，导致女童受教育困难的原因主要有三点：一是经济上的窘迫使家长在保留上学机会上更多地选择男童；二是一些地方的女童受“早婚早育”等落后习俗影响较大；三是劳动力市场对女性的不平等态度导致女性就业相对困难，造成一些女学生过早放弃学业。①

相对于对女童教育现状的研究而言，对女童教育发展滞后原因的探讨比较充分。根据现有研究的分析，影响女童教育发展的原因既包括社会、家庭、自然环境方面的，也有学校教育自身的。

（一）社会方面的原因

1. 社会生产力水平低下，经济不发达，群众生活贫困，对女童教育的需求不高

在一些纯粹从事畜牧业生产的少数民族地区，生产劳动较为简单，一个10岁左右的儿童就能胜任放牧的劳动。这使得不少适龄儿童对上学不感兴趣，家长也认为上学意义不大，对学生辍学变相鼓励。

2. 传统观念的影响

一方面，受社会性别角色及性别刻板观念的影响，不少人认为女孩子将来的角色主要是家庭妇女和母亲，不必受什么教育。另一方面，传统的封建道德观念在有些地方仍然大有市场，成为阻碍女童教育的绊脚石。如“男尊女卑”、“女子无才便是德”的伦理道德，“男主外，女主内”、“男人以事业为重，女人以家庭为重”的社会性别角色分工②，“嫁出去的女儿泼出去的水”、“干得好不如嫁得好”等家庭观念与功利观念，都对女童享有平等的教育机会和接受公平的教育产生着负面影响。

---

① 王云建. 女童教育之困，“困”在哪里［J］. 教育，2006（11）：42－43.

② 邓爱秀. 影响教育性别公平实现的原因分析［J］. 江西行政学院学报，2007（4）：59－61.

3. 地方财政拮据，对教育的投入不足

在部分贫困地区，由于财政拮据，对教育投入不足，学校缺乏基本的教学设备和办公设备，不仅无法保证教学质量，也使家长和学生缺乏安全感，使学校失去对学生的吸引力。更有甚者，在财政困难情况下，拖欠、挪用教师工资的现象屡有发生，这就造成了越是贫困，师资越是缺乏，民办教师、代课教师比例越高。他们的工资要直接由贫困地区的农民来负担，这又进一步增加了学生家庭的经济负担，使家长无力送子女入学。

4. 女童在升学、就业方面受到不公正的待遇①

虽然法律明文规定女性在升学、就业、选举等社会活动中享有同男性平等的权利，但在现实中女性常常处于劣势。基于现实的考虑（女性的生育、家庭负担、安全），再加上受传统性别角色和性别刻板观念的影响，许多用人单位宁可聘用表现一般的男性毕业生也不愿聘用优秀的女性毕业生，部分硕士生导师在招生时也更倾向于男生（因为他/她们认为男生更擅长抽象思维，更能干），致使女生在升学和就业中比男生遭受更多的挫折和压力，部分家长因此觉得送女孩上学是白费功夫，影响了家长送女孩上学的积极性。

5. 历史原因

从父系氏族公社直至20世纪的人类发展进程中，父系和夫系权力一直占据社会的中心地位，并逐步巩固和发展。② 这种现象映射在教育领域，便是男女教育的不公。就我国不同地区教育的发展而言，由于西部地区地域广大，人口稀少，在历史上经济、文化、教育均长期处于落后状态。③ 西部贫困地区的教育水平在历史上就很不发达，这种不发达的惯性一直延续到现在。④ 这是造成我国女童教育发展地区差异大的一个重要原因。

---

① 郁芳．对女童教育的几点思考［J］．教育探索，2000（9）：76.

② 蔡宝来．论少数民族地区女童教育问题的社会历史成因和文化背景［J］．西北师范大学学报：社会科学版，1996（9）：53－58.

③ 臧健．中国西部农村女童教育研究［J］．浙江学刊，1995（5）：66－68.

④ 田科瑞．论西部贫困地区女童教育公平问题［J］．西南师范大学学报：人文社会科学版，2005（5）：81－87.

（二）家庭方面的原因

就我国目前的状况而言，送不送女童入学，主要取决于家长的观念、态度与家庭的经济状况。因此，家庭因素是造成女童教育，特别是贫困地区女童教育发展滞后的重要原因。

1. 女童上学的成本

有学者研究发现，影响女童上学的最直接原因是家长的决策。女童上学成本过大是影响家长决策的主要因素。女童上学的成本包括机会成本和直接成本。机会成本即上学所花的时间代价。女孩出嫁前，往往是家庭劳动力中的得力一员，帮助母亲做饭、做家务、照看弟妹，而上学就直接或间接影响了家庭的正常生活、经济生产和收入，上学时间越长，损失越大，所以部分家长便选择了让女童放弃学业。直接成本即对女童教育的直接投资，包括学费、书籍、服装、住宿、交通等费用。女童上学必须穿合适的衣服，如果学校离家太远，父母不放心女孩每日早晚的往返，选择让孩子在校住宿就更会增加家庭的开支，因而为女童教育付出的直接成本比男童要高。对经济困难的家庭来说，这也是导致女童失学、辍学的一个重要因素。①

2. 家庭回报的影响

对家长而言，总希望对子女的教育投资能有所回报，但女童教育回报的现状并不令家长满意。一方面，女孩目前所学课程大多脱离家庭生产生活实际，无助于她们发家致富以及适应未来的生活，教育回报无从实现；另一方面，我国多数地区的婚嫁习俗是女大出嫁、落户夫家，女童上学的教育投入是娘家，但收益却在婆家。因此，即便是女孩与男孩接受教育的费用相当，父母还是更愿意送男孩上学。这也在很大程度上影响了家长送女孩上学的积极性。②

3. 家长文化素质低

许多父母，尤其是母亲的受教育水平低，教育意识淡薄，缺乏长远目

① 强海燕. 东亚发展中国家的妇女教育与发展［J］. 陕西师范大学学报：哲学社会科学版，1996（6）：144－151.

② 广少奎. 女童教育：西部大开发的重中之重［J］. 内蒙古师范大学学报：教育科学版，2004（1）：72－74.

光，认识不到女童教育的重要意义和作用，因而不重视女孩的教育。[①]

4. 经济困难，收入低，无力支付学费与杂费

在一些贫困地区，许多家庭收入渠道单一，务农、外出务工是他们的主要收入来源。由于其受教育程度较低，大多从事一些低收入水平的工种，因而无力支付子女上学的费用，与此同时，为了尽可能多地获得生活资料，又不得不把子女作为维持生计的助手。在这种情况下，女孩比男孩更容易被剥夺受教育的权利。许多调查表明，家庭经济困难是导致女童失学、辍学的十分重要的原因。

5. 受“打工”实惠的诱惑，让女童辍学打工[②]

随着改革开放政策的推行和市场经济体制的建立，“打工潮”席卷整个中国，大批的“打工妹”赚了钱。打工、经商所获得的直接经济利益，对女童及其家人都是一个极大的诱惑，不少家长因此而让女童外出打工以改善家庭的经济状况。

（三）自然环境方面的原因

自然环境是人类生存和发展的基本条件，也是影响人们文化教育活动的重要因素。女童教育发展滞后是一种普遍现象，但西部地区尤甚，自然环境就是其中一个重要的原因。西部各省区市大多位于高原、荒漠、山区，气候多变，灾害频仍，生存条件极为恶劣。自然环境的不良状况对女童教育的影响主要表现在以下四个方面。

第一，居住分散，交通不便，给学校布点乃至学龄儿童按时接受义务教育带来了一定困难。

第二，地域上的封闭与偏僻，造成了信息传播的局限性，给观念更新带来困难。

第三，恶劣的气候，尤其是高原地带低温、缺氧，给广大教育工作者

① 席春玲. 90年代以来我国女童教育研究述评［J］. 妇女研究论丛，2002（5）：62-66.

② 川北女童教育研究课题组. 加强教育综合改革，促进女童教育发展——川北地区农村女童入学及辍学问题的研究［J］. 四川师范学院学报：哲学社会科学版，1997（9）：51-55.

和学生的健康带来了直接危害。

第四，自然环境的不良、不便，直接影响了教育的投入成本。①

（四）学校教育自身的原因

女童教育问题的存在，固然有社会、家庭、自然环境方面的原因，但学校教育自身也有不可推卸的责任。单一的办学形式，缺乏适切性的课程内容，低下的教师素质与落后的教育管理，城市与升学取向的教育价值，造成了女童入学的困难，使学校对女童失去了吸引力，影响了家长送女童上学的积极性。而且，我们甚至可以说，学校教育在很大程度上未能提供真正有利于女童发展的教育。

1. 办学形式单一

在办学形式方面，长期以来，我们过于强调正规化办学，对非正规教育重视不够，忽视复式教学、巡回教学、早午晚班、带弟妹上学等多样化办学形式，加剧了女童入学的困难。另外，对于失学、辍学女童，特别是一些大龄女童，缺乏补救性教育措施。②

2. 课程内容缺乏适切性

课程内容缺乏适切性主要表现在三个方面。其一，现有教材的知识多是城市化取向和带有性别偏见的。这不仅造成女童，尤其是农村和贫困地区女童学习上的困难，影响其学业成绩，而且无形中固化了传统的角色观念，对女童的自信带来了消极的影响。研究发现，部分女童就是因为其学习成绩差，被父母甚至我们的教育工作者认为“智力低下”而退学的。其二，现有的课程大多是学术（升学）取向的，没有考虑为女童毕业后参加实际生产做必要的准备，满足不了女童及其家庭对劳动致富的要求。③其三，课程内容缺乏民族、地方特色，脱离当地群众生产、生活实际，对女童没

①③ 广少奎. 女童教育：西部大开发的重中之重［J］. 内蒙古师范大学学报：教育科学版，2004（1）：72－74.

② 席春玲. 90年代以来我国女童教育研究述评［J］. 妇女研究论丛，2002（5）：62－66.

有吸引力。①

3. 教师素质低，教学质量差

越是贫困的地区，越是缺乏对优秀教师的吸引力，民办教师和代课教师大量存在。不少教师不仅文化素质低，更缺乏基本的教育培训，没有掌握学生的生理和心理特点，不懂得教育的方法和艺术，粗暴对待学生，批评多，指责多，加重了学生的心理负担和精神压力。个别教师甚至侮辱、体罚学生，不仅使教师对学生失去吸引力，也迫使部分已经入学的学生退学。

4. 学校管理水平低

许多学校的管理者没有学过系统的教育学理论、专业知识和管理知识，学校管理混乱，水平低，特别是学籍档案不健全，对于学龄女童未及时入学或中途流失，不能及时发现，缺乏有效的解决办法。②

5. 办学方向错位

不少学校仍受“应试教育”模式和观念的影响，片面追求升学率，学校教育为升学服务，严重脱离农村实际，学生在学校教育中很难学到农村发展所需要的技能和知识。结果是“升学无望，就业无路，致富无术”，回到家中“种田不如老子，挑担不如妹子，理家不如嫂子”。家长和女童对学校产生失望情绪，学校失去了对女童的吸引力。

6. 受教育的出路也影响着女童教育

在我国目前的教育体制下，接受完义务教育之后，升学几乎是女童跳出农门，脱离贫困的唯一出路。但接下来女童面临的又是高中和大学严峻的升学压力和高昂的学费压力，即便克服了这些困难，大学毕业之后也将面临更大的就业压力。一些女童饱受寒窗之苦却在高考中名落孙山而不得不回到家中，或者即使上了大学毕业后也被迫待业家中，她们的际遇使其他女童和家长对女童受教育的前景感到失望和灰心，于是产生“晚回不如

---

① 任玉贵. 从困境中崛起——中国西部女童教育研究试验［J］. 中国民族教育，1996（6）：21－23.

② 祝亚肖. 关于我省贫困地区女童教育的思考［J］. 陕西教育，1996（2）：15－16.

早回”的念头。这是导致女童失学、辍学的又一原因。[①]

7. 女教师缺乏

已有研究发现，在青海、甘肃、宁夏的部分地区，女教师的缺乏也影响了家长送女童入学的积极性。这是因为：（1）许多男教师不了解女童的生理和心理特点，使女童接受不到适合自身的教育；（2）女教师的缺乏使女童缺乏适当的榜样激励；（3）对于那些需要住校的女生，女教师的缺乏使家长和女童缺乏安全感；（4）受传统观念和宗教观念的影响，部分家长希望由女教师来教女孩子。

四、发展女童教育的对策

在了解了女童教育现状，分析了影响女童教育发展的原因之后，学者们纷纷献计献策，对如何促进我国女童教育的发展提出了许多有价值的对策与构想。

（一）优化社会环境

1. 支持贫困地区经济发展，为女童教育提供必要的经济保障

经济是基础，没有一定的物质基础，就不会产生对精神文明的需要；群众的温饱问题得不到解决，就无暇顾及子女的入学。因此，国家和地方政府应大力扶持贫困地区发展经济，脱贫致富；应把发展教育同振兴当地经济联系起来，把扶贫脱贫工作同普及九年义务教育联系起来。[②]

2. 加强舆论宣传，转变观念，根除陋习

在西部地区，女童失学、辍学不仅仅是由经济原因造成的，还有人们的传统观念、偏见在作祟。因此，仅仅从经济上给予支持是不够的，还必须加强舆论宣传。我们可以利用广播、报刊、影视、集会、学校开放日等多种宣传媒介，加强女童教育的宣传，在社会上营造“男性能成功，女性

---

① 任玉贵. 影响中国西部少数民族女童教育的主要因素及相应对策研究［J］. 青海民族学院学报：社会科学版，1996（1）：38－43.

② 祝亚肖. 关于我省贫困地区女童教育的思考［J］. 陕西教育，1996（2）：15－16.

同样也能成功”的健康氛围。另外，要鼓励创作反映女性成就和女性新角色形象的文学作品和影视作品，通过这些作品来影响人们的观念。

3. 加强领导，依法治教

有效的领导和管理是促进女童教育发展的重要力量。为此，有学者建议，在女童教育发展滞后的地区成立女童教育的管理机构，特别是要把那些懂教育、能管理、善管理的女同志纳入其中，做到分工明确，责任到人。女童教育管理机构的工作人员要负责了解本地女童教育现状，督促女童教育的发展，监督相关女童教育费用的使用，并配合进行女童教育的研究工作。另外，要加强对《教育法》、《义务教育法》等法律的宣传和实施力度，给学龄儿童家长发放入学通知书，使家长和监护人认识到，不让子女入学是违法行为，并对这类行为进行批评和制裁。例如，在四川省大巴山、米仓山地带进行的女童教育实验研究中，采取“三边四包”：党政包入学普及率，改善办学条件；学校包巩固合格率，加强教育管理；家长包儿童按时入学，受完九年义务教育。由于责任明确，措施具体，工作扎实，女童教育发展很快。①

4. 制定有利于女童教育的优惠政策

相对于男童而言，女童是教育中的弱势群体，贫困地区女童更是弱势中的弱势。为维护社会公平和教育公平，我们有必要对女童教育实行政策倾斜。比如：在入学上优先考虑女童，实行助学金、奖学金制度；在学习内容上，体现女童特点；在项目资助上，优先资助女童项目；在社会就业录用上，加大女性名额等。总之，应制定符合各地实际的优惠政策，且实实在在地加以落实，实现男女教育机会均等。②

5. 进行社会变革

女童教育不是一个简单的教育问题，它有着深刻的社会原因和社会背景。因此，进行深刻的社会变革，形成一个关心支持女童教育的社会大环境是非常重要的。首先，要在社会上形成一种女性参与的机制，提高女性

---

① 冉元辉，汤泽生，杜学元. 发展女童教育，提高民族素质——大巴山、米仓山地带女童教育研究［J］. 四川师范学院：哲学社会科学版，1997（9）：56－59.

② 周万学. 对抓好女童教育的几点粗浅看法［J］. 青海教育，1997（4）：16.

的社会地位。集中在教育上，主要是要把社会性别意识纳入教育决策的主流，体现在公共教育政策及各项教育法律、法规当中。现阶段决策中要努力解决好西部贫困地区女童教育问题，实行倾斜性政策，切实维护女童的权利。其次，要在全社会树立“知识就是力量”、“知识改变命运”的观念，解决好学生毕业就业问题，在全社会形成一种“尊重知识，尊重人才”的氛围，让“知识无用论”失去市场；要清除落后的封建意识，树立“男女平等”的观念；要清除“超生”的观念，树立“少生优生”、“生男生女都一样”的观念。①

（二）加强经费保障

世界上不同国家女童教育发展的差异及中国女童教育发展所表现出的地区差异，向我们揭示了这样一个事实，就两性教育机会的平等而言，经济因素是最主要的制约因素。因此，加强经费保障是使贫困地区女童获得平等教育机会的必要条件。根据我国国情，学者们提出了以下一些保障女童教育经费的策略与措施。

1. 实施广义的免费女童义务教育

女童失学、辍学的一个重要原因就是上学需要一定的费用。为了解决这一问题，社会各界做了很大的努力，但是，总的来看，无论是实施“春蕾计划”、“希望工程”，还是通过“手拉手”、“一帮一”等形式，以及利用海内外捐款、联合国儿童基金等，资助的都只是有限的女童，并且这种资助往往是不定期、不经常的。要使所有女童都能接受教育，国家应该实施完全免费的女童教育，即对接受义务教育的女童不仅免收学费，而且还免费给学生提供教科书、伙食、校服、交通补助费等。②

2. 增加政府投入

邓小平曾经讲过：“我们要千方百计，在别的方面忍耐一些，甚至于牺

① 田科瑞. 论西部贫困地区女童教育公平问题［J］. 西南师范大学学报：人文社会科学版，2005（5）：81－87.

② 广少奎. 女童教育：西部大开发的重中之重［J］. 内蒙古师范大学学报：教育科学版，2004（1）：72－74.

牲一点速度，把教育问题解决好。”女童教育问题不仅关系到教育公平与社会公平，更关系到民族素质的提高。所以，各级政府都应处理好经济发展与教育的关系。对中央来说，应在确保“两个增长”的前提下，进一步扩大对教育特别是基础教育的投资，并适当向贫困地区倾斜；对地方政府来说，一方面要加强管理，确保上级教育经费专款专用，并使其发挥最大效力，另一方面要高度认识投资教育的重要意义，加大对教育的投入力度，并针对本地实际情况，使教育投资向女童倾斜。

3．设立奖励基金

适时设立女童教育国家奖励基金，完善奖励办法，以奖促教、以奖促学，以形成全社会关心、重视、支持女童教育的良好风气。

4．大力开展勤工俭学

开展勤工俭学活动是弥补教育经费不足、增强学校办学活力的重要途径，也是对学生进行劳动观念教育、生产技能教育的重要手段。[①] 如在“西部女童教育实验研究”中，实验学校试办小牧场、小农场，种植蔬菜和药材，搞草编，办装潢部、缝纫部，同时发动师生自制体育器材和教具。这些活动不仅解决了部分贫困学生的杂费、书本费，而且培养了学生自力更生、勤俭朴素的精神，提高了学生的劳动技能。[②]

（三）改善教育内部环境

发展女童教育，既要重视营造良好的社会环境，同时更要致力于提高教育自身的质量和水平，提高学校对女童的吸引力，为女童上学提供方便。

1．合理布局学校，采取多种办学形式和灵活的作息时间

在人口密度小、居住分散的地区，可利用增设教学点、巡回教学、复式教学等形式，解决女童的就近入学问题。另外，有条件的学校可实行寄宿制，以方便女童上学。在办学形式上，应针对实际情况，因地制宜，采

---

① 雷蕴忠，吴国良，周发科．女童教育的实践和思考［J］．甘肃教育，1996（3）：6－8.

② 周卫，张铁道，刘文璞．中国西部女童教育的困境与出路［J］．妇女学苑，1996（2）：29－32.

用多种形式，确保女童受教育的机会，提高女童入学率，降低失学率、辍学率。如放宽女童入学年龄，上课时间灵活多样，可以迟到早退，可以带弟妹上学。在人口稀少、居住分散的地方鼓励私人办学等等，都是因地制宜、行之有效的好办法。另外，应根据当地农业生产的实际灵活地安排假期和作息时间。农闲时多学，农忙时少学。在农忙时节，可采取半日制、隔日上学、早晚班等形式。

2. 改革课程内容，加强职教渗透

(1) 把性别视角纳入课程设计的理念当中。首先，应重新审定现行教材，剔除宣扬“男性中心”和“女不如男”的性别差异的内容，以弘扬性别公平观念。其次，在设计与开发课程时，应把性别意识纳入其中，既要考虑男女两性人物的恰当比例，又要打破男女两性的传统性别角色限制，避免形成儿童的性别刻板观念，避免进一步强化和维系社会中两性不公平的现实。(2) 构建多元的课程内容。构建多元的课程内容，一方面是指教材中要同时体现男女两性的文化、男女两性的视角和男女两性的经验，确保课程内容上无性别偏见。另一方面是指课程内容要兼顾城市与农村、汉族与少数民族学生不同的生活经验；同时要兼顾普通教育与职业教育，既要促进学生的一般发展，又要使学生习得一技之长。(3) 凸显民族特色。在民族地区，发展女童教育应注意传承民族文化传统，凸显民族特色。例如，可以把民族歌舞、民族刺绣、民族器乐、民族历史等纳入课程体系，这样做既可保存少数民族文化，又能增加学生的学习兴趣，提高家长送女童入学的积极性。

3. 改善男女教师比例

女教师的缺乏是造成民族地区女童入学率低的原因之一。因此，我们应制定特殊政策，加快为贫困地区、民族地区定向招收、定向分配女性教师，以吸引女童上学，并使之具有就学安全感。

4. 加强在职培训，提高现有教师队伍素质

针对贫困地区教师相对匮乏的现实，可由优秀教研员和特级教师组成流动培训队，深入基层学校，通过诊断性听课、指导性评课、示范教学、

专题讲座、座谈咨询等形式，对一线教师面对面地进行辅导。[①] 提高教师自身素质，不仅可以提高教师对学生的吸引力，同时也可以提高学生对学习的兴趣。

5. 举办女校和女班

在少数民族聚居的边远山区，特别是在那些教规不允许男女生混校的地区举办女校或开设女班，将有助于大幅度提高女童的入学率。[②]

（四）优化家庭环境

1. 通过舆论宣传，转变家长观念

家长尤其是母亲的文化程度和思想观念如何，是家庭能否大力支持女童教育的关键。因此，通过舆论宣传使家长摒弃“上不上学是自家的事情”、“念书也白念，不如在家帮忙”、“让女孩上学是为别家投资”等自私、短视的观念，将有助于改变家长对女童教育的态度，提高家长送女童入学的积极性。

2. 开设家长学校，提高家长素质

可以通过编写家长教材、举办母亲学校、开展家长开放日活动、邀请家长参加女童教育研讨会等形式，优化女童的家庭环境。

3. 解决后顾之忧

在农村，实行联产承包责任制以来，生产方式以个体为主，这就使得家庭需要大量的辅助劳力，或牧或炊，或守家或带弟妹。在这样的背景下，不少家庭虽有心送女孩上学，却无实现此愿望之力。因此，我们可以考虑以村或社为单位，设立托儿所，解决无人看管幼儿的问题，并聘请赋闲在家的老人看家护村。这样既能解决农村辅助劳动力的问题，又能排除家庭的后顾之忧，为女童入学创设有利条件。[③]

---

① 任玉贵. 从困境中崛起——中国西部女童教育研究试验［J］. 中国民族教育，1996（6）：21－23.

② 李兴国. 发展女童教育是民族地区普及教育的关键［J］. 贵州教育，2000（3）：4－6.

③ 周万学. 对抓好女童教育的几点粗浅看法［J］. 青海教育，1997（4）：16.

五、女童教育研究的新变化

随着人们观念的逐渐转变和我国经济实力的增强，进入 21 世纪后，我国女童在受教育机会上已基本接近男童，教育质量也进一步提高，但女童教育仍然是学者们关注的一个热点。与 20 世纪 90 年代相比，21 世纪的女童研究更加深化、具体化，而且能与时俱进，出现了一些新的变化。一是出现了关于女童教育发展阶段的研究；二是民族地区女童教育问题成为关注的重心；三是农村留守女童的教育问题受到关注；四是免费义务教育条件下的女童教育问题成为新的研究主题。

（一）女童教育发展阶段研究

在对女童教育现状、问题、原因及对策等进行实证研究的同时，我国“401 女童项目”研究小组还对贫困地区女童教育的发展阶段进行了研究，提出贫困地区女童教育的自然演进过程大致包括“均等性教育—有效性教育—特殊性教育”三个相互融合、彼此交叉的阶段。①

1. 第一阶段：以追求女童教育的均等性为主要目标

贫困地区女童教育自然演进过程的第一阶段以追求女童教育的均等性为主要目标。处于这一阶段的女童教育一般以生产力水平低下、女童入学率较低为教育背景，各种社会力量以慈善资助的形式救助处境不利的女童入学，使之能够接受最基本的生存教育，以实现女童教育的均等性，均等性教育特别关注女童受教育的各项均等性措施及数据。对于发展中国家来说，这一阶段是漫长而艰难的。这一阶段的女童教育发展的特点如下。

（1）救助性强，以大幅度提高女童入学率为目标，着眼于帮助处境不利的女童入学。在这一阶段，主要采取提供资助、提供方便、增强学校吸引力等方式帮助女童入学，确保女童较高的到课率。

（2）使女童获得最基本的生存能力。在教学内容上，教材重视基本生

① 吴柳，等. 试析贫困地区女童教育的自然演进过程［J］. 比较教育研究，2000（2）：46－50.

存方面的知识和能力的教育，例如生理卫生、手工等，并确保其正常实施。

综上所述，以救助性生存教育为特征的均等性教育主要致力于救助处境不利的女童，使之获得接受最基本的生存教育的均等性权利。

2. 第二阶段：以追求女童教育的有效性为主要目标

一般来说，处于这一阶段的女童教育大多以女童入学率相对提高、女童教育观念已在表面层次上为家长接受、女童教育已有大量的先行经验为教育背景，主要着眼于提高女童教育的质量，超越低层次生存教育的局限。有效性模式在进行女童教育研究时既注意借鉴过去的女童教育经验，更注重现实教育与未来教育的衔接性，显示出较强的前瞻性特征。其主要特点如下。

（1）以追求教育的有效性为主要目标。在这一阶段，发展女童教育将不再局限于使女童获得均等的教育机会和基本的教育技能，而更着眼于能够提高女童教育的质量，强调现行的教育要为女童未来的长远发展和自身潜能的发挥打好基础。

（2）对两性教育公平的关注从机会均等转向教育过程的公平。

3. 第三阶段：以追求女子教育的特殊性为主要目标

这一阶段一般都以女童教育均等性、有效性问题已基本解决，生产力发展水平比较高为前提。一些实力雄厚的女子学校借助各种技术性机构的支持，通过教育科研和教学实践而实现女子学校的办学特色。在女童教育的前两个阶段，女童教育特殊性问题一般都体现为追求谋生和传统意义上的男女平等这种较低层次的目标，而特殊性模式则在承认男女差异的基础上，立足于真正意义上的“因性施教”，使女子能充分发挥自己巨大的潜在能力，充分展示出女性作为一种人性的各种最和谐、最优秀的因素。

科学研究证明，女性的生理心理特征在一些方面有别于男性，例如，女性在语言能力、形象思维能力等方面强于男性，在空间能力、逻辑思维能力等方面弱于男性，真正的因性施教将能充分发挥女性之所长，补救其所短。在均等性教育和有效性教育模式中所涉及的因性施教的内容，大多定位为适合本地特点的传统的女性谋生能力，其实质与中国传统的所谓“女红”没有本质区别，都把女性的能力局限在一个低层次上，框定在谋生的范围内，这种低水准的女子教育是生产力水平低下的突出表现。而特殊性模式则在承认差异的前提下，通过教育真正发挥女性潜在的优势。

北京市华夏女子中学、上海市第三女子中学等都在进行这种模式的探索。西方发达国家也已经有这一类学校的雏形存在，并通过这种模式培养出了大批成功的女性，如美国的韦利斯利女子学院、伯纳德女子学院、布林莫尔女子学院、霍利奥克山女子学院、史密斯女子学院等。据统计，进入美国1000家最大企业的董事会的女性至少有1/3毕业于女子学院，获得博士学位的女数学家和女工程师约有50%毕业于以上5所女子学院。

（二）少数民族女童教育问题研究

少数民族女童教育问题一直是比较受关注的方面，进入21世纪以来，少教民族女童教育问题更是成为女童教育研究的一个热点。保安族、东乡族、撒拉族、藏族、苗族、瑶族、回族、维吾尔族、彝族、景颇族、锡伯族等不同民族女童教育问题都得到了不同程度的关注，对少数民族女童教育问题的宏观研究也受到较多的关注。从研究的内容来看，包括不同少数民族女童教育的现状调查、存在问题分析、失学和辍学原因分析、制约因素分析以及发展的对策与建议。虽然研究内容和框架与一般教育研究基本一致，但值得一提的是，除了经济、家庭及教育自身的原因以外，不少学者提出语言问题是制约少数民族女童教育发展的重要原因之一。[①]

（三）农村留守女童教育问题研究

随着留守儿童问题受到越来越多的关注，“留守女童”的教育问题成为最近几年来女童教育研究中的一个新领域，但研究结果却令人对农村留守女童的处境更加担忧。有关研究结果显示，与非留守儿童和留守男童相比，农村留守女童的处境更加不利：第一，所处的生活环境和教育环境与其兄弟相比处于明显的劣势，父母对她们的期望值也比较低；第二，存在较大

---

① 陶瑞. 对撒拉族女童教育状况的人类学调查与研究［J］. 青海民族研究，2007（3）：25－31.

的心理健康问题和言行偏差①；第三，辍学和教育权缺失情况更为严重②；第四，留守女童更容易遭受性侵犯③。

根据现有研究的成果，导致农村留守女童教育问题产生的原因可以概括为以下几个方面：第一，农村剩余劳动力无序转移以及城乡二元分割的教育制度；第二，农村家庭残存的重男轻女观念使父母对留守女童成长问题认识淡漠④；第三，监护人的教育能力和亲情关注存在缺失；第四，享受教育与获取经济利益存在冲突⑤。

值得注意的是，近年来留守女童遭受性侵害的案件屡有发生，令人忧心忡忡。有学者分析认为，留守女童之所以更容易遭受性侵害，主要原因包括：第一，安全监护缺位；第二，性安全教育缺乏；第三，留守女童的性侵害问题没有得到有效解决；第四，留守女童低龄化，辨别能力差，不具备或不完全具备防卫能力⑥；第五，农村的地理环境缺乏安全性⑦。

遗憾的是，对于如何解决留守女童的教育问题，目前的研究还显得比较薄弱，已有的建议和对策主要包括：（1）稳步推进小城镇建设，使更多劳动力能就近、就地转移；（2）尽快完善农村社会服务体系，为留守女童设立“学生之家”或“学生公寓”；（3）对留守女童进行性健康教育以及自我保护教育⑧；（4）建立留守儿童家长学校；（5）加强法制宣传和打击力度⑨。

（四）免费义务教育背景下的女童教育研究

诸多研究显示，经济贫困与义务教育不免费是影响女童享受平等教育

①④⑧ 郭少榕. 农村留守女童：一个被忽视的弱势群体［J］. 福州大学学报，2006（3）：94－100.

②⑤ 徐财龙，邹红. 正确审视农村留守女童教育问题——基于和谐社会构建的视角［J］. 科教文汇，2009（6）（中旬刊）：6－7.

③ 杜雪梅. 关注留守女童性侵害问题［J］. 河北省社会主义学院学报，2009（4）：62－64；伍慧玲，陆福兴. 关注农村留守女童的性安全问题［J］. 湖南科技学院学报，2006（4）：42－43.

⑥⑨ 杜雪梅. 关注留守女童性侵害问题［J］. 河北省社会主义学院学报，2009（4）：62－64.

⑦ 伍慧玲，陆福兴. 关注农村留守女童的性安全问题［J］. 湖南科技学院学报，2006（4）：42－43.

机会和女童教育质量低下的重要因素。但从 2006 年起，我国开始全面免除农村义务教育阶段学生的学杂费和贫困生的教材费，2008 年这项措施又开始在城市推行。那么，在免费义务教育背景下，女童入学率低、巩固率低、辍学率高的问题是否迎刃而解？女童教育又面临哪些新的问题？

最新的研究结果显示，自 2001 年开始实施“两免一补”（即免杂费、书本费，补助寄宿生生活费）后，农村女童辍学现象并没有因此而改变，在有些地区还有进一步加剧的趋势。[①] 2006 年民进中央关于农村初中辍学状况的一项调查显示，农村平均辍学率接近 40%，其中辍学学生的男女比例为 11∶19。[②]《陕西省儿童发展规划（2001～2010 年）》中期统计监测报告显示，陕西全省小学女生辍学率居高不下，2005 年小学女生辍学率为 0.71%，几乎是 2000 年女生辍学率 0.36% 的两倍。[③] 有学者研究发现，这样的情况不仅存在于贫困地区，在一个经济发达省份的部分地区，女童的辍学率竟然高达 20% 以上。[④]

任军利教授研究指出，在免费义务教育的条件下，我国女童教育仍然存在许多亟待解决的问题，突出地表现为：贫困家庭女童的失学和辍学问题仍然没有得到根本的解决，即使能够接受教育，教育质量也难以得到保障；农民工女童很难接受到与城市居民子女同质量的教育；相对于城市一般居民，城市弱势家庭女童学习障碍、成绩不佳现象比较突出。[⑤]

最近的研究认为，家庭贫困、教育成本上升、教育预期收益下降、女大学生就业困难、教育资源短缺、教育质量不高等因素是实施免费义务教育背景下影响女童教育机会与质量的主要因素。加大政府教育投入，完善收入分配制度，构建贫困女童的救助机制是解决新背景下女童教育问题的

① 李曦，任军利. 义务教育背景下农村女童辍学救助机制新视野——基于经济因素的分析［J］. 安徽农业科学，2009，37（10）：4717－4719.

② 张建莉. “两免一补”为什么挡不住孩子们辍学的脚步［J］. 农家女，2007（5）：6－9.

③ 本刊. 陕西：小学女童辍学率大幅上升［J］. 陕西教育，2006（12）：35.

④⑤ 任军利，朱晓锋. 免费义务教育条件下我国女童教育所面临的困境［J］. 农业考古，2008（6）：306－309.

重要举措。[①]

参考文献

蔡宝来．论少数民族地区女童教育问题的社会历史成因和文化背景［J］．西北师范大学学报：社会科学版，1996（9）：53－58.

川北女童教育研究课题组．加强教育综合改革，促进女童教育发展——川北地区农村女童入学及辍学问题的研究［J］．四川师范学院学报：哲学社会科学版，1997（5）：51－55.

邓爱秀．影响教育性别公平实现的原因分析［J］．江西行政学院学报，2007（4）：59－61.

邓桦．云南瑶族女童教育问题及对策探究——以文山州瑶族女童教育为例［J］．昆明大学学报，2008（3）：85－88.

杜雪梅．关注留守女童性侵害问题［J］．河北省社会主义学院学报，2009（4）：62－64.

广少奎．女童教育：西部大开发的重中之重［J］．内蒙古师范大学学报：教育科学版，2004（1）：72－74.

郭少榕．农村留守女童：一个被忽视的弱势群体［J］．福州大学学报，2006（3）：94－100.

郭太友．保安族女童辍学失学问题的对策性分析［J］．四川文理学院学报：社会科学版，2009（4）：100－102.

郭学军．贫困地区女童教育的现状、成因及对策［J］．安徽教育，2003（11）：21－22.

黄河．和谐社会建构下的性别平等教育［J］．中华女子学院学报，2007（5）：26－30.

黄志岭，姚先国．教育回报率的性别差异研究［J］．世界经济，2009（7）：74－83.

教育部．2005年全国教育事业发展统计公报［R/OL］．（2006－05）．http：//www.moe. gov. cn/publicfiles/business/htmlfiles/moe/moe_ 633/200607/15809. html.

① 李曦，任军利．义务教育背景下农村女童辍学救助机制新视野——基于经济因素的分析［J］．安徽农业科学，2009，37（10）：4717－4719；任军利，朱晓锋．免费义务教育条件下我国女童教育所面临的困境［J］．农业考古，2008（6）：306－309.

教育部. 2006年全国教育事业发展统计公报［R/OL］.（2007-05）. http://www.moe.gov.cn/publicfiles/business/htmlfiles/moe/moe_1237/200706/23240.html.

雷蕴忠，吴国良，周发科. 女童教育的实践和思考［J］. 甘肃教育，1996（3）：6-8.

李申玉. 贫困地区女童义务教育状况研究［J］. 科技经济市场，2006（11）：252，257.

李曦，任军利. 义务教育背景下农村女童辍学救助机制新视野——基于经济因素的分析［J］. 安徽农业科学，2009，37（10）：4717-4719.

李兴国. 发展女童教育是民族地区普及教育的关键［J］. 贵州教育，2000（3）：4-6.

刘琼，孙玉文. 农村女童教育的现状及发展策略［J］. 中国农村教育，2009（11）：21-23.

刘泽云. 教育收益率的性别差异分析［J］. 妇女研究论丛，2008（2）：28-34.

强海燕. 东亚发展中国家的妇女教育与发展［J］. 陕西师范大学学报：哲学社会科学版，1996（6）：144-151.

冉元辉，汤泽生，杜学元. 发展女童教育，提高民族素质——大巴山、米仓山地带女童教育研究［J］. 四川师范学院：哲学社会科学版，1997（9）：56-59.

饶亚娟，曾慧芳，刘玉儿. "女童教育"及其实施的思考与建议［J］. 知识经济，2009（3）：165-166.

任军利，朱晓锋. 免费义务教育条件下我国女童教育所面临的困境［J］. 农业考古，2008（6）：306-309.

任玉贵. 影响中国西部少数民族女童教育的主要因素及相应对策研究［J］. 青海民族学院学报：社会科学版，1996（1）：38-43.

任玉贵. 从困境中崛起——中国西部女童教育研究试验［J］. 中国民族教育，1996（6）：21-23.

世界银行. 1991年世界发展报告［R］. 北京：中国财经出版社，1991：56.

唐晓杰. 女童教育：国内外的进展与经验［J］. 教育理论与实践，1995（5）：29-34.

陶瑞. 对撒拉族女童教育状况的人类学调查与研究［J］. 青海民族研究，2007（3）：25-31.

田科瑞. 论西部贫困地区女童教育公平问题［J］. 西南师范大学学报：人文社会科学版，2005（5）：81-87.

王春玲．甘肃省女童教育现状及改革措施［J］．民族教育研究，2005（6）：67－71．

王春萍．东乡族自治县女童教育的现状及对策［J］．社科纵横，2005（3）：176－177．

王鉴．少数民族贫困地区大龄女童辍学问题追踪研究［J］．民族教育研究，2008（1）：116－121．

王云建．女童教育之困，“困”在哪里［J］．教育，2006（11）：42－43．

伍慧玲，陆福兴．关注农村留守女童的性安全问题［J］．湖南科技学院学报，2006（4）：42－43．

吴柳，等．试析贫困地区女童教育的自然演进过程［J］．比较教育研究，2000（2）：46－50．

席春玲．90年代以来我国女童教育研究述评［J］．妇女研究论丛，2002（5）：62－66．

徐财龙，邹红．正确审视农村留守女童教育问题——基于和谐社会构建的视角［J］．科教文汇，2009（6）（中旬刊）：6－7．

郁芳．对女童教育的几点思考［J］．教育探索，2000（9）：76．

臧健．中国西部农村女童教育研究［J］．浙江学刊，1995（5）：66－68．

曾晓东．世界女童教育研究［J］．比较教育研究，1999（2）：36－40．

曾跃霞．女童教育的经济学与社会学意义简析［J］．郧阳师范高等专科学校学报，2000（8）：39－41．

张建莉．“两免一补”为什么挡不住孩子们辍学的脚步［J］．农家女，2007（5）：6－9．

张庆亮．浅谈贫困地区女童教育的本体价值与工具价值［J］．教育前沿：理论版，2007（3）：17－19．

张燕．女童教育问题的探析［J］．黑龙江教育学院学报，2009（1）：31－33．

赵中建．世界女童教育面面观［J］．社会，1996（6）：14－16．

周群英，周文莲．农村地区性别教育收益率的比较研究［J］．国家教育行政学院学报，2007（6）：42－49．

周万学．对抓好女童教育的几点粗浅看法［J］．青海教育，1997（4）：16．

周卫，张铁道，刘文璞．中国西部女童教育的困境与出路［J］．妇女学苑，1996（2）：29－32．

祝亚肖．关于我省贫困地区女童教育的思考［J］．陕西教育，1996（2）：15－16．

第三章

20 世纪 90 年代以来中国两性教育公平研究

“两性教育公平”是与女童教育有密切联系的一个研究领域，也是女性主义者在研究教育问题、设计教育改革方案时经常使用的概念。它经历了由争取两性教育平等到追求两性教育公平的发展。两性教育平等主要表现为在制度层面对传统性别化教育的批判和在入学人数、在校生及毕业生比例等显性指标上实现男女平等。而两性教育公平更关注男女两性在教育环境、教育资源的分配和使用，在教育中获得自身发展的条件、机会和结果方面是否公平。[1] 目前，我国两性教育公平的研究主要包括对两性教育公平内涵的探讨、两性教育不公平现状的检视、两性教育公平实践中存在问题的分析以及两性教育公平实现路径的探索。

一、两性教育公平的内涵

我国学者常用“性别平等教育”、“性别公平教育”、“两性教育公平”等概念来指称对教育中两性公平的追求。在对“两性教育公平”内涵的解读上，多数学者都力求超越数字的均等和形式上的平等而追求实质的公平，因此不同学者的理解大同小异。但由于强调重点不同和所持视角的不同，对“两性教育公平”内涵的解释也存在微妙的差别。

---

① 史静寰. 关于女童教育的几个理论与实践问题 [J]. 比较教育研究，2000（增刊）：242－247.

黄河认为“性别平等教育”（gender equality education）即性别敏感教育，指不同的性别在接受教育的全过程中，在教育的各个领域均享有平等的机会和权利，均能站在公平的立足点上发展其潜能，不因生理、心理、社会、文化等性别因素而受到限制。①

谢慧盈对“性别公平教育”（genders equity education）的内涵做了较全面和充分的解释，认为性别公平教育就是“指在教育领域中倡导并争取性别上的公平”，也即“在性别公平理念指导下，创导、追求、设计并实施能体现性别公平的教育”。② 它主要研究在教育领域中，如何倡导性别公平理念，提高性别公平意识，把性别公平意识融入教育、教学中，制定并实施性别公平的教育政策，设置、组织性别公平的教育内容，营造有利于实现性别公平的教育环境，设计并采用性别公平的教育措施。最终目的是解构教育中的性别不公平现象，减少甚至消除性别不公平，建构体现性别公平的教育，保证男女儿童公平地得到全面、充分和健康的发展。

由此出发，谢慧盈又将性别公平教育的内涵进一步引申为两个方面。一方面是指在学校教育领域给才干和能力处在同一水平上，又有着使用它们的同样愿望的男女学生提供同等的生存与发展机会和空间，使得男女学生的作用能按自己所愿完全发挥出来。而非使女学生仅仅因为，起码主要是因为自己是女孩而处于不利地位，受到不公平的对待，或者受性别的约束而必须刻意压抑、限制自己，最终在才能、整体作用甚至人格等方面低于男学生一等。这是最直接意义上的性别公平。另一方面，则是在学生的成长与发展过程中，为处境不利的男女学生提供必要的机会或某些补偿，使他们都能够更好地发挥自己的才能与作用。但是，外界为他们提供的帮助与补偿，必须符合罗尔斯的公平原则的第二个部分：“一个人自愿地接受这一安排的利益或利用它提供的机会促进他的利益”，即具备“必要的自愿的特征”。也就是说，这种帮助和补偿必须是他们的生存和发展所必需的，也是符合他们意愿的，是他们自己觉得有必要而且希望并愿意接受的。

---

① 黄河. 和谐社会建构下的性别平等教育［J］. 中华女子学院学报，2007（5）：26－30.

② 谢慧盈. 性别公平教育及其相关概念辨析［J］. 现代教育论丛，2007（11）：63－67.

她进一步对“公平”和“均等”做了区别，认为在教育中提倡性别公平，不是简单地追求形式和程度的等同，也不是要追求男女学生相同、均等，让女生去做与男生同样的事，做到和男性一样甚至更好，而主要是指在教育的各个领域，教育制度与相关人员都能公平地对待男女学生的社会、文化和心理特征，使男女学生都能在适合自己的位置上充分发挥自己的才能和作用。起码从主观上，教育工作者应该以不偏向任何一方面的见解、态度和设想对待男女学生，而不应该有意识地单独注重某一方面同时避开其他方面的特征。最基本的是保证人格的平等。

有学者援引了联合国教科文组织《全民教育全球监测报告》对性别教育公平的界定：“在教育领域内，性别完全平等意味着：机会平等指的是男童和女童进入学校的机会相同，也就是家长、教师和整个社会在这个方面没有性别歧视。学习过程中的平等也就是男童和女童受到相同的对待和关注；在课程、教学方法和教学工具方面免受陈规旧习和性别歧视的影响；可以有相同的学业导向；在接受建议时也不受性别歧视；可以使用相同数量和质量的教育设施。结果平等也就是学习结果、受教育年限、学术资格和文凭不因性别而不同。外部结果平等也就是工作机会相等；离开全日制教育以后找到工作的时间相同；有相同资格和经历的男性和女性所取得的报酬相等。”① 由此，两性教育公平包括机会平等、过程平等和结果平等三个层面。

最近，有学者提出了“性别公平”的多维度理解，对深化我们对两性教育公平内涵的理解与认识有重要价值。该学者认为“性别公正”应包括三个基本维度：性别平等、尊重差异和自由选择。②

（1）性别平等。性别平等的主要内涵包括“价值无差”和“领域无界”。“价值无差”即不因两性生理及心理差异而对男女两性在价值上做出高低、优劣的区分。从古希腊开始，人类活动的领域就被分为管理国家的公共领域和处理家庭事务的私人领域。前者成为男人的领域，而后者则主要是女人的领域，这是性别不公平的主要障碍。因此，“领域无界”就是指

① 荆建华. 教育中性别平等的理性诉求与中小学教材中性别不平等的现实困惑［J］. 河南教育学院学报：哲学社会科学版，2006（6）：43－47.

② 高德胜. 性别公正与学校教育［J］. 全球教育展望，2007（9）：32－38.

无论如何划分人类活动领域，都应该平等地向两性开放，不能为特定性别设置障碍和限制。

（2）尊重差异。两性之间的差异是客观存在的，不承认、绕着走不是科学的态度，关键是如何理解、如何解释。从性别公正的立场出发，首先要求尊重社会文化赋予女性的特征——暂不论将某些特征固定在女人身上是否公正。其次还要求在一定的历史时期内对女性给予补偿性优惠待遇。

（3）自由选择。男性特质和女性特质都是人性的表达，但硬将女性特质与女性挂钩、男性特质与男性挂钩，使两性失去选择的自由，形成性别刻板印象，对两性来说都是不公正的。事实上，异性的特质一直潜伏在我们的本性之中，只不过被性别隔离的社会文化所压抑住罢了。对女性来说，更深层的公正实际上是自由选择问题，“女性不受压迫的自由不仅涉及公平问题，而且涉及女性应当有自由选择，且有权控制自己的生活”①。“男女共享体”理论为将“自由选择”纳入性别公平的内涵提供了充分有力的理论基础。该理论认为生物性别不是决定性别特征恰当性的基础，每一个人都可以从纯粹的女性特征到纯粹的男性特征这一跨度内进行多种选择，以实现自己人性的最优化。其理论的精髓在于不强求一个人要么具有女性特征，要么具有男性特征，也不强求一个人同时具有男性特征和女性特征，而是使一个人不因为自己的生物性别而失去从所有人性表达方式中进行自由选择的权利。

综上所述，我们可以把两性教育公平理解为：在尊重差异和自由选择的前提下，为男女两性个人潜能的最优发展创造条件，不因具有某一生理性别而失去某些选择机会或者使其发展受到人为限制。

二、两性教育差异的表现

城乡差异、地区差异与性别差异是中国教育发展不均衡的主要表现，也是我们在追求教育公平的道路上所遇到的主要障碍。其中性别差异主要

---

① 亨德森，等．女性休闲——女性主义的视角［M］．刘耳，等，译．昆明：云南人民出版社，2000：87.

表现在教育机会、教育过程和教育结果三个层面。

(一) 教育机会的不平等 (受教育的权利)

两性在教育机会上的差异可以用入学率、升学率、不同教育层次适龄人口在学率、人均受教育年限等几个指标来衡量。虽然随着教育立法的不断完善与教育民主化的不断推进,教育机会上的两性差异呈逐渐缩小的趋势,但就整体而言,目前我国男生仍然比女生享有更多的教育机会。

就入学率而言,根据教育部发布的《全国教育事业发展统计公报》,2002—2005 年,我国小学女童入学率一直低于男童,虽然男女入学率的性别差距在逐年缩小,但直到 2005 年,这种差距仍然存在。具体数据见表 3-1。

表 3-1　2002—2005 年我国男童和女童入学率　　(单位:%)

年　份	整体入学率	男童入学率	女童入学率	男童、女童入学率差距
2002	98.58	98.62	98.53	0.09
2003	98.65	98.69	98.61	0.08
2004	98.95	98.97	98.93	0.04
2005	99.15	99.16	99.14	0.02

资料来源:2002—2005 年教育部《全国教育事业发展统计公报》。

从辍学率来看,2003 年小学辍学率为 0.34%,其中女童为 0.36%。① 2004 年小学辍学率为 0.59%,其中女童为 0.6%。② 2005 年小学辍学率为 0.45%,其中女童为 0.47%。③ 这组数据显示,小学女童辍学率虽然与整体辍学率差距不大,但始终略高于整体辍学率,说明女童辍学问题更严重一些。

据《中国教育统计年鉴 2001》的统计数据,2000 年女性在小学、普通初中、普通高中、硕士、博士各级教育在校生中的比例分别为 47.6%、

① 教育部. 2003 年全国教育事业发展统计公报 [R/OL]. (2004-05-27). http://www.moe.gov.cn/publicfiles/business/htmlfiles/moe/moe_162/200409/3570.html.

② 教育部. 2004 年全国教育事业发展统计公报 [R/OL]. (2005-04). http://www.moe.gov.cn/publicfiles/business/htmlfiles/moe/moe_633/200507/10934.html.

③ 教育部. 2005 年全国教育事业发展统计公报 [R/OL]. (2006-05). http://www.moe.gov.cn/publicfiles/business/htmlfiles/moe/moe_633/200607/15809.html.

46.2%、41.0%、36.1%和24.0%。[①] 在各级教育中，女性在校生比例均低于男性，而且随着受教育程度的提高，女性所占比例明显下降。另据《中国统计年鉴2006》的统计数据，2005年全国小学、普通初中、普通高中、硕士、博士各级教育在校生中女性所占比例分别为46.8%、46.9%、47.1%、46.1%和32.6%。[②]与2000年的数据相比，女性享受各级教育的机会有明显的增加，但同男性相比仍有一定差距，特别是在硕士和博士阶段，性别差异十分明显。

傅家荣利用《中国人口统计年鉴2003》的数据计算出2002年中国教育性别差异，按文盲与半文盲、小学、初中、高中、大专及以上5个受教育程度划分，性别差异指标GPI值（即某种教育程度的女性人口与男性人口之比）分别为：2.47、1.04、0.81、0.75、0.69。[③] 从这组数据可以得出这样两个结论：第一，女性文盲人口远远超过男性，几乎是男性的2.5倍；第二，小学阶段受教育程度的性别差异很小，但在初中及以上阶段，性别差异逐渐增大。

从不同教育层次适龄人口在学率指标来看，2000年按性别划分，小学、中等学校、大学适龄人口在学率男性分别为97.4%、66.4%、8.6%，女性分别为98.8%、61.2%、6.1%，性别差异明显。从人均受教育年限来看，2000年中国男性平均受教育年限为8.3年，而女性只有7年，两者相差1.3年。[④]

（二）教育过程的不平等（教育中的权利）

从表面上看，目前我国男女已有平等受教育的法律与制度保障，接受教育的机会应该是公平的。但事实上，这种形式上的机会公平并不能保证教育全过程的性别公平，在教育机会和教育资源的享有、教育过程中的发

---

①② 邓爱秀．影响教育性别公平实现的原因分析［J］．江西行政学院学报，2007（4）：59－61.

③ 傅家荣．构建和谐社会——从中国教育的性别公平视角分析［J］．经济社会体制比较，2007（4）：137－140.

④ 傅家荣．中国教育消费中的性别公平问题研究［J］．湖北经济学院学报，2006（8）：15－17.

展期待以及发展结果上，女性依然普遍处于弱势地位，“微妙的性别偏见的围墙仍然继续制造着迥然不同的教育环境，引导着女性与男性走向分离与不平等的未来”[①]。

1. 教材文化中的社会性别偏见

教材中的性别偏见是指教材中对某一性别（通常是女性）的人所持的不符合事实的、不公正的态度。教材是学生学习的重要材料，对于成长中的男孩、女孩来说，教材中的性别形象很容易成为他/她们效仿的对象和学习的样板。有研究者通过对我国现行教材及读物中人物形象的分析发现，在很大程度上，教材在渗透性地宣传“男性中心”和“女不如男”的偏见。[②] 教材文化中的性别偏见主要体现在四个方面：一是女性形象的缺乏，二是性别刻板化，三是对女性形象的歪曲，四是女性形象缺乏时代感。

第一，教材中女性形象过少。大量的研究显示，义务教育阶段的教材里面女性形象出现的次数和频率远远少于男性。在人教版六年制小学语文教材（1994—1998）中，共涉及人物236人次，其中男性177人次，约占人物总数的75%，女性55人次，仅占23.3%。[③] 该套教材中共出现41位古今中外著名人物，其中男性37位，而女性只有4位。[④] 在2000年北师大版小学数学教材插图中，女性出现542次，而男性出现1023次，女性出现的频率远远低于男性。[⑤] 在苏教版新课标初中语文教材中共出现人物249位，其中男性人物共有195位，约占总数的78%，女性人物共有46位，约占总数的22%，男性人物大大多于女性人物。男性在课文中充任主角的共有88位，约占总数的82%；女性充任主角的共有19位，约占总数的18%，在九

① 邓爱秀. 影响教育性别公平实现的原因分析［J］. 江西行政学院学报，2007(4)：59-61.

② 强海燕. 自信心的性别差异与女生的教育［J］. 教育评论，1999（2）：51-53.

③ 乔晖. 小学语文教材的性别偏见——从女性主义视角出发［J］. 教育学术月刊，2008（7）：26-28，42.

④ 李祖祥. 现行小学语文教材中的性别偏见［J］. 蒙自师范高等专科学校学报，2000（6）：41-44.

⑤ 于伟，胡娇. 我国义务教育阶段中的性别不平等问题研究［J］. 东北师范大学学报：哲学社会科学版，2005（5）：30-35.

年级上册整本书里没有一位女性主角。[①]

第二，性别刻板化现象严重。教材中的性别刻板化，首先表现为性别形象的刻板化。男生的形象多是留短发、穿运动服饰、调皮、“动作多与智力有关”，而女生的形象则是梳小辫、穿裙子、乖巧、胆小、“动作多与家务事有关”等。[②] 教材中男性的形象常常具有主动性和主宰性，而女性的形象则是被动的、受制于人的。[③] 在《综合实践活动·生活》教材“儿童与自然”主题中，插图中的男女儿童在行为特征、品格形象、角色分工等方面都体现出明显的性别刻板印象。如在“声音的探索”、“光与我们的生活”中男生是活动的主角，有关“为什么”的问题都由男生提出。而女生则被认为感情丰富、具有爱心，在爱护生活环境和关爱小动物等主题上被委以重任。[④]在幼儿读物中，从事动手动脑、富于想象与刺激的活动的主要是男性，占 74%；从事安静、背诵、表演类活动的主要是女性，占 70%。[⑤]

其次表现为性别角色的刻板化。教材中的男性多属社会型、事业型、管理型、悠闲型，而女性的生活场域则集中在家庭，“男主外，女主内”的传统性别角色定型明显。如教育科学出版社 2002 年版品德与社会教材中女性参与处理家务的频率为 100%，男性参与处理家务的频率则为 0%。语文教材中的 49 位女性，有 32 位出现在家庭领域，即使是在历史上有重大影响的国家领导人，也被赋予了家庭化特质。如教材中两次出现邓颖超，一次是给周总理补睡衣，一次是在下雨的时候给警卫员送伞。邓颖超出现时用词都是“邓妈妈”。[⑥]

再次表现为职业的性别刻板化。在人教版六年制小学语文教材

① 孙慧玲．从课文人物看苏教版教材的性别教育［J］．语文教学之友，2006（11）：17－19.

②④ 于伟，胡娇．我国义务教育阶段中的性别不平等问题研究［J］．东北师范大学学报：哲学社会科学版，2005（5）：30－35.

③ 张彬．试析教材教法中的性别问题［J］．课程·教材·教法，1998（12）：56－57.

⑤ 史静寰．教材与教学：影响学生性别观念及行为的重要媒介［J］．妇女研究论丛，2002（2）：32－36.

⑥ 于伟，胡娇．我国义务教育阶段中的性别不平等问题研究［J］．东北师范大学学报：哲学社会科学版，2005（5）：30－35.

（1994—1998）中，出现男性职业人物共180人，占出现总人数的84.7%，出现女性职业人物46人，仅占15.93%；男性出现人次较多的职业类型是政治家、军人、科学家、作家等，而女性从事的职业主要是教师、护士等。[①] 朱晓斌对人教版五年制（1988年），上海、浙江、北京、天津四省市版六年制（1988年），以及浙江版六年制（1991年）小学语文教材的分析结果显示：男性所从事的职业共有23种，而女性只有8种；男性职业人物的比例在三种版本的教材中分别为77.8%、85.1%和53.1%，而女性职业人物比例分别为22.2%、14.9%和46.9%；男性所从事的往往是富有创造性和刺激性的职业，而女性所从事的职业更多地体现出情感色彩和辅助性特点。[②]

最后表现为人物性格的刻板化。在苏教版新课标初中语文教材中，弘扬的男性性格有勇敢、冷静、创新、独立、奉献、博学、爱国、机智、坚持、可依赖等，批判的是虚伪、自私、势利等。弘扬的女性性格有善良、温柔、慈爱、勤劳等，批判的是势利、恶毒等。[③] 从中可以看出，无论是弘扬的还是批判的，在男女人物性格定位上都存在严重的刻板现象。

第三，对女性形象的歪曲。对女性形象的歪曲是教材文化中性别偏见的另一重要表现形式。如人民教育出版社1992年版中国历史教材初中第3册，对我国历史上唯一的女皇帝的描述是："太后武则天废中宗自立，改国号为周。这是中国历史上唯一的女皇帝。她在位二十二年，所谓政治，只有残酷的特务统治。……武后另一丑行是纵容男宠，污乱政治。"[④] 在人教版六年制小学语文教材（1994—1998）中，男性的形象往往是知识渊博、

---

① 李祖祥. 现行小学语文教材中的性别偏见［J］. 蒙自师范高等专科学校学报，2000（6）：41－44.

② 朱晓斌. 从我国三种小学语文课本看儿童性别角色的社会化［J］. 教育研究，1994（10）：52－57.

③ 孙慧玲. 从课文人物看苏教版教材的性别教育［J］. 语文教学之友，2006（11）：17－19.

④ 于伟，胡娇. 我国义务教育阶段中的性别不平等问题研究［J］. 东北师范大学学报：哲学社会科学版，2005（5）：30－35.

能力高超、聪明睿智，而女性则相对表现出无知、能力低下。[①] 在苏教版新课标初中语文教材中，不仅女性主角所占比例很小，而且大都不是从社会意义上成为主角，主要是个人回忆的产物，而男性主角无论是正面人物还是反面人物，都是从社会角度产生意义的。[②] 其中隐含的意义就是：女性主要是在家庭中产生影响，其社会作用是微不足道的。另外，人教版小学社会教材（1994—1998）中虽然女性在数量上基本与男性平衡，但是有独立身份的具名者男女两性差距明显，男性为95%，女性为5%。[③] 这其实是对女性价值的间接贬低。

第四，教材中的女性形象缺乏时代感。教材中女性形象很少，正面的、与现实生活贴近的女性形象则更少。有研究表明：人教版六年制小学语文教材（1994—1998）12册，共出现240个人物角色，其中49位是女性。这49位中具有现代人气质的只有8位，其余多为古人、老人、名人。[④]这些女性脱离当下学生的现实生活，很难使学生产生共鸣。

教材中的性别偏见致使女生缺乏学习典范，难以建立主体性和实现角色的多元化；教材中的性别刻板化强化女性特质，忽略个别差异，限制了女性的自我认知；而教材中认同单一的男性价值观，使女生无法正视女性经验，造成女性文化传承的断裂；另外，也容易使男女学生习得性别刻板印象。

2．*教师在态度和行为上对待学生“男女有别”*

许多教师深受性别刻板观念的影响，在教育实践中用不同的态度和方式来对待男女学生。教师的性别偏见与性别刻板观念是导致教育过程性别不公平的重要影响因素，其主要表现包括以下四个方面。第一，教师往往认为男生更聪明、更有发展前途。[⑤] 第二，教师往往对男女学生的学习做出

---

① 李祖祥. 现行小学语文教材中的性别偏见［J］. 蒙自师范高等专科学校学报，2000（6）：41－44.

② 孙慧玲. 从课文人物看苏教版教材的性别教育［J］. 语文教学之友，2006（11）：17－19.

③④ 于伟，胡娇. 我国义务教育阶段中的性别不平等问题研究［J］. 东北师范大学学报：哲学社会科学版，2005（5）：30－35.

⑤ 吴晓兰，等. 教育问题中的性别不平等探讨——基于女性主义视角［J］. 技术与市场，2009（5）：28－29.

不同的选择和安排。如分配不同的玩具，安排不同的活动，鼓励女孩学文科，男孩学理科等等。① 有研究表明，教师倾向于给男生分配一些有挑战性的、室外的任务，而给女生分配一些比较安静又需要细心的活儿。② 第三，教师给男生以更多的关注。教师更经常地与男生互动，问他们更多的问题，并给予更精细的个别辅导。研究表明，教师在课堂上与男生互动的时间比女生多2倍。③ 第四，教师对男女生的行为进行不同的反馈。教师更倾向于向男生提开放性问题，而倾向于向女生提记诵性问题；男生回答错误时，教师倾向于启发思考，而女生回答错误时，教师常常叫另外的同学帮她回答；男生的抢答较少受到教师的责备，而女生的抢答通常会受到批评。④教师往往更多地表扬男孩的创造性行为，而更多地表扬女孩的遵从性行为；常常表扬男孩独立，而表扬女孩顺从、听话。⑤ 男生经常因其智力、学业而受到教师的表扬，而女生则经常因细心、懂礼貌、外貌等受到表扬。⑥

3. 教师评价与期望中的性别差异

第一，教师评价中的性别差异。研究表明，教师对学生行为的价值判断存在比较明显的性别差异，教师往往认为男生更适合学习理科、工程、计算机等，而女生则更适合学师范、文科、语言和幼教。另外，对男女学生同样的行为，教师往往给予不同的价值判断。⑦ 史静寰的一项研究表明：同样是上课爱问问题，爱看课外书，男生被大多数教师推测为聪明、好学、知识面广，而女生则被大多数教师推测为理解力差，耽误学习。⑧ 另外，教师对学生的评价也表现出比较明显的性别差异。张莉莉的一项研究表明：被调查的男女教师普遍认为男生逻辑思维能力强，而女生更善于机械记忆；男生粗心、易马虎，而女生扎实、用功；男生反应机敏，而女生比较古板；

---

① 强海燕．性别差异与教育［M］．西安：陕西人民出版社，2000：26.

② 郑新蓉．性别与教育［M］．北京：教育科学出版社，2005：149－151.

③④ 同②：149.

⑤ 同⑥：27.

⑥ 甘开鹏．从学校教育看儿童性别社会化［J］．成都大学学报，2007（2）：36－38.

⑦ 同②：152.

⑧ 史静寰．教材与教学：影响学生性别观念及行为的重要媒介［J］．妇女研究论丛，2002（2）：32－36.

男生可全身心投入学习，而女生易受情绪困扰；男生比女生更有发展潜力，且男生擅长理科，女生擅长文科。[①] 教师眼中的男女学生形象就是教师心中的尺子，用不同的标准来衡量男生女生的行为，就会衍生出不同的准则、不同的结局。教师不同的评价会引发不同的期待与要求，从而对男女学生采取不同的教育方式。

第二，教师期望中的性别差异。罗森塔尔效应表明，教师对学生的期待对学生的学业成绩具有举足轻重的影响。而大量的研究表明，不管是女教师还是男教师，都给予男生更多的指导时间、注意力和爱护，对男生的期待也高于对女生。女生成绩好往往被认为是死记硬背、认真刻苦的结果，而男生成绩好往往被认为是因为聪明、能力强。这种教学过程的性别偏差在很多时候会使女生产生“习得性无助感”，并进一步影响其未来的发展。[②]

4. 学校人事结构中的性别不平衡

学校是儿童生活中接触的第一个正规的和制度化的环境，从学校组织和管理环境中获得的经验和教育影响常常是正面的。目前，女性在中小学教师中的比例远远超过了男性，中小学教师逐渐成为一个以女性为中心的女性化职业。但男女学生会发现，在女性教师占多数的中小学校中，充任学校主要领导和上级教育行政领导的大多数是男性，高级教师和学术权威中也是男性居多。[③] 学校人事职位阶层的这种“男高女低”现象，容易使学生产生男性处于优越地位的典型印象，将男女社会地位不平等视为理所当然，而且可能还会影响学生的角色期望和学习成就。许多研究者认为，这种现状就是在教育学生，男性是权威，男性应当处于支配地位。[④]

5. 男生和女生所处心理环境的差异

从表面上看，男生和女生在同一所学校上学，使用相同的教室，面对同样的老师和同学，使用同样的设施，但所有这些相同点都不能抵消男生和女生所处心理环境的差异。学校的各项制度、惯例、校园文化、体育设

---

① 郑新蓉. 性别与教育［M］. 北京：教育科学出版社，2005：153.

② 同①：156.

③ 甘开鹏. 从学校教育看儿童性别社会化［J］. 成都大学学报，2007（2）：36－38.

④ 同①：160.

施、教师的言行实际上无时无刻不在散发着性别信息。比如，校服款式的差异、男女玩具和活动的区别等无意识的安排，都在向学生诉说着性别的不同与优劣。①

研究发现，学校的宣传栏与布告栏、各种名人名言与伟人照片，都存在明显的性别不平衡。学校为学生提供的课外读物，尤其是虚构类文学作品，充斥着性别刻板印象。体育运动则是校园活动中最能体现性别差异的活动之一。在操场上活跃着的几乎都是男生，绝大部分的体育设施为男生所占用。在各种体育比赛中，男生往往是主角，而女生则更多地充当啦啦队员的角色。②

6. 中小学生职业期望中的性别刻板印象

受社会文化环境、大众传媒以及教师性别观念等因素的影响，中小学生职业期望中存在明显的性别刻板印象，女生多倾向于从事教育、医护、艺术及服务等工作，而男生则倾向于从事科技、军事等工作。这种带有性别刻板印象的职业期望渗透到学科兴趣和专业选择中，导致在基础教育阶段不同性别的学生出现了明显的学科偏好，进而导致在中、高等教育阶段出现学科专业的性别隔离或者性别分化。③

（三）教育结果的不平等

按照联合国教科文组织的解释，教育结果的性别平等包括内部结果平等和外部结果平等两个方面。内部结果平等“就是学习结果、受教育年限、学术资格和文凭不因性别而不同”。“外部结果平等也就是工作机会相等；离开全日制教育以后找到工作的时间相同；有相同资格和经历的男性和女性所取得的报酬相等。”④ 教育结果的平等是教育平等所追求的终极目标。但在男女学生身上体现出的教育结果不平等，却实在令人担忧。

---

① 高德胜．性别公正与学校教育［J］．全球教育展望，2007（9）：32－38.

② 郑新蓉．性别与教育［M］．北京：教育科学出版社，2005：162.

③ 周小李，焦鹏程．中小学生职业期望中的性别刻板印象及教育应对［J］．现代教育科学：普教研究，2007（4）：69－70.

④ 荆建华．教育中性别平等的理性诉求与中小学教材中性别不平等的现实困惑［J］．河南教育学院学报：哲学社会科学版，2006（6）：43－47.

一方面，从表面上看，在中小学阶段女生的成绩似乎优于男生，但在享受高等教育尤其是硕士和博士教育的机会上，女生却远远少于男生。中国传统中“男高女低”的婚配方式，使得高学历的男性很容易成为女子心仪的对象，而高学历的女性在婚姻市场上却常常遭遇“高处不胜寒”的尴尬，被戏称为“灭绝师太”[①]，很多女性因此放弃攻读博士的机会。

另一方面，用人单位对于女性工作后一系列问题的担忧，导致在对女性的任用、培养上，还存在着认识不到位和政策执行不力的问题[②]，使女性在就业中面临比男性更多的障碍和困难。男生和女生在高等教育阶段的学业成绩和毕业后的就业收入等方面并没有显著差距，但就业率方面女性则明显低于男性。[③] 据统计，在相同条件下，女毕业生就业机会大约只有男毕业生的87.7%。[④] 另外，女性的就业层次也明显低于男性。女性在一些对知识与技术要求较高的行业所占比例偏低，在科学研究和综合技术服务业，女性只占该行业职工总人数的36.98%；在金融保险业女性只占该行业职工总人数的39.53%；党政机关和社会团体中的女性职员更少，只占22.65%。[⑤]

三、两性教育公平实践中存在的问题

在2000年的《达喀尔行动纲领》中，国际社会共同承诺到2005年消除初等教育和中等教育中的性别差异，2015年达到性别均等，确保女童全面、均等地接受和完成优质基础教育。同年的《联合国千年宣言》则强调，到2005年消除初等教育和中等教育中的性别不平等，在此之后的10年内达

---

① 女博士被人们戏称为“灭绝师太”、“第三性别”。

② 邓爱秀. 影响教育性别公平实现的原因分析［J］. 江西行政学院学报，2007（4）：59－61.

③ 文东茅. 我国高等教育机会、学业及就业的性别比较［J］. 清华大学教育研究，2005（10）：16－21.

④ 廖克玲. 浅析女大学生就业难现状的原因和对策［J］. 教育与职业，2006（1下）：60－61.

⑤ 周小李. 我国教育性别不平等问题研究的回顾与反思［J］. 上海教育科研，2007（3）：14－18.

到整个教育中的平等。对此，中国政府的承诺是：到2005年实现小学和初中男女入学机会平等，到2005年实现高中男女入学机会平等；到2015年实现学业成就上的性别平等。① 但从两性教育公平的实践推进情况来看，目前仍存在很多问题和困难。

（一）注重数量，质量不高

2005年11月发布的《中国全民教育国家报告》指出：我国全民教育成就显著，教育的性别差异明显缩小，中国小学适龄女童基本都能接受教育。截至2005年年底，全国小学男童和女童的入学率差距由2001年的0.07个百分点下降到0.02个百分点。2006年女童净入学率更是超过了男童。从总体数量上看，中国千年发展目标的确取得了可喜的成就。然而，我们也应警醒，越来越多的性别问题超越了数字：我国对于女童教育的关注从20世纪80年代就已开始，然而女童的发展至今仍在许多层面上受阻。两性教育公平不仅仅是保证较高的入学率。女童的学习质量如何？学业的完成状况如何？学习环境如何？与教师的关系如何？农村女童面临性别不平等的境遇，城市女童已不存在此问题了吗？现在甚至有人提出，女童在学校中数量的增加以及所获得的优异成绩，使得男童成为教育领域中的相对弱势，果真如此吗？如果仅从数字上看似乎已有这种迹象，然而更多的事实却是：一些男童在教育中的看似弱势并未使他们在经济领域和政治领域中处于弱势地位，而一些女童也无法把在教育体制中超越男童的学术优势有效地转化为其他生活领域中更多的公正与公平。②

（二）制度化推进明显欠缺

虽然在入学机会上，女性与男性的差距正逐渐缩小，但真正意义上的两性教育公平的推进却举步维艰，至今仍停留在使教育工作者与研究者认识性别教育的本质与重要性，唤醒社会大众对性别教育议题的重视，以期对性别平等教育达成共识并推动实施的阶段，远未进入制度化阶段。在学前教育、基础教育阶段，性别平等教育的课程建设、师资培训处于完全空

---

①② 黄河．和谐社会建构下的性别平等教育［J］．中华女子学院学报，2007（5）：26－30.

白状态。①

教育承诺是一种积极的理想和期望，它能否变为现实，有赖于制度层面的保障。我国目前尚未有完整、独立的有关性别平等的教育法案出台，也未建立监督性别平等教育实施的主体与机构，这在较大程度上制约了学校采取消除性别偏见和歧视的具体教育措施。

（三）教育政策可操作性不强

在现行教育政策体系的宏观层面（元政策）与微观层面（具体政策）之间，缺少具体的程序性配套规则，教育机会性别均等缺乏足够的实施和保障条件，因此在实践中，教育机会性别均等政策的操作性不强，其强制性有所减弱，使得教育机会性别均等政策得不到有力执行。②

（四）多元文化的视角成为盲点

从我国目前推行性别平等教育的实践经验来看，多将注意力集中于男女两性入学机会是否均等，课程内容是否存在性别偏见，教学内容是否具有性别敏感性，以及师生互动中的性别差异等方面。性别平等的教育模式更多地停留于同化模式、缺陷模式，而非多元模式、社会正义模式，所关注的是给予男女学生相同的教育机会与资源，或者针对面临特殊问题的女童进行友善的教育救助和补偿，这些行为常常以男性为参照标准，无法撼动既定的教育价值体系。这进一步导致我们在融入性别视角的课程与教材改革方面，往往只是在男性文化中心和价值标准的架构下简单添加和补充杰出女性的形象、事迹和相关的性别主题，只有符合男性规范标准的方可出现在课程中，如女科学家、女作家、女医师等，而无法引导学生从不同的文化观点和视角来看待概念、议题和问题，尊重不同地域、年龄、职业、阶层、民族、性取向等的女性群体的多元经验，在社会、文化、历史、政

---

① 黄河．和谐社会建构下的性别平等教育［J］．中华女子学院学报，2007（5）：26－30．

② 张巧霞，等．造成教育机会性别不均等的政策原因［J］．教育实践与研究，2008（4 B）：8－10．

治、经济脉络中分析女性的经验，让女性为自己发声，建构女性的知识概念。①

理论研究者与实务工作者对于多元文化视角的忽略，也容易造成在教育实践中只关注处于弱势地位的女性，而使处于低社会阶层、低成就、低文化水平和受教育程度、有特殊生理心理需求的男性的教育需求被漠视。②

（五）漠视家庭影响

父母是性别刻板观念的重要执行者，儿童从双亲身上学习的有关两性角色的知识最多，也最为深刻。研究发现：父母更多是根据性别刻板观念而不是子女的实际潜能来对待子女。从出生起，父母便通过取名，提供不同的玩具和衣服，给予不同的期待和鼓励，传授不同的生活技能，以及以身示范等，而使男孩具有“男子气概”，使女孩具有“女孩儿样”③。

给女孩子取名用字多侧重外表形象和内在修养，如雪、月、花、娇、洁、惠等；给男孩取名用字多侧重个性和才能，如龙、虎、杰、俊、才等。父母给孩子选择的服饰更是因性别而异，女孩服饰的颜色和式样多追求艳丽，体现柔美；男孩服饰多追求质朴，体现“阳刚之气”。④ 玩具通常也被父母视为有性别属性。他们一般会给子女提供与其性别角色相一致的玩具，如让男孩玩小汽车、积木、球类以及枪炮等玩具，让女孩玩洋娃娃、家庭用品及小动物造型的玩具。

另外，家长对男女儿童的教育期望也不相同。“家长坚信男童受教育是为了光宗耀祖，是为了以后成家立业做准备；女童受教育是为了给以后的婚姻家庭加重一些砝码。”⑤ 因此，父母对男孩的教育期望一般高于女孩。

---

① 吴慧平．聚焦女童教育——农村女童教育研讨会综述［J］．比较教育研究，2006（6）：91－92.

② 黄河．和谐社会建构下的性别平等教育［J］．中华女子学院学报，2007（5）：26－30.

③ 郑新蓉．性别与教育［M］．北京：教育科学出版社，2005：109－111.

④ 戴斌荣．儿童性别教育中的“扬长”与“取长”［J］．教育评论，2006（2）：30－32.

⑤ 李桂燕．社会性别视角下的女童均等教育［J］．中华女子学院山东分院学报，2008（2）：71－73.

家庭教育期望的性别差异直接导致了家庭有限资产配置向男孩倾斜，而女孩的教育机会被相应剥夺。即使在学习成绩上女孩比男孩好，也不足以校正家庭资源在子女教育上的分配差异。家长观念中对女孩的低期望间接地剥夺了女孩的学习机会。①

由此可见，父母的抉择不仅是影响女孩受教育机会的重要因素，也是儿童性别观念的重要塑造者，漠视家庭影响，两性教育公平的实现是不可能的。

（六）对社会影响无能为力

社会职业和劳动分工中的性别倾向，是个体性别角色社会化极为重要的影响因素。个体会根据自己的性别认同来设计未来的角色与职业，并且选择与此相应的教育和训练。②

语言表达性别，语言也形塑性别。语言文字是社会文化的载体，社会文化中的性别偏见常常被无意识地带到语言文字之中。③ 儿童语言的习得，其实是一套性别化语言的习得。社会语言通常通过忽略（如用“他们”来指代包括两性的群体）、刻板化、歧视（如“奸”、“奴”、“妇孺皆知”等）来塑造社会性别，语言在一定程度上反映了男性沙文主义社会的特征。

大众传媒中所展现的男女两性的角色分化、职业分工、态度、性格和语言，无不是青少年乃至成人仿效的角色模式。④ 一项对我国八种发行量较大、较有权威的报纸的研究显示：在主要新闻人物中，男性占83.9%，女性占16.1%；在有言论被引述的主要新闻人物中，男性占91%，女性占9%；在正面事件里显示出主动作用的主要新闻人物中，男性占82.28%，女性占17.72%。⑤

社会在“性别”的塑造中扮演着十分重要的角色，社会观念是影响两

---

① 董强，等．农村教育领域的性别不平等与贫困［J］．社会科学，2007（1）：140－146.

② 郑新蓉．性别与教育［M］．北京：教育科学出版社，2005：113－115.

③ 高德胜．性别公正与学校教育［J］．全球教育展望，2007（9）：32－38.

④ 同②：123.

⑤ 程福蒙．我国课程中的性别不平等的社会学分析［J］．江西教育科研，2006（3）：59－61.

性教育公平的重要因素。但在学校教育如何应对社会影响的问题上，我们往往觉得“无能为力”。

（七）忽视同龄群体的影响

同伴关系是个体发展社会能力的重要背景，同伴交往是个体满足社会需要、获得社会支持和安全感的重要源泉。对青少年来说，同伴压力比父母及其他成人的压力更加强烈且更具影响力。同伴间的交往会或明或暗地反映出成人社会对不同性别的不同期望，比如男孩要勇敢、有进攻性，女孩要温和、文静。如果一个孩子的行为表现不符合成人社会的性别期望，那么他不但会受到成人社会的反对与制裁，还会受到同伴的嘲弄和排斥。[①]

但在两性教育公平的实践中，我们往往只关注教师和教材，而忽视了同伴群体这个重要的影响源。

四、两性教育公平的实现路径

在澄清了两性教育公平的内涵，揭示了教育现实中存在的性别不公之后，探索两性教育公平的实现路径便成为逻辑的必然。在借鉴国外经验、梳理女性主义学者的理论主张和对我国教育现实进行审慎的反思之后，我国学者提出了实现两性教育公平的诸多路径。

（一）加强两性教育公平的立法工作

通过立法来实现两性之间的社会公平和教育公平，是推动两性教育公平的一项重要措施。为此，联合国通过了《消除对妇女一切形式歧视公约》（1979 年）和《儿童权利公约》（1989 年），其中包含一整套关于教育权利和性别平等的最全面并具有约束力的法律承诺。1990 年，联合国教科文组织在泰国宗迪恩举行了世界全民教育大会，将 2000 年确定为实现初等教育普及的期限。之后联合国的一系列会议和宣言，包括《维也纳宣言与行动计划》（1993 年）、人口与发展国际会议（1994 年）、世界社会发展峰会

① 甘开鹏. 从学校教育看儿童性别社会化［J］. 成都大学学报，2007（2）：36－38.

(1995年)、《北京宣言与行动计划》(1995年),都以不同的方式和不同的重点重申了教育中性别平等的条款。①

联合国第四次世界妇女大会发布的行动纲领,更是对两性教育公平做出了详细的规定:“各国政府和行动者,应推行一种积极和明显的政策,将性别观点纳入所有的方案和决策之中,从而在作出决定之前,就分别对于对男女产生的影响进行分析”;“制订人权教育方案,将性别层面纳入所有等级的教育”,鼓励教育机构在一些课程中列入有关联合国各项公约所载妇女人权的内容;“从学前起,促进女孩和男孩之间平等、合作、相互尊重并共同分担责任”;“编写无性别陈规定型看法的课程、课本和教具”;“增加女孩接受科学、数学、工程学、环境科学与技术、信息技术和高科技等领域教育的机会”以及“鼓励女孩选修学术和技术课程,以拓宽其今后择业的机会”等。②

我国也有相应的法律来保障男女两性的教育公平。如《义务教育法》规定:“凡具有中华人民共和国国籍的适龄儿童、少年,不分性别、民族、种族、家庭财产状况、宗教信仰等,依法享有平等接受义务教育的权利,并履行接受义务教育的义务。”《妇女权益保障法》也明确提出:“国家保障妇女享有与男子平等的文化教育权利”;“父母或者其他监护人必须履行保障适龄女性儿童少年接受义务教育的义务”。在国务院制定的《中国妇女发展纲要(2001—2010年)》中,更是明确规定要“增强教育者和受教育者的社会性别意识”和“把社会性别意识纳入教师培训课程”。

但是,从已有法律来看,我们可以发现,有关两性教育公平的立法大都集中在保障两性平等的受教育机会这一较低层次上,而且对两性教育公平的规定大都是宏观的、笼统的和模糊的。另外,对于法律实施的保障和违法责任的规定也缺乏刚性的要求。因此,将性别视角纳入立法工作中,确保两性获得法律上平等的教育权和在教育过程中受到公平的对待,通过法律保障女童在教育机会、教育过程及教育结果上受到公平的对待仍然是一项长期的任务。

---

① 王晓辉. 教育平等距离我们有多远[J]. 中关村,2005(7):88-92.

② 李之保. 当代中国女中学生教育的特点[EB/OL].(2009-12-09). http. //www. cgedu. net/new/lwdx/ShowArticle. asp? Article ID=156.

（二）社会性别公平教育政策的制定

将社会性别平等意识纳入基础教育政策的主流，对各项基础教育政策进行社会性别分析是实现社会性别公平教育的重要前提。美国的女性主义教育者为此提出了具体的建议。（1）在对学校管理者的资格认定中增加对有关社会性别公平知识的考评内容。（2）各地方教育当局在评定教师工作时应增加社会性别公平方面的内容，并据此给予不同的奖惩。（3）不断促进教师和管理者专业水平的提高。（4）将学校的社会性别公平目标列入教育当局的发展议程中。（5）在社会性别公平的基础上，建立教科书和课程的批准制度。（6）对校园中的性骚扰问题做出明确的政策规定。（7）加大对社会性别公平教育项目的资助力度。①

对此，我国学者郑新蓉也提出了十分可贵的建议：（1）审视、清理和修订现行教育政策和法规中的性别歧视和性别盲点方面的内容；（2）使各项性别平等法律和政策具体化；（3）建立特别扶持政策；（4）让更多的妇女参与教育决策；（5）国家强力推行性别公平的教育政策。②

在较近的研究中，有学者提出了更为具体的建议：一是在各省（区、市）教育厅（教育委员会）建立两性教育平等的统筹管理机构；二是提高教育决策系统中女性的比例，确保女性平等参与教育行政工作及政策和决策制定；三是增强教育咨询顾问系统的社会性别意识，各级教育部门的教育决策智囊机构，要将性别分析纳入政策研究和咨询过程，促进两性教育平等发展；四是健全教育信息统计系统的性别统计指标，完善教育信息统计制度。③

（三）学校教育的重建

女性主义者指出，社会性别公平教育的真正实施，必须是建立在以多元文化教育模式为前提的学校基础上的教育重建。班克斯（James Banks,

① 强海燕．中外女性教育发展与比较［M］．西安：陕西人民教育出版社，2002：220－221.

② 郑新蓉．性别与教育［M］．北京：教育科学出版社，2005：262.

③ 唐娅辉．论教育政策与性别平等［J］．湖南行政学院学报，2007（5）：27－29.

1993）提出了这种教育模式应具备的五个要素。（1）内容的整合。即将社会性别、不同种族/族裔等方面的教育内容融合渗透在课程之中，而不是零敲碎打式的拼凑。在学校课程中，应该设置社会性别公平化的多元文化课程，在正规课程中包括各阶层男女双方的经历，必须使男女学生在所学教材中看到女性的形象。（2）知识的建构。了解权力与真相之间的关系，以新的视角改变现行社会和历史状况下的知识内涵，创造出新的知识体系。（3）偏见的减少。批判各种刻板观念，为每个学生提供了解他人经历的窗口。（4）公平化的教学。让每个人在学习中都能使自己的能力充分发挥出来。（5）赋予学校重新建构内部文化和结构的权力。学校只有重新建构了它的文化、结构和教学实践，才能产生真正的公平。①

（四）提升教师和教育管理人员的性别公平理念和意识

提升各级学校教师和教育管理人员的性别公平理念和意识，尤其是微观教育活动中的性别公平意识，如对学生的态度、期望和评价以及教育观念与方法等方面的性别公正等，是促进教育过程中教育公平的一条重要渠道。②

第一，改革教师教育课程。③ 可以通过在教师教育中增加有关性别教育的专门课程，来帮助教师和准教师透视社会和教育现实中的性别不公正现象及其作用机理，反省自身已经形成的性别偏见。也可以用性别公正作为课程是否合乎性别伦理的标准，对现存的教师教育课程进行性别审视，剔除包含性别歧视和偏见的内容，尽量反映女性对世界的理解和体验。第二，提高教师教育者的性别公正意识。必须慎重聘任教师教育者，专门对教师进行社会性别意识教育的教育者，必须具备扎实的社会性别和教师教育理论功底与实践经验。④ 国外的教师教育在这方面已有相应的要求，珀尔认为

---

① 强海燕. 中外女性教育发展与比较［M］. 西安：陕西人民教育出版社，2002：221.

② 宋月萍，谭琳. 论我国基础教育的性别公平［J］. 妇女研究论丛，2004（3）：21－27.

③ 高德胜. 性别公正与学校教育［J］. 全球教育展望，2007（9）：32－38.

④ 周小李. 论教师社会性别意识教育的必要性及途径［J］. 现代教育科学：高教研究，2007（2）：67－69.

每一个教师教育者都应该掌握社会性别的相关知识，能够审视课程中的性别问题，并对性别问题有研究和学习的兴趣。[①] 第三，增加适合女性学习的教学方法的研习，帮助准教师和教师学会用多种教学方法进行教学。第四，改革教师教育制度本身，使其人事结构和管理体制能够体现性别公正的精神。

（五）改进教师的教学行为及教学方法

教师建立起有关社会性别公平的概念框架，并经常进行自我反思，改进教学行为和方法，为学生创设更加公平的课堂环境，是男女儿童获得教育过程公平的重要保障。为此，斯特赖特马特（Janice Streitmatter）给教师提出了以下建议。(1) 语言的正确运用。教师要了解语言在社会性别态度形成中所起的作用，从而在教学中仔细地选择所运用的语言。(2) 鼓励合作的课堂学习方式，减少竞争氛围。合作的学习方式使得男女生都能从中受益，有助于建立起积极的行为与心理模式，并能促进两性的相互了解与尊重。(3) 采取适当的课堂活动组织形式。教师应注意在学生座位排列、小组划分上避免性别隔离现象。(4) 社会性别平等的师生交流方式。教师不应把自己在教室里的活动限制为只与某些学生或群体频繁接触，应均衡地照顾到教室中的每个学生。[②]

（六）改革教材和教科书

1. 将性别议题纳入课程标准

课程既可以成为性别偏见与性别刻板观念的复制者，也可以成为性别公平的促进者。为此，我们需要将性别视角纳入课程设计的理念，以平等的态度对待男女两性的经验、传统、价值及其在历史上的贡献，使课程真正成为促进男女儿童发展的材料，而不是宣传性别偏见和强化性别刻板观念的工具。针对现行教材中缺少富有时代感、与学生现实生活贴近、鲜活

---

① 刘静. 迈向社会性别平等的教师教育——论女性主义对欧美教师教育实践的影响［J］. 外国教育研究，2006（3）：40－44.

② 强海燕. 中外女性教育发展与比较［M］. 西安：陕西人民教育出版社，2002：222.

而具体的女性性别榜样的情况，我们应使现有的教科书中多一些职业女性，多一些成功的女性、科学的女性、前卫的女性。①

2. 建立课程与教材的性别审查制度

课程与教材往往是性别歧视的“重灾区”。课程与教材要反映社会主导文化，而社会主导文化又是有性别的（往往是男性的），如果没有特别的外力干预，课程与教材也往往是男性文化主导的，对女性的歧视就变得不可避免。为此，我们可以考虑设置课程与教材的性别审查制度，即在课程与教材审查的基础上，组织相关领域的性别研究者对课程与教材进行性别分析和审查，找出课程与教材中存在的性别偏见、性别歧视问题，并据此进行修改，以尽量符合性别公正的要求。如果课程与教材的性别审查制度能够建立起来，则能够最大限度地避免教材中性别偏见对学生的影响。

（七）教育学的修正

除了从政策和实践的层面建构两性教育公平的模式之外，对现有的教育学体系进行修正，将性别意识纳入教育学理论的建构之中，也是促进两性教育公平的重要策略。教育学的修正主要包括两个方面：一是破除传统教育思想中的性别偏见，二是综合女性主义教育学的基本主张，探索以性别公正为伦理要求的新的教育学。新教育学迫切需要解决以下问题。（1）生物学差异在人的学习和发展中到底起什么作用？两性在诸多专业领域所表现出的差异到底是生理结构造成的，还是社会价值导向造成的？社会环境和教育对生理结构有哪些反作用？（2）如何将女性对世界的理解、体验纳入现代教育知识体系？（3）探索适合两性的教学方式。②

（八）社会的变革

两性教育公平的实现不仅仅是教育自身的事情，性别公平的社会环境是实现两性教育公平的重要外部力量。为此，我们需要促成两方面的变革。

---

① 教育学子课题组．教育与性别文化研究［R/OL］．http：//202．113．96．10/women/chinas/report/third/r1005．htm．

② 高德胜．性别公正与学校教育［J］．全球教育展望，2007（9）：32－38．

1. 改变落后的传统观念

社会观念的转变需要多媒介、多途径、多形式地宣传女性作为创造者、管理者、教育者及决策者等角色，特别要注意有计划、系统地宣传女性典范，增强女性“自尊、自爱、自强、自立”的意识，剔除“读书无用”、“嫁出去的女儿泼出去的水”等思想，倡导男女平等。另外，社会，尤其是学校要注意从性别教育入手，把适当的、正确的性别观念渗透到各个年龄阶段的教育中，帮助两性特别是女性客观认识、评价自己，建立更全面、正确的计划，从而从根本上改变传统观念。①

2. 采取措施减少高一级教育机会获取及劳动力市场上就业机会和回报的性别差异

政府以及社会要采取各种措施，减少高一级教育机会获取的性别差异以及劳动力市场上就业机会和回报的性别差异，提高女性基础教育的回报率。使女童有更多的机会实现基础教育的价值，从而实现人生的价值，真正实现义务教育的目的和社会价值。②

参考文献

程福蒙．我国课程中的性别不平等的社会学分析［J］．江西教育科研，2006（3）：59－61．

戴斌荣．儿童性别教育中的“扬长”与“取长”［J］．教育评论，2006（2）：30－32．

邓爱秀．影响教育性别公平实现的原因分析［J］．江西行政学院学报，2007（4）：59－61．

董强，等．农村教育领域的性别不平等与贫困［J］．社会科学，2007（1）：140－146．

傅家荣．构建和谐社会——从中国教育的性别公平视角分析［J］．经济社会体制比较，2007（4）：137－140．

① 李桂燕．社会性别视角下的女童均等教育［J］．中华女子学院山东分院学报，2008（2）：71－73．

② 宋月萍，谭琳．论我国基础教育的性别公平［J］．妇女研究论丛，2004（3）：21－27．

甘开鹏. 从学校教育看儿童性别社会化 [J]. 成都大学学报, 2007 (2): 36 - 38.

高德胜. 性别公正与学校教育 [J]. 全球教育展望, 2007 (9): 32 - 38.

亨德森, 等. 女性休闲——女性主义的视角 [M]. 刘耳, 等, 译. 昆明: 云南人民出版社, 2000: 87.

黄河. 和谐社会建构下的性别平等教育 [J]. 中华女子学院学报, 2007 (5): 26 - 30.

教育部. 2003年全国教育事业发展统计公报 [R/OL]. (2004 - 05 - 27) http: //www. moe. gov. cn/publicfiles/business/html/files/moe/moe_ 162/200409/3570. html.

教育部. 2004年全国教育事业发展统计公报 [R/OL] (2005 - 04). http: //www. moe. gov. cn/publicfiles/business/html/files/moe/moe_ 633/200507/10934. html.

教育部. 2005年全国教育事业发展统计公报 [R/OL]. (2006 - 05). http: //www. moe. gov. cn/publicfiles/business/html/files/moe/moe_ 633/200607/15809. html.

教育学子课题组. 教育与性别文化研究 [R/OL]. http: //202. 113. 96. 10/women/chinas/report/third/r1005. htm.

荆建华. 教育中性别平等的理性诉求与中小学教材中性别不平等的现实困惑 [J]. 河南教育学院学报: 哲学社会科学版, 2006 (6): 43 - 47.

李桂燕. 社会性别视角下的女童均等教育 [J]. 中华女子学院山东分院学报, 2008 (2): 71 - 73.

李之保. 当代中国女中学生教育的特点 [EB/OL]. (2009 - 12 - 09). http: //www. cgedu. net/new/lwdx/ShowArticle. asp? Article ID = 156.

李祖祥. 现行小学语文教材中的性别偏见 [J]. 蒙自师范高等专科学校学报, 2000 (6): 41 - 44.

廖克玲. 浅析女大学生就业难现状的原因和对策 [J]. 教育与职业, 2006 (1下): 60 - 61.

刘静. 迈向社会性别平等的教师教育——论女性主义对欧美教师教育实践的影响 [J]. 外国教育研究, 2006 (3): 40 - 44.

强海燕. 自信心的性别差异与女生的教育 [J]. 教育评论, 1999 (2): 51 - 53.

强海燕. 性别差异与教育 [M]. 西安: 陕西人民出版社, 2000.

乔晖. 小学语文教材的性别偏见——从女性主义视角出发 [J]. 教育学术月刊, 2008 (7): 26 - 28, 42.

史静寰. 关于女童教育的几个理论与实践问题 [J]. 比较教育研究, 2000 (增刊): 242 - 247.

史静寰. 教材与教学: 影响学生性别观念及行为的重要媒介 [J]. 妇女研究论丛,

2002（2）：32－36.

宋月萍，谭琳．论我国基础教育的性别公平［J］．妇女研究论丛，2004（3）：21－27.

孙慧玲．从课文人物看苏教版教材的性别教育［J］．语文教学之友，2006（11）：17－19.

唐娅辉．论教育政策与性别平等［J］．湖南行政学院学报，2007（5）：27－29.

文东茅．我国高等教育机会、学业及就业的性别比较［J］．清华大学教育研究，2005（10）：16－21.

吴慧平．聚焦女童教育——农村女童教育研讨会综述［J］．比较教育研究，2006（6）：91－92.

吴晓兰，等．教育问题中的性别不平等探讨——基于女性主义视角［J］．技术与市场，2009（5）：28－29.

谢慧盈．性别公平教育及其相关概念辨析［J］．现代教育论丛，2007（11）：63－67.

王晓辉．教育平等距离我们有多远［J］．中关村，2005（7）：88－92.

于康平．女性主义课程话语与性别平等课程的建构［J］．外国教育研究，2009（5）：1－6.

于伟，胡娇．我国义务教育阶段中的性别不平等问题研究［J］．东北师范大学学报：哲学社会科学版，2005（5）：30－35.

张彬．试析教材教法中的性别问题［J］．课程·教材·教法，1998（12）：56－57.

张巧霞，等．造成教育机会性别不均等的政策原因［J］．教育实践与研究，2008（4 B）：8－10.

郑新蓉．性别与教育［M］．北京：教育科学出版社，2005.

周小李．论教师社会性别意识教育的必要性及途径［J］．现代教育科学：高教研究，2007（2）：67－69.

周小李，焦鹏程．中小学生职业期望中的性别刻板印象及教育应对［J］．现代教育科学：普教研究，2007（4）：69－70.

朱晓斌．从我国三种小学语文课本看儿童性别角色的社会化［J］．教育研究，1994（10）：52－57.

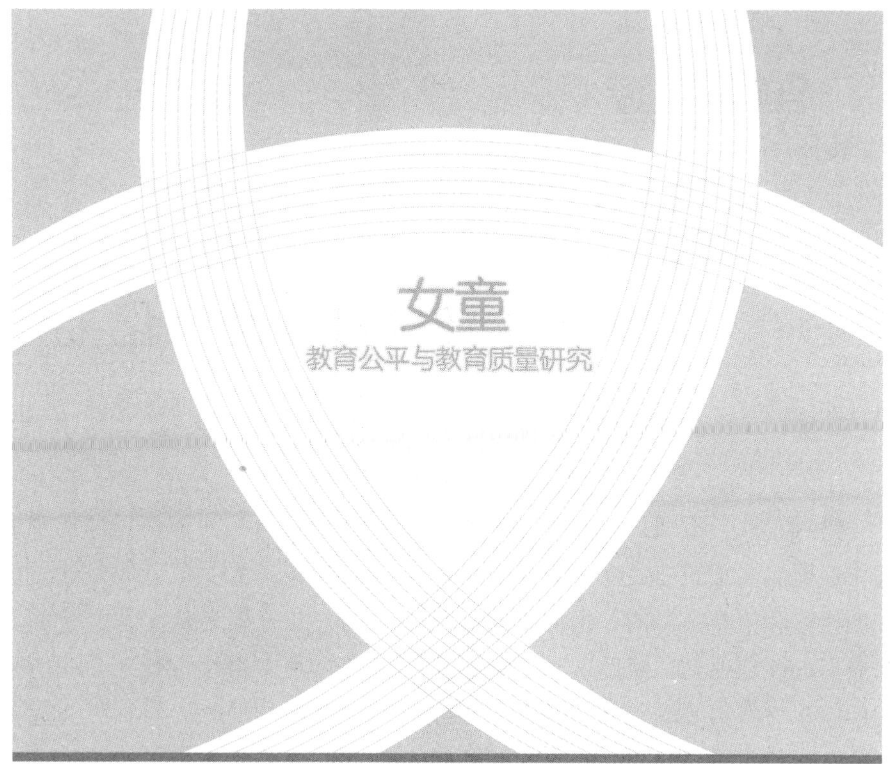

探讨篇

第四章

中小学语文教材性别文化批评

要实现社会性别公平，关键是要通过教育建立起有利于该目标实现的文化环境。儿童的社会性别意识和性别平等观念不是天生的，而是通过后天的教育和培养获得的。国内外很多研究表明：儿童先是从大人的行为习惯中习得性别观念，然后这种习得在正规教育体系中继续进行，学校所采用的教学材料和教学工具、教师和同伴的行为等都对学生的性别行为起着潜移默化的作用。其中，教材尤其是语文教材的影响尤为重大。美国心理学家丹玛克认为，儿童接触到的第一个正式教材特别重要，“美国儿童读物的所有研究都表明，这些书是关于两性作用的定型看法的根源”[①]。中小学语文教材是儿童最早接触到的正规而重要的教学材料之一，它最能够体现社会的主流意识形态和价值观念，通过对语文教材的分析，可以发现其在学生个体社会化的过程中起着重要的教化功能，在学生的性别观念形成过程中发挥着巨大的隐性作用。

一、教材与性别文化

英国教育社会学者伊格斯通（Eggleston）曾经说过：“在一个社会中，什么被视为知识？什么不被视为知识？这个问题可以从学校（教室中）的

---

① 丹玛克. 儿童读物中的男性和女性：交叉文化分析［J］. 心理科学通讯，1981（3）：11－16.

教科书中找到答案。因为学校的课程包含了社会认可的知识，及蕴含于这些知识中的合法化的意识形态。”① 在教育过程中，教科书可以说是知识的直接载体，它直接反映了社会的主流文化。正是社会的主流文化决定了可选入教科书的知识内容。但是随着多元文化浪潮的冲击，人们越来越多地感觉到主流文化之外的边缘文化也应该在教育中占据一席之地。20 世纪中期，随着批判教育理论和多元文化观念不断发展，许多西方学者开始强烈谴责教科书只注重主流文化的特点。研究者认为，教科书对边缘群体的文化（如种族文化、民族文化、宗教文化和性别文化等）的忽视是对边缘群体学生的不公，会给他们的心理带来创伤，而且对于主流群体学生也是有害的，会使他们形成一种无益的优越感。因此在倡导多元文化教育的过程中，教育的性别问题引起了人们的关注。

（一）教材的隐性课程特征及学生性别观的形成

儿童性别角色的社会化过程，是在特定的文化背景下及各种社会因素影响下逐渐完成的。而学校教育，特别是教材中的性别观念对儿童的影响，则是通过隐蔽方式进行的。学生在学习显性课程知识体系的同时，“自觉”地接受了感染和暗示，并对其进行模仿，从而形成文化心理积淀。也就是说，这种影响通过人的无意识发生作用，形成文化无意识。从课程角度看，社会化是由显性课程和隐性课程共同推进的。语文是学校重要的显性课程之一，在其目的明确而设计精密的知识体系背后，蕴藏着特定的社会文化背景，这些背景可称为隐性课程。儿童在学习显性课程的同时也在无意识地学习隐性课程。例如，教材中并没有明确地教育男孩该成为一个怎样的男人，女孩应成为一个怎样的女人，但是教材中的性别角色却能反映出特定社会文化对两性角色的定型看法。仔细分析后，不难发现明确的两性特征模式，譬如：男性通常被描述为具有创造性的、强有力的角色，常以英雄或领导者的身份出现；而女性则是胆小的、依赖的、需要帮助的形象。

20 世纪 70 年代，当西方坚持女性主义观点的学者们介入教材研究领域后，教科书中存在的性别偏见和性别刻板问题才逐渐被发现并受到重视。

---

① 吉普森. 批判理论与教育［M］. 吴根明，译. 台北：师大书苑，1988：201－203.

在我国，虽然长期以来教育都处在持续不断的改革之中，但教科书一直向其读者传递着传统文化、主流意识形态和行为规范的认知体系。课程教材中存在的隐性性别歧视和性别偏见问题一直没有得到足够的认识和重视。教科书内容中作为文化渗透的隐性课程具有“弥漫性和随机性”的特征，对女性的性别歧视和角色定位形成了一种深层的心理积淀，渗透在中小学语文教材中。为了逐步减少并最终消除这种根深蒂固、由来已久的偏见，全社会必须进行不懈的努力，来改变中小学语文教材中的性别观。

性别观就是人们对性别总体的认识与观念，即对于男女性别角色和这两种角色关系的看法及价值观。性别观念形成于一定的社会文化背景之下，渗透在代表着主流文化的教科书中，潜移默化地使新生代形成相应的性别观。性别观的形成是一个相当复杂的过程，是个体与社会的多种系统、多种因素交互作用的结果。心理学家一般都认为个体的认知和环境的交互作用制约着个体心理的发展，性别角色观念的获得也不例外。儿童获得所处社会文化背景中特有的性别观的过程主要可分为三个阶段：（1）感受成人性别观念并加以强；（2）模仿成人性别观念并逐步适应、内化；（3）认识、发展、促进性别观认同。儿童期和青春期是性别观念形成的关键时期，学校教育尤其是教材中隐性的性别文化内容对儿童的性别观念形成具有不可忽视的影响作用。

社会对男女两性提出了不同的角色要求，对男孩或女孩、男人或女人的行为举止制定了不同的规范，这就形成了性别角色以及性别角色规范。当个体被归入一定的性别角色之后，便被规定了他/她的社会化方向。个体在其性别角色社会化过程中，习得相应的性别角色行为规范，将其内化，表现出性别角色规范行为，按照适合自己性别的行为方式来认识、思考和行动。不仅如此，人们还用所形成的性别行为规范来期望和评价他人。观念是对客观现实的反映，而已形成的观念反过来又表现于一定的社会生活之中，并制约人们的行为。在我国，以儒家思想为主体的中国传统文化有时依旧制约和影响着我们的性别观。传统的性别观和性别刻板印象，导致了对女性的低期望、低评价，极大地损害了女性的自我概念和女性在社会生产与生活中能力的发挥。男尊女卑的陈旧观念仍然不同程度地以不同的方式“隐蔽”地反映在中小学语文课本中。

（二）性别文化与儿童性别社会化过程

文化由结构与行为组成，通过证明某种价值观、期望、意义和行为模式的正当性来反映并维护某种社会秩序。而性别是文化生活的核心。性别角色从某种意义上讲，是一种文化上的规定，性别角色是社会历史文化的产物，其内容受社会文化的深刻影响。文化对个体来说是一种“先在”的存在。在既定的文化环境中，生物个体逐渐向社会个体（或称文化个体）转化，其转化过程称为“文化化”。文化化是社会化的一个重要方面，通过文化化，儿童形成了特定的性别角色行为特征。

性别文化并非一种孤立存在的文化形态，而是融合于社会文化中的一个子系统，它的存在和发展既与社会经济发展水平相联系，也总是与总体文化保持着方向和目标上的一致性，并服务于社会发展。性别文化是指作为文化形态存在着的男女两性生存方式及所创造的物质和精神财富，它包括迄今为止整个人类发展过程中的性别意识、道德观念、理想追求、价值标准、审美情趣、行为方式、风俗习惯等。当代社会性别文化的核心理念包括：男性文化与女性文化的共同发展；性别建设与女性平等和女性发展；妇女参与的性别视角；历史本体、情本体和未来本体的女性文化；性别模糊；自尊、自信、自立、自强的女性主体性精神等。

性别文化的产生首先需要有自然方面的前提条件，即不同性别的生理差异。在生理上，男女的某些行为和心理差异主要与荷尔蒙系统以及左右脑的专门化有关。有关研究表明，荷尔蒙会影响男女儿童的活动水平、攻击性行为的程度、情绪反应强度及类型。但是，性别文化产生的主要根源是社会文化的影响。性别文化的差异需要经过社会的强化才能形成，这就是“社会文化决定性别”命题。女人类学家玛格丽特·米德（Margaret Mead）通过研究，为这一命题提供了客观的证据。她发现了特哈布利族这一最有说服力的例证，这个民族由女子掌管着部落的大小事务，整个部落依靠女子从事捕鱼和纺织来维持生存，而男子只是从事一些艺术活动。当然，男子也就没有社会地位，他们表现出优雅、胆怯、顺从、爱好艺术及对别人的意见敏感等特征，而女子则刚好相反。据此，她认为，男性或女性特征并非像传统观点所认为的那样是社会性别本身固有的，而是社会文化的产物。这个理论为性别文化差异的形成是社会化的过程提供了强有力的支持。心理学家认为，性别角色的社会化必须具备五个要素：（1）成人对儿童必须有所告诫；（2）成人必须向儿童传授适合其性别的行为经验；（3）儿童必须学习两性间必要的角色行为；（4）儿童必须能理解不同年龄的异性与自己的关系；（5）儿童必须对自己身体的性别特征有规范化的认识。可见，在性别文化的形成过程中，成人和同伴（家庭和学校）起着影响和诱导作用。

虽然性别文化随着社会进步逐渐向积极健康的方向发展，但是当今社会文化中仍然时常或隐性或显性地体现出消极落后的性别文化特征。主要表现在对传统性别角色定型的强化上，虽然女性的社会地位和作用受到了一定的认可，但“男主外，女主内”、“男强女弱”的传统角色定型仍然起着主导作用，忽视和淡化女性社会价值的情况仍屡见不鲜。某些学校教材甚至从幼儿园开始就在固化、定型两性的社会角色，尽管教材编订者和教育者不是有意的。这种存在于社会文化深处的男尊女卑、男主女从、男强女弱的传统性别观念，不仅影响了女性的自我认知与发展，其实也给男性带来了精神压力和心理焦虑。

性别意识，也称为性别平等意识，是指从性别平等的角度去观察和认识社会性别文化，并对社会性别文化进行性别分析和性别规划，以实现性别公平的态度和能力。性别意识是针对性别文化的无意识而提出的。所谓性别无意识其实是一种文化心理的积淀过程。我国历代封建社会对女性的歧视所形成的个人无意识，积淀成现今人们的集体无意识，表现出男女不平等现象的历史沿袭性，而这种个人无意识又会积淀成未来的集体无意识。文化无意识是在特定的文化环境中形成和发展起来的，归根到底也是意识对环境的反映，并反作用于环境。某一代人的性别无意识是漫长历史所赋予的集体性别无意识与处在不断形成过程中的个人性别无意识的综合体。因此，在一定历史条件下和文化氛围中形成的性别角色观，作为一种社会规范，具有一定的稳定性和连续性。虽然 1949 年后我国在法律和制度上保证了男女平等，实行男女同工同酬，但是人们通过世代相传的性别无意识，已经对某些“实质上的男女不平等”现象变得很习惯，形成了一种心理定式，这也自然反映到了语文教材中。在两性平等教育中，教育工作者要分析和批判教育中存在的性别偏见和刻板印象，就必须首先具备性别文化意识。

二、语文教材对学生性别观的影响研究

随着人们性别文化意识的加强，针对学校课程和学生性别观关系的研究越来越引起研究者的注意和重视，这类研究大都以对学科知识的直接载体——教材进行研究分析的方式进行。教材中存在性别偏见和性别刻板印象的现象由来已久，但真正意识到这一问题并对教材进行系统的性别分析的时间并不长。20 世纪四五十年代，一些西方学者开始从人类学和社会心理学的角度对教材中的性别问题进行研究。70 年代以后，西方女性主义者投身于这一研究领域，并运用多学科、跨学科的合作，在教材的性别分析上取得重要成果。我国内地对中小学语文教材进行性别分析的研究大致经历了两个阶段。

（一）对语文教材进行性别分析的起始阶段

我国教育领域对教材的性别研究始于 20 世纪 80 年代。1981 年，当时美国心理学会主席丹玛克在访华期间，发表了演讲《儿童读物中的男性和女性：交叉文化分析》（见当年第 3 期的《心理科学通讯》）。这篇文章引起了许多研究者的关注，我国大陆地区的教科书性别研究从此拉开了帷幕。

语文课程是我国中小学教育阶段最重要的基础课程之一，也是促进个体文化积淀的一门重要学科。教科书是课程中主宰儿童学习的重要因素，语文教科书中蕴含的人物形象、价值观念和行为规范，对学生性别观、人生观和价值观的形成起着重要的影响作用。学生在语文课程中所习得的知识和观念会直接作用于他们的日常生活，影响他们对事物，包括对自身性别的认识。正是因为语文课程对学生性别观的特别重要的影响作用，国内有许多学者致力于对语文教材的性别研究。但在 2000 年史静寰博士主持的“对幼儿园、小学、初中和成人扫盲教材的性别分析”的课题之前，对语文教材的性别研究一直只是我国研究者的短期研究热点，没有形成专门的研究领域，也没有得到研究群体的关注，比较零散。

1988 年，汪名骕第一次分析了人教版的全套小学语文教科书，该研究与随后 1990 年张德的研究都是对当时正在使用的语文教科书进行性别分析；1992 年，肖龙江的研究视野在前人基础上有所拓宽，他对中美两国的语文教科书进行了跨文化分析；1995 年，曾天山对语文和英语学科的教材进行了性别研究，他对中国古代的教科书以及当时我国内地、香港、台湾和国外的教科书都一一进行了分析，研究对象在纵、横两个维度上都有所突破。[①]

（二）对语文教材进行性别分析的深入发展阶段

我国比较正式、大规模地启动对语文教材的性别研究，是以 2000 年 8 月由北京师范大学教育系史静寰教授主持的“对幼儿园、中小学及成人扫盲教材的性别分析”课题为标志的。该课题组包括北京师范大学、中央教育科学研究所、陕西师范大学、西南师范大学、全国妇联妇女研究所等国内著名高校和研究机构的多位研究人员，并获得美国福特基金会的资助。这项课题的主要成果有：（1）运用社会性别的视角对现行中小学课本和教学资料进行了系统的分析与研究；（2）运用定量和质性的研究方法，对课本和相关教学材料中依然存在的性别陈规和性别刻板印象进行了描述和分析；（3）在学者和教育工作者中形成对性别问题的关注和讨论，使性别平等的概念成为评价教育的因素之一；（4）通过提供建立在社会性别公平的基础上的教学辅助和参考资料，使教师和学生们获得性别意识的赋权，并使他/她们具有必要的性别研究知识；（5）增进社会对性别问题的关注，使性别视角进入课程和教材编写的主流。该项目包括四个子课题的研究，在目前看来还是非常全面而有深远意义的，全面展示了教材中对不同性别的呈现状况，也深刻揭示了教材所蕴含的性别含义。更为重要的是，这项研究对我国编写课本和教学辅助材料所需要的性别视角提供了宝贵的经验和

---

① 参见：丹玛克．儿童读物中的男性和女性：交叉文化分析［J］．心理科学通讯，1981（3）：11－16；汪名骕，崔建明．儿童读物中的性别研究［J］．心理科学通讯，1988（5）：45－47；张德．关于性别偏见的调查报告［J］．社会心理研究，1990（3）；肖龙江．中国文化和美国文化中儿童性别角色的社会化［J］．外国中小学教育，1992（5）：20－23，34；曾天山．论教材文化中的性别偏见［J］．西北师范大学学报：社会科学版，1995（4）：34－39；史静寰．教材与教学：影响学生性别观念及行为的重要媒介［J］．妇女研究论丛，2002（2）：32－36．

启发。

该课题组出版的《走进教材与教学的性别世界》集中讨论了教材中有关性别的问题，其中由马国义撰写的《漠视女性——对初中语文教材女性形象的分析研究》阐述了1998年人教版初中语文教材中存在的性别问题。文中指出，教材是学校传递信息的主要渠道，是学生感受知识的主要来源。初中语文教材在初中生知识、品德、审美及情感的形成和发展中的作用不可低估，其中所蕴含的性别观念将会对初中生性别观念的形成产生潜移默化的影响。马国义通过对教材的分析，发现初中语文教材中的女性屈指可数、苍白片面、形象陈旧，缺乏现代女性的自立自强精神，并提出建议：初中语文教材中的女性形象无论是从数量上还是从质量上都应进一步合理化，应把优秀的女性多介绍给青少年，以帮助他们形成正确的两性观念。

在此之后，有更多的研究者关注并集中研究这类课题。2002年杨洁、吕改莲分析了人教版的小学语文教科书，从量上考察了其中渗透的浓重的传统性别观念和价值界定。这篇文章比较全面地分析了人教版小学语文教科书中存在的性别问题。首先，人物角色重心向男性严重倾斜，致使课文人物呈现单一性别中心的趋向。人教版小学六年制语文系列教科书共12册，选入的描写或包含人物（包括拟人）的课文共为149篇，涉及人物（含拟人人物）236人次，其中女性（含雌性）共出现55人（次），出现频数仅占课文人物总数的23.3%，男性（含雄性）出现频数为117人（次），约占人物总数的75%。其次，课文体现了社会对女性性格特征的误读。具体表现是：突出男性的性格特征，歌颂男性的个性品质，而女性角色明显缺乏个性鲜明的性格特点。男性的高尚、伟大、谦逊、坚毅、倔强、平易近人、智勇双全等性格被张扬，男性的性格显现出强烈的主体性特征。而女性则恰恰相反，无知、愚昧、小气、贪得无厌等被归入女性的性格范畴，女性性格特征的认定体现出强烈的传统定式。2004年朱韶辉就《小学藏语文》教科书图片中存在的性别问题做了深入思考，通过图表统计法分别对儿童和成人等图片进行了统计分析，发现教材图片中也存在着性别刻板印象和性别偏见问题，并分析了这种现象将再生和强化藏民族的性别偏见的观念，会产生诸如阻碍该地区女童教育的普及、挫伤女学生的自信心和创造力等不良影响。杜秀芳在《性别刻板印象在中小学教育中的表现、影响及矫正》

一文中也提到，现行教科书中的性别刻板印象对男女学生的性别观念及行为存在着负面影响。在该文中的“如何对中小学教育中的性别刻板印象进行矫正”这个部分里，杜秀芳认为教科书的编写及选用要避免性别偏见和失衡现象，她主张在教材中多一些展示职业女性、成功女性、科学女性、前卫女性风采的内容，多一些成功女性的典范。她还提出，课程设计应注意融入体验不同性别角色的活动，角色认定不再是科技先生或人文小姐，男性也需要家政、护理等课程。2005 年于伟、胡娇在论述我国义务教育阶段性别不平等的诸多表现时，提到了教材中蕴含的性别不平等问题。他们认为这种不平等主要体现为教科书中女性形象过少，女性形象缺乏时代感，教材中女性多以平庸化形象出现。史习江主要针对“语文教科书与性别平等意识的培养”发表了自己的看法，并对我国基础教育领域主流语文教科书之一——语文出版社编制的语文教材在性别意识方面的努力做了详尽的介绍。①

语文教材更多地反映社会历史文化现象，因此其中的性别偏见问题也最为突出。从研究者们对教材的大量分析中我们可以看出，语文教材中所描述的社会是靠男性运作的父系社会，女性的角色和作用常被忽略不计。教材中包含有关性别差异的观念，甚至男尊女卑的色彩十分浓重，主要表现在对女性的省略、忽视、刻板化和歪曲四个方面。“省略”就是对女性的角色和活动略而不谈；“忽视”是指女性出现的次数和频率与男性不成比例，而且往往只是配角；“刻板化”即教材描述严格的“男女有别”的特征，如在人格特质、职业角色和前途、权利和义务以及公共生活方面男女均有显著的差异。“歪曲”表现在男女角色形象以及所从事的职业与职业特点上，女性都被描述为劣于、低于男性。

---

① 参见：黄忠敬. 女性主义与课程中的性别问题［J］. 教育科学，2003（3）：26－29；杨洁，吕改莲. 社会性别刻板印象的直接映射——对小学语文教材人物的性别分析［J］. 陕西师范大学学报：哲学社会科学版，2002（4）：109－116；朱韶晖. 对小学藏语文教材图片中存在的性别问题的思考［J］. 民族教育研究，2003（4）：90－92；杜秀芳. 性别刻板印象在中小学教育中的表现、影响及矫正［J］. 当代教育科学，2004（3）：47－48；于伟，胡娇. 我国义务教育阶段中的性别不平等问题研究［J］. 东北师范大学学报：哲学社会科学版，2005（5）：30－35；史习江. 语文教科书与性别平等意识培养. 语文建设，2005（3）：9－11.

三、我国语文教材性别文化批评

20 世纪 80 年代，我国学界开始了语文教材中的性别文化研究。90 年代，这一研究逐渐活跃。笔者在中国知网（http：//www. cnki. net）中以“语文”、“性别”为关键词搜索 1990—1999 年有关语文教材性别文化研究的论文，共找到 8 篇文章。

（一）对小学语文教材性别文化的批评

20 世纪 90 年代我国学界对小学语文教材中性别文化的研究，代表性文献有 4 篇，具体情况见表 4 -1。

表 4 -1　20 世纪 90 年代我国学界对小学语文教材中性别文化的代表性研究

作者	发表刊物	发表年份	文章名称
肖龙江	《外国中小学教育》	1992	中国文化和美国文化中儿童性别角色的社会化
朱晓斌	《教育研究》	1994	从我国三种小学语文课本看儿童性别角色的社会化——兼与美国一种阅读课本的比较
张彬	《课程·教材·教法》	1998	试析教材教法中的性别问题
曾晓东	《比较教育研究》	1999	世界女童教育研究

这些研究者对男女性别文化的批评，主要从男性和女性的视见度、男孩和女孩的活动、成人角色模式和人物个性形象四个方面展开。

1. 男性和女性的视见度

女性的视见度远远低于男性，主要表现在以下三个方面。[①]

首先，无论是在中国还是在美国的故事标题里，女性角色基本上都未被反映出来，特别是在中国儿童故事的标题里。

---

① 肖龙江. 中国文化和美国文化中儿童性别角色的社会化［J］. 外国中小学教育，1992（5）：20 -23，34.

其次，在中国故事里，男女主角在数量上存在着值得注意的差别。男主角出现次数是48次，而女主角仅为4次，两者的比率是12∶1。美国故事中，男女主角在数量上的比率由1967年的11∶9降至6∶5。可见，美国性别角色越来越趋于平等。同时，随着课本的知识水平和内容的不断加深，在中国课本中男主角所占的比例越来越高，而女主角却走向另一个极端：越发显得不起眼。在肖龙江的研究中，小学《语文》课本第四册中，竟然没有一个主角是女性。

最后，插图中男性和女性的差别很大。在中国故事中，据统计，总共有587幅插图，其中的91幅插图中有男性出现，有67幅中有女性出现，两者比率为1.36∶1；插图总数为1000幅的美国故事里，197幅中仅有男性出现，157幅中仅有女性出现，两者的比率为1.26∶1。美国小学语文课本中，女性出现的次数比以往任何时候都要频繁得多，然而值得深思的是，在中国小学语文课本里女性几乎是很少抛头露面的。

2. *男孩和女孩的活动*

女孩的活动远远少于男孩，且两者活动的性质有明显差异，男女角色的差异从儿童时期已经开始逐渐显现。在中国和美国的课本里，从儿童从事的活动的种类来考察，男孩比女孩从事的活动种类多（表4－2）。

表4－2　中美课本中男孩和女孩的活动种类　　（单位：个）

国别	男孩	女孩	男女一起
中国	32	24	28
美国	36	30	30

在中美这两种不同的文化类型中，男孩趋于参与那些活泼性的活动，而女孩更喜爱从事文静的或室内的活动。美国儿童与中国儿童相比，相对来说，前者从事的活动属于“活跃型”，而后者从事的活动则属于“文静型”。中国儿童从事的活动大多数是与学校和工作有关的，诸如阅读、写作、打扫教室、除草、植树等，美国儿童从事的活动大多是着眼于自娱自乐。

3. *成人角色模式*

不管是职业、家务事还是娱乐活动，男性和女性都有一定的角色模式。女性更是在职业、家务事和娱乐活动中被歧视。

在职业方面，在数量上男性的比例普遍高于女性。在中国4套小学语文教材中，男性从事职业数量所占比例分别为：上海版68%，人教版77.8%，四省版85.1%，浙江版68%。在美国教材中，男性有23种职业。[①] 事实上，与女性相比，男性从事的职业不仅在数量上更多，而且更富于变化。从男女职业的角色形象看，男性所从事的职业更富刺激性和创造性，如政治家、军人、科学家、发明家、领导等。而女性所从事的职业则更多地体现情感色彩和辅助性特点，如小学教师、服务人员、纺织工等。美国教材中也存在这种情况。

从家务劳动来看，国内教材中男女两性共同进行的家务活动是打扫房间，此外，女性比较“母亲化”，从事大量诸如做饭、带孩子等传统家务。男女从事的家庭活动比率为5∶14。在14件女性做的家务中至少有6件是每天必做的，而且十分简单。美国教材中，男性做的有13件，女性有14件，共同承担的有6件。表面上看似乎平等，但男性所从事的没有一件是每天必做的，而女性从事的14件家务中有9件是每天必做的，女性大多陷于繁重的家务活动中。中美两国课本中，家庭性别角色仍没有摆脱传统的限制，但美国男性从事家务活动的数量较多。

在娱乐活动方面，教材中美国女性享有的娱乐活动比男性要少得多，而中国女性根本就谈不上有什么娱乐活动。中国女性享有的唯一的娱乐活动就是带着孩子去动物园或游乐场。这主要是为了孩子，并不是为了自己娱乐。总的来说，教材中所体现的女性娱乐活动十分贫乏。

4. 人物个性形象

语文教材在人物个性形象的塑造上存在明显的性别角色印象，表现在人们对男性或女性的行为、人格特征等赋予的期望、要求和笼统的看法上。中美两国的教材中，在人格倾向和能力方面都是女性不如男性。教材在人物个性塑造方面对女性的歧视较为明显。

在能力方面，国内教材中的男性形象往往是知识渊博、能力高超。男孩从小就爱科学、爱学习，长大都成为大科学家、大发明家、大艺术家等。那些充分表现聪明才智的故事也都由男性担任主角。女性则多表现出无知、孤陋寡闻，在男女两性形象同时出现的场景里，女性的能力更低下。女性

---

① 朱晓斌. 从我国三种小学语文课本看儿童性别角色的社会化——兼与美国一种阅读课本的比较［J］. 教育研究，1994（10）：52－57.

表现出的依旧是传统的家庭妇女形象，不能正确地解释孩子提出的各种疑问，需要男性进行纠正、解答和总结。

在性格方面，教材将许多人类的优秀性格、品质集中在男性身上。例如，小交通员、小萝卜头、二虎子、雨来、小挑煤工、凡卡、小抄写员、小雷锋等都表现出吃苦耐劳、勇敢坚强、正直善良、团结友爱的品格。女性角色则表现得吝啬贪婪、心胸狭窄、凶狠等。美国的阅读教材中也不同程度地存在上述情况。

（二）对中学语文教材性别文化的批评

20 世纪 90 年代，我国学界对中学语文教材性别文化的研究主要有三篇代表性文章，详见表 4 –3。

表 4 –3　20 世纪 90 年代我国学者对中学语文教材性别文化的代表性研究

作者	发表刊物	发表年份	文章名称
关树文	《内蒙古师范大学学报（哲学社会科学版）》	1994	中国少年读物中的性别角色研究
张怡	《曲靖师专学报》	1994	中学语文教材中的三个女性形象及其教学问题
朱志勇	《比较教育研究》	1998	我国内地和台湾 初中语文教科书中社会角色的呈现
马国义	《张家口师专学报》	1998	初中教师与初中生性别角色刻板观念比较研究

马国义明确指出："初中语文教材的编写者对女性形象进行的处理，使无比生动、丰富、重要的女性形象变得屈指可数、苍白片面、扭曲变形。学生无法从教材中看到具有各个时代特点的优秀、丰满的女性。"① 总的来说，20 世纪 90 年代我国学者对中学语文教材性别文化的批评主要有以下三点。

① 马国义．初中教师与初中生性别角色刻板观念比较研究［J］．张家口师专学报，1998（2）：66 –81.

1. 男性和女性在社会角色数量上存在差异，表现为“重男轻女”

马国义在对教材的分析研究中发现，初中语文教材中描写男性的为45篇，描写女性的为13篇，为前者的28.9%。整套教材中能辨认出性别的作者有182位，其中男性有162位，占总数的89.01%，少有女性作者的声音，即使如《回忆我的母亲》、《冰心传略》、《木兰诗》等重点描写女性的文章也由男性来撰写，忽视女性自己的体会、自己的声音。关树文的研究揭示，语文教材中男性角色多于女性角色，两者的比例为4:1；从初一到初三，人物角色的性别比例差异加剧，初三教材中的角色性别比例差异达到了极显著水平。朱志勇的研究在这方面的结论和其他研究是一致的，即“重男轻女”，尤其是在量的方面。[①] 如表4-4所示。

表4-4　中国大陆和台湾地区教材中男性和女性的社会角色差异

社会角色	中国大陆		中国台湾	
	数量（位）	比例（%）	数量（位）	比例（%）
女性社会角色	11	11.9	4	7.8
男性社会角色	81	88.1	47	92.2

2. 男性和女性在职业上存在明显差异

关树文的研究指出，男女从事职业的数量分别是15种和6种，比例为5:2。男性从事的职业比较丰富，富有创造性和社会价值，以政治家、科学家等为主，女性则以服务业为主。教材人物中，无职业的男性极少，而大部分女性没有职业。[②]

3. 男性和女性在形象上存在差异

关树文的研究发现，教材中男女人物在形象上也存在差异。男性多是有理想、有抱负、有成就、富有竞争意识、占支配地位。女性则多是坚贞刚烈、心地善良、温柔美丽、处于被支配地位。同时，教材中也有热心事业、勇于攀登的女性，她们富有文化知识和进取心。但是这一变化并没有改变男女不平等的形象特征。另外，朱志勇的研究发现，我国大陆和台湾

① 朱志勇．我国内地和台湾初中语文教科书中社会角色的呈现［J］．比较教育研究，1998（5）：39-43．

② 关树文．中国少年读物中的性别角色研究［J］．内蒙古师范大学学报：哲学社会科学版，1994（1）：89-92．

地区的教材中，女性社会角色大部分集中在母亲这一“仁慈、任劳任怨、勤劳”的角色上。马国义的研究指出，男性正面形象较多，如智者、英雄、雄辩家、军人，这些角色丰富多彩，涉及古今中外、现实与神话中的各个阶层、各个领域、各个年龄阶段、各种个性的优秀人才，他们或英俊潇洒，或坚毅果决，或博学睿智，充满男性魅力。如，《扁鹊见蔡桓公》中的扁鹊，《出师表》中的诸葛亮，《老杨同志》中的老杨，《谁是最可爱的人》中的解放军。而描写女性正面形象的文章则非常稀少，仅有母亲、作家、教师等，典型的光辉形象就更少，只有《木兰诗》中的木兰，《我的老师》中的老师，《刘胡兰慷慨就义》中的刘胡兰，《回忆我的母亲》中的母亲，《冰心传略》中的冰心，《陌上桑》中的秦罗敷。对女性的刻画多从女性的外表、性格、女性与男性的关系着手。例如，女性的外表就是美丽，而且是男人眼中的美丽，是从观者角度来体现的——“耕者忘其犁，锄者忘其锄，来归相怨怒，但坐观罗敷”。在教材中，女性的性格就是温柔、勤劳、善良、忍让、牺牲等，服务于男权社会；女性与男性的关系是被动、无力、依附的，爱情和婚姻是其唯一的归宿。

（三）中小学语文教材性别文化批评的共同点

从以上中小学教材性别文化批评的内容和观点来看，有两点是共同的问题，即男女角色数量和男女形象存在显著差异。

1. 男女角色数量

小学语文教材中男女主角在数量上的比率是12∶1，中学语文教材中男女主角在数量上的比例为4∶1。男女角色数量并不是随着年级的上升差异愈加显著，而是在初中语文教材中差异相对减小。

2. 男女形象

中小学语文教材中的男女职业形象都存在着显著的差异。在数量上，男性的比例普遍高于女性。在我国4套小学语文教材中，男性从事职业的数量所占比例分别为：上海版68%，人教版77.8%，四省版85.1%，浙江版68%。国内初中语文教材中男女从事职业的数量分别是15种和6种，比例为5∶2，即男性占71%左右。教材中所体现的男性从事的职业，与女性相比不仅在数量上更多，而且更富于变化，富有创造性、刺激性和社会价值。

例如，以政治家、科学家等为主，还有军人、发明家、领导等。而教材中体现的女性职业则更多地具有辅助性特点，以服务业为主。例如，小学教师、服务人员、纺织工等。同时，教材中的男性人物无职业的极少，但是大部分女性人物没有职业。

从教材人物的形象来看，中小学语文教材在人物个性塑造方面对女性的歧视很明显。在能力方面，我国教材在描述男性时呈现的形象往往是知识渊博、能力高超，女性则多表现出无知、孤陋寡闻。在男女形象同时出现的场景里，女性的能力显得低下，女性表现出的依旧是传统的家庭妇女形象，不能正确地解释孩子提出的各种疑问，需要男性进行纠正、解答和总结。在性格方面，教材将许多人类的优秀性格、品质集中在男性身上，例如，凡卡、小抄写员、小雷锋等都表现出吃苦耐劳、勇敢坚强、正直善良、团结友爱的品格。女性角色则表现得吝啬贪婪、心胸狭窄、凶狠等。男性多是有理想、有抱负、有成就、富有竞争意识、占支配地位。女性则多是坚贞刚烈、心地善良、温柔美丽、处于被支配地位。虽然教材中也有热心事业、勇于攀登的女性出现，她们富有文化知识和进取心。但是，这类数量极少的女性形象未能改变教材中所塑造的男女不平等的性别群体形象特征。

参考文献

陈焰. 关于小学语文教材性别印象的调查 [J]. 教材解析，2009 (6)：93 –95.

丹玛克. 儿童读物中的男性和女性：交叉文化分析 [J]. 心理科学通讯，1981 (3)：11 –16.

关树文. 中国少年读物中的性别角色研究 [J]. 内蒙古师范大学学报：哲学社会科学版，1994 (1)：89 –92.

吉普森. 批判理论与教育 [M]. 吴根明，译. 台北：师大书苑，1998：201 –203.

李介，雒焕国. 论小学语文教材中的不公平问题 [J]. 攀枝花学院学报，2003 (4)：71 –73.

李祖祥. 现行小学语文教材中的性别偏见 [J]. 蒙自师范高等专科学校学报，2000 (3)：41 –44.

刘朝晖，周桂香，阳晴晴. 2003 年人教版初中语文教材性别角色分析——基于 1998 年人教版初中语文教材研究结论的比较研究 [J]. 课程·教材·教法，2008 (9)：27 –

30.

刘忠华. 中学语文教材中的女性形象及其教育意义简论［J］. 考试周刊，2007(37)：33－34.

马国义. 初中教师与初中生性别角色刻板观念比较研究［J］. 张家口师专学报，1998（2）：66－81.

乔晖. 小学语文教材的性别偏见——从女性主义视角出发［J］. 教育学术月刊，2008（7）：26－28.

史习江. 语文教科书与性别平等意识培养［J］. 语文建设，2005（3）：9－11.

孙小平. 小学语文教材中主人公性别角色对儿童个性的影响及对策思考［J］. 甘肃高师学报，2007（3）：110－113.

武晓伟，闫艳. 教科书中人物性别分配不均衡性的社会学思考——以苏教版小学语文教科书为例［J］. 江苏教育学院学报：社会科学版，2006（1）：8－10 .

武晓伟. 小语教材的人物性别分析——以河教版小语教材为例［J］. 黑河学刊，2009（9）：116－117.

武晓伟. 小学语文教科书中的性别研究［D］. 南京：南京师范大学，2007.

肖龙江. 中国文化和美国文化中儿童性别角色的社会化［J］. 外国中小学教育，1992（5）：20－23.

杨洁，吕改莲. 社会性别刻板印象的直接映射——对小学语文教材人物的性别分析［J］. 陕西师范大学学报：哲学社会科学版，2002（4）：109－116.

俞海燕. 上海市小学S版、H版语文教科书的性别倾向分析［D］. 华东师范大学，2003.

曾晓东. 世界女童教育研究［J］. 比较教育研究，1999（2）：36－40.

张彬. 试析教材教法中的性别问题［J］. 课程·教材·教法，1998（12）：56－57.

张怡. 中学语文教材中的三个女性形象及其教学问题［J］. 曲靖师专学报，1994(1)：58－61.

朱韶晖. 对小学藏语文教材图片中存在的性别问题的思考［J］. 民族教育研究，2003（4）：90－92.

朱晓斌. 从我国三种小学语文课本看儿童性别角色的社会化——兼与美国一种阅读课本的比较［J］. 教育研究，1994（10）：52－57.

朱志勇. 我国内地和台湾初中语文教科书中社会角色的呈现［J］. 比较教育研究，1998（5）：39－43.

第五章

中小学语文教材性别文化建设

作为向学生传递社会性别文化信息的主要渠道，教材文化是现代西方女性主义教育者们关注的重要领域之一。自20世纪70年代以来，建设无性别偏见的教材文化是西方国家重建社会性别公平的学校教育的重要举措。同时，相关教材研究也显示，接触性别公平化教材的学生比其他学生更有可能具有以下特点：具备无社会性别偏见的人类社会知识；具有更开放的思想以及更准确的性别角色知识；倾向于模仿教材中所表现的性别角色行为等，因此，公平化教材可以有效地改善男女学生的学习经历。[①]

当前，以公平教育促进社会公平发展已经成为我国学校教育的重要议题，建设无性别歧视的教材文化应当成为建设公平学校教育的重要内容。因此，了解我国当前教材文化的社会性别公平化建设程度，将为建设公平的学校教育提供方向性指引。

一、通过教育发展先进性别文化

（一）发展先进性别文化的必要性

在当代世界，文化与经济和政治是相互交融的，文化在社会发展和国

---

① AAUW. How Schools Shortchange Girls [Z]. Washington, D. C.: The AAUW Educational Foundation, 1992: 87.

际竞争中起着越来越重要的作用，“文化力”的概念及其在社会经济发展中的重要作用已经在社会各界达成了共识。文化的影响力虽然不像政治和经济的影响力那样直观、强烈，但文化的传承性更强，其影响更具有广泛性和深刻性，它甚至可以通过政治、经济等中间变量起作用。性别文化作为社会文化的一个重要分支，一方面揭示了社会性别的本质特征，另一方面又形塑了两性的行为规范和发展轨迹，其影响力也不容忽视。

我国社会经历了长时期的封建文化统治，形成了以“男尊女卑”为特征的落后的社会性别文化。这种性别文化对人们的影响根深蒂固，不仅禁锢和支配着人们的思想和行为，而且渗透到了社会政治、经济、家庭生活等各个方面。由此形成的性别角色特征是“男主女从”、“男强女弱”。在古代，人们普遍信奉“女子无才便是德”，女性没有接受学校教育的权利，即使是官宦之家让女子在家读书，所接触的文化启蒙教育的教材也是《内训》、《列女传》、《女孝经》、《女儿经》、《闺范》等灌输“男尊女卑”、“三从四德”思想的书籍。这种只能在家庭进行的文化教育将女性的世界局限于家庭，其社会角色只是男性的附庸。这种落后的性别文化不仅限制了女性的发展，也限制了整个民族的发展。

随着我国社会的进步，女性获得了很多与男性平等的权利，获得了与男性一样的接受各级学校教育的机会。但是传统文化中落后的性别文化的影响依然存在，家庭和社会在很多方面仍然沿袭着传统性别文化模式。仅从受教育权来看，许多落后地区的女童由于经济条件的限制和传统文化的阻力，其受教育权依然得不到保障。如果只是受教育的机会平等，而教育内容不平等，教育权利的平等就没有真正实现，而且会对女性发展产生更大的不利影响。这里所说的教育内容，是指在学校教育中通过课程和教材内容真正向女生传递的性别文化。如果这种文化是负面的、消极的、落后的，就只能更加强化在当今社会上仍旧保留和存在的落后的、不平等的社会性别文化。文化的传承性有时会异化成文化的惰性，这种惰性会加剧不平等。因此，要实现真正的性别教育公平，就必须进行深刻持久的性别文化变革，而这种变革也一定要体现在学校教育中和教材建设中。

（二）教育视角下的先进性别文化建构

在教育的视角下进行先进性别文化建构，必须要在性别平等价值观念的引导下，通过调动教育机制的建构主体的认识活动力和行动力来实现。在文化建构中，价值观念是否合理、建构主体是否主动，决定了所建构文化的生命力与激励性。因此，要建构先进的性别文化，必须使教育具有对文化的自觉反思、活化和创新能力。

教育体制中性别文化的建构是一个多维度、多层面、多阶段的开放系统。这个开放的系统由三个要素构成：教育者共同体、性别文化影响、学生。其中教育者共同体和学生为多极主体，性别文化影响为客体。教育者共同体包括教师、学校行政人员、地方教育行政人员、教材编写和审查人员、教研员等。这些人员交互影响并与学生互动，对学生的性别文化价值观进行引导。教育者共同体在先进性别文化的构建中担负着重大责任，他们应该以人格健全发展的信念为基础，对学校性别文化教育的目标与内容进行筛选和改造。在这一过程中，他们必须首先克服自身作为社会个体所受到的传统刻板性别文化的影响。先进的性别文化教育的核心应该是男性学生文化和女性学生文化的共同发展，不仅强调女性的解放、平等和发展，而且着眼于人类两性的和谐和共同发展。先进的性别文化教育不是致使男女学生对立，而是寻求在两性平等的基础上确立女学生的独立自主地位，促进男女学生在校园生活中平等受益、共同进步与成长。

从学校课程的角度看，构建教育中的先进性别文化就是要建设有利于先进性别文化的传递的课程。首先，教育工作者要重视开发显性课程。一方面，应该开发和开设适合不同年龄阶段女生学习的女性学课程。另一方面，各学科的教材内容设计和编排也要体现男女平等，要传达先进的性别文化和男女平等观念，而语文教材内容的性质决定了语文教材是在教育中建构先进性别文化的一个主要阵地。此外，建构先进的性别文化，还可以根据各个教育机制不同的特征和性别问题开发综合实践活动课程、校本课程和地方课程等，吸纳课程专家、地方教育行政人员、性别研究专家、妇联工作者、女教师、女生家长代表、女学生广泛参与。其次，要注重隐性课程的先进性别文化建设。一方面，在传递教育内容的教育教学过程中，教育者共同体要以自身言行来推动先进的性别文化氛围的形成，要在男女平等意识上对学生产生正面的示范作用。另一方面，教育工作者还要注意对学校的藏书、教材、报刊等男女学生所沉浸在其中的精神环境进行性别平等化处理。

二、新课程改革中语文教材性别文化的改观

新课程改革背景下，义务教育阶段的语文课程标准实验教科书中，女性角色呈现状况如何？与过去相比发生了哪些变化？改革后的教材中是否依然存在对女性不公正的描述？哪些问题需要进一步改革？对这些问题，笔者选择了2003年人教版六册初中语文教材进行了比较系统的文本分析。

（一）语文教材在性别文化建设上的变化和进展

在新的基础教育课程改革之后，在全国使用最广的初中语文新课改教材应该是人民教育出版社出版的初一至初三的全套教材，我们在对这套教材的内容进行性别文化的分析中发现，无论是插图中的女性形象，还是课文中的女性角色，都有了明显的变化，主要体现在形象的丰富性、时代性、批判性上，也体现在女性社会角色的广泛性上。

教科书中的女性，形象正面、丰富多彩，涉及古今中外、现实和传说的各个方面。如《小巷深处》中经历成长变化的养女，《选举风波》中洒脱能干的学生会干事鲁艳青，《百合花》中明白事理的新媳妇，还有《回忆我的母亲》中坚强的母亲，《我的老师》中自强不息的安妮·莎利文。教材中还有课文刻画了女性挣脱传统束缚，追求自由和人格独立。例如，教材选用的小说《简爱》的片段是罗切斯特与简爱互诉衷肠这一幕，课文提到“简爱对人间自由幸福的渴念和对更高精神境界的追求一直是其内心斗争激烈的一对矛盾”。这篇课文生动地描写了罗切斯特在拐弯抹角地试探简爱的心思时，简爱没有表现出传统女性那样娇羞或柔情似水的形象，而是极力维护自己做人的尊严，体现了简爱的最终归宿不是爱情和家庭，而是她人格的独立和精神的自由。

教材中也出现了反映当代生活、富有时代感的女性形象。教材中出现的女性角色已经超出了传统的家庭角色和刻板化了的单一的职业角色。在这套新课改初中语文教材里，既出现了从事创造性劳动的著名女知识分子、女科学家居里夫人，女作家冰心，也出现了对中国革命发挥重要作用的著

名女政治家邓颖超、宋庆龄。在教材插图中还出现了女跳伞员等女性形象。这些教材中的新的女性形象，尽管数量极少，却在一定程度上体现了现代社会女性积极参与社会、贡献社会、服务社会的现实，也体现了社会分工男女平等的先进性别文化意识。在这套初中语文教材中还反映出从事许多行业和职业的女性形象，在护理、幼教、服务等行业她们独擅其美，在高等教育、科研、工程技术、新闻出版等战线也都活跃着她们的英姿倩影。

这套初中语文教材还选入了一些直接面对并批判落后的性别文化的课文。例如，《变脸》一文的主旨就是批判重男轻女的封建思想，帮助学生树立正确看待男女社会性别的观念。再如，在名著导读里，该教材能够引导学生以批判的眼光看待和评价大思想家培根的观点，导读在点评其作品《谈美》时提出问题："本文列举的美、德兼备者都是男性帝王，想一想其原因何在?"这些课文，使教材对落后性别文化的揭露与批判和对先进性别文化的倡导与弘扬提升到了显性课程的层面，对性别文化的体现而言更具有直接性、鲜明性和引导性。

（二）语文教材在性别文化上依然存在的问题

和以前的语文教材相比较，这套新课改初中语文教材丰富了、正面化了女性的形象，对现实中女性的广泛职业参与和社会贡献有了一定的体现，但是就教材性别文化的整体分析来看，这套教材呈现的是"先进"与"落后"并存的性别文化。其落后性主要表现在如下几个方面。

1. 从课文内容和插图中所出现的性别角色数量来看，男性角色占绝对优势

六册课本中描写人物的课文总共是 83 篇，涉及人物（不包括拟人物）283 人，其中女性角色 81 人，仅占总数的 29%，不到 1/3。主角数量共计 131 人，女性主角只有 32 人，仅占总数的 24%，不到 1/4。人物插图共计 160 幅，其中女性人物插图仅有 35 幅，占总数的 21.87%，约占 1/5。由此可见，教材中出现的男性的比例，无论是在角色数量、主角数量上还是在人物插图数量上都远远高于女性，在教材中男性依然处于中心地位，受重视的程度显著高于女性。如表 5－1 所示。

表5－1　课文人物性别比例①　　(单位：人)

类别 册数	图片			角色数量				主角数量				描写人物的课文数量
	总计	女(主)	女(%)	总计	男	女	女(%)	总计	男	女	(女)%	
七年级(上)	29	8(3)	27.58	62	42	20	47	34	25	9	36	14
七年级(下)	15	4(2)	26.66	54	39	15	27	16	13	3	18	25
八年级(上)	13	4(1)	30.76	55	45	10	18	26	21	5	19	11
八年级(下)	36	7(5)	19.44	31	20	11	35	15	10	5	33	9
九年级(上)	37	8(6)	21.62	36	34	12	33	22	18	4	18	12
九年级(下)	30	4(1)	13.33	45	32	13	27	18	12	6	33	12
总计	160	35(18)	21.87	283	212	81	29	131	99	32	24	83

注：1. 角色数量中有4位女性女扮男装。

2. 该表是对2003年人教版初中语文6册教科书的分析，包括对课本中所有人物图片和文字中人物的性别分析，并区分主角和配角，依据是图片中人物之间的关系和文字中人物之间的关系。

3. “图片”一栏中“女(主)”中括号外的数字表示女性出现的次数，括号中的数字表示女性作为主角出现的次数。“女(%)”表示女性在总计中所占的百分比。

2. 男女两性成为课文内容中的主角在意义上全然不同

男性多从社会意义的角度成为主角，而女性则多从个人意义的角度成为主角。通过课文分析可以明显看出，女性成为主角的主要原因是其对某一个人影响深远。例如，胡适先生的《我的母亲》中的母亲，海伦·凯勒的《再塑生命》插图中的老师，琦君的《春酒》中的母亲，《蒲柳人家》中的奶奶，都是作者回忆中的人物，社会意义并不大，其意义主要是对作者个人而言的。与之相反，男性成为主角的主要原因不是他对某个人的影响，而是他对社会的影响。如，《俗世奇人》一文中的刷子李和泥人张两人都身怀绝技，不畏强权，敢于戏弄权势人家。《陈涉世家》课文中的陈胜、

① 刘朝晖，周桂香，阳晴晴．2003年人教版初中语文教材性别角色分析——基于1998年人教版初中语文教材研究结论的比较研究［J］．课程·教材·教法，2008(9)：26－30.

吴广是为求生存而揭竿起义，唤醒底层劳动人民的思想，推动社会向前发展的英雄人物。这些男性身上都承载了某种社会意义和社会使命。同样是课文中的主人公，男性多是对社会有贡献的人物和大人物；女性则多是小人物、生活中的普通人。比如，《阿长与〈山海经〉》课文中的阿长，没有突破家庭生活的局限，没有自己的人格发展和独立的个性，她的意义是依附于男性存在的，其含义是女性的人格影响只能到达个人，而很难触及社会。其他几篇课文还进一步反映出，女性要想在社会上留下自己的声音，就得通过“改变”自己性别的方式来实现。例如：《威尼斯商人》中的鲍西亚女扮男装成律师，尼莉莎女扮男装成律师的书记，《变脸》中的狗娃就因为是女儿身没人要，不得不把自己装扮成一个男孩才能有生存下来的机会。这在一定程度上传达出这样的信息：女性在男性中心社会中生存是很艰难的，要获得社会的认可就需要服从男性社会的标准，甚至效仿男性的行为。

3. 男女角色分配依然可见“男主外，女主内”的思想

首先，我们对这套教材人物角色的职业的统计结果表明，男性角色中，从事社会职业的占56.87%（包括领导、干部、军人/英雄、科学家、文学家、艺术家等），约占男性角色总数的2/3，属于家庭角色的仅占24.17%，属于其他角色的（拟人物/体力劳动者等）占18.96%。而在这套教材的女性角色中，从事社会职业的只有19.04%（包括科学家、艺术家、文学家、军人/英雄等），不到女性角色总数的1/5，其中又以从事艺术类和教育类职业为主，“领导者”和“干部”这两个角色中没有女性，唯一的女军人/英雄角色是历史人物花木兰，但也是要通过女扮男装来实现其角色的社会意义的。从对这套语文教材中人物角色的统计结果来看，男性社会角色占2/3、女性家庭角色占2/3，这无疑显露出中国性别文化传统中“男主外，女主内”的思想痕迹，甚至还显示出男性是社会主导性别的信息。这显然对女性在历史和当代社会中的贡献过于轻描淡写了，淡化了女性的社会贡献，强化了男性的社会价值。详见表5－2。

表 5－2　课文人物性别比例①

（单位：人）

年级 \ 角色 职业 \ 男女	归类	社会主导角色								家庭角色			其他			总计
		领导者	艺术家	文学家	科学家	教师	军人（英雄）	干部（官吏）	学生	长辈亲属	晚辈亲属	亲戚领居	拟人物	劳动者	其他	
七年级（上）	男	1	1	5	3			3	5	7	8		4	3	2	42
	女				1	1				7	7	3			1	20
七年级（下）	男	1	2	9	5	3	3		6	5			1	2	2	39
	女		3		1		1			7		2		2	2	18
八年级（上）	男	1	2	8	2	1	8		3	5	2			9	3	44
	女			1					1	4	2			2		10
八年级（下）	男	3	2		1		5	3		3	3					20
	女					1				5	2	2		1		11
九年级（上）	男	3		2		2	8	2		5	5			4	3	34
	女					3			2		3	2		1		12
九年级（下）	男	3	1			2	5	3	3	4	4			4	3	32
	女									5	2	2		2	2	13
总计	男	12	8	24	11	8	29	11	17	29	22		5	22	13	211
	女		3	1	2	5	1		4	28	16	11		8	5	84
归类	男	120								51			40			211
	女	16								55			13			84
百分比（%）	男	56.87								24.17			18.96			100
	女	19.04								65.47			15.47			100

① 刘朝晖，周桂香，阳晴晴. 2003 年人教版初中语文教材性别角色分析——基于 1998 年人教版初中语文教材研究结论的比较研究［J］. 课程·教材·教法，2008（9）：26－30.

同时，对教材中人物职业的分析显示，男女两性的最终追求大相径庭：男性以事业、精神为其奋斗的目标，在社会中起领导者的作用；女性以家庭、爱情为其最终归宿，在社会中处于被领导的地位。在《傅雷家书两则》中，傅雷给儿子的信中谈论的都是人生的理想、追求及心灵的叩问等问题；在苏霍姆林斯基《致女儿的信》中，向女儿谈的就是什么是爱情。在梁启超的《敬业与乐业》中，谈到的敬业者和乐业者都是男性，没有一个女性。在雨果的《纪念伏尔泰逝世一百周年的演说》中提到的是女性的温情，男性的追求。

4. 权力、地位、能力、性格特征等仍存在性别刻板化倾向，体现着男强女弱的陈旧观念

我们的分析显示，在教材中体现出不同的两性社会角色定位：男性是主宰者、决定者、可依赖者；女性依赖男性，以男性的准则为自己的准则。例如，《范进中举》一文中，范进的丈人胡屠户道，“亲家母也来这里坐着吃饭，老人家每日小菜饭，想也难过，我女孩儿也吃些”。婆媳两个才来坐着吃饭。在范进中举疯了之后，婆媳两个都不知道如何是好，只有派人去请胡屠户来做主。课文《母亲》中的母亲虽然是一个当家的寡妇，但只有家里的小事才由其做主，遇到家庭纠纷只有哭，“她不骂一个人，只哭她的丈夫，哭她自己命苦，留不住她丈夫来照管她”，遇到大事更是无可奈何，只有请本家的男性来做主。此外，课文还表现出男性美德高于女性的情况。如，在《羚羊木雕》一文中，面对孩子送羚羊木雕给同学的事件，爸爸的表现是温和的、通情理的：“静静地点一支烟，慢慢地对我说”，“爸爸的声音很平静，不过带着一种不可抗拒的力量”。在作者的眼里，爸爸是温和的，却又是“不可抗拒”的，体现了男性的通情达理而又有很强的权威性。而在此事件中，“妈妈”却是“突然问我”，“目光紧紧地盯着我”，“十分严厉”，“坚定地”。在作者的笔下，妈妈是不通情理的，不讲道理的。不管是在过去还是在现代社会中，男性的权威性都被作者浓墨重彩地凸显出来。教材中肯定男性和女性的形容词是不同的。肯定男性的形容词有威严、慷慨、博学、忠诚、敢于冒险、正气凛然等，都是女性基本不能“共享”的。而肯定女性的词，表现的也多是女性的柔弱、忍让、温柔等。这些形容男女特征的词汇传递的信息就是：男优于女。在性格的表现手法上，男性人

物的性格特征多数通过征服外界事物和处理国家、社会事务表现出来，正面性格有心怀天下、以大局为重、勇敢、有主见、有创造力和顽强的意志力，反面性格则是阿谀奉承、刚愎自用等。而女性的性格特征多数是通过其生活在自我的世界中表现出来的，如正面性格是天真、活泼、欢快、自由、认真，反面性格就是尖酸刻薄、贪图小便宜、势利眼等。

5. 男女作者的文章在数量、题材、表现手法上表现出显著差异

首先，在这套初中语文教材中，所选入的男性作者的文章占绝大多数，在这6册课本中，作者总数为262人，其中男性作者有243人，占作者总数的92.7%；女性作者仅有16人，占作者总数的6.1%（有3名作者性别不详）。男性作者的选文题材非常广泛，包括社会、战争、科学、艺术、冒险、生物，涵盖了说明文、议论文、散文、小说、神话传说等多种形式，而女性作者由于入选教材课文的数量太少，很难说明其题材与形式广泛与否。如表5-3所示。

表5-3　教科书选文（包括练习）作者统计①　（单位：人）

	作者总数	男性作者总数	女性作者总数	女性作者比例（%）
七年级（上）	45	40	5	11.11
七年级（下）	43	41	2	4.65
八年级（上）	46	45	1	2.17
八年级（下）	48	44	2	4.16
九年级（上）	41	39	3	7.31
九年级（下）	39	34	3	8.10
总计	262	243	16	6.10

注：第八册里有两位作者的性别无法辨认。第九册选入了《诗经》中的两篇文章，作者性别无法辨认。七年级上《寓言四则》、七年级下《短文两篇》作者不详，无法辨认作者性别。

其次，男性作者笔下描绘的女性形象与女性作者描写的女性形象非常

① 刘朝晖，周桂香，阳晴晴. 2003年人教版初中语文教材性别角色分析——基于1998年人教版初中语文教材研究结论的比较研究［J］. 课程·教材·教法，2008（9）：26-30.

不同。男性作者笔下的女性形象以唠叨、不讲道理、知识文化水平不高的家庭妇女为主。而女性作者描写的女性人物一般十分丰满，有舞蹈家、科学家，多数以正面形象出现，表现出对女性美好特点的赞美。如，冰心写的《观舞记》，描写舞蹈演员的职业生涯和她美好的舞蹈形象，以及她用舞蹈传递的友谊和对全国人民的艺术贡献，从女性的视角重新阐释了女性之美，也站在社会需要和国家的角度阐释了女性社会角色的意义，这和男性视角是完全不同的。

最后，从写作手法上看，男性作者只有在描写家庭细腻生活时，笔下才会出现女性，而且大多数都是从感性角度描写的，但是男性作者在描写男性的时候就显得比较理性。大部分女性作者的写作手法也趋于感性化和抒情，以描写生活为主。如，《再塑生命》、《春酒》、《心声》、《武陵春》等，表现的都是女性作者忧愁烦闷的一面，没有上升到思想领域和精神追求的高度。而女性作者在描写男性的文章中，表现忧愁的内容极少，即使“忧愁”也是因为“忧国忧民”，内涵很不相同。男女作者笔下的男女形象及其表现手法的不同，是一个很有价值的发现，其中的寓意和社会性别文化含义值得进一步研究。造成教材中男女作者选文数量的极大差距的原因到底是什么，也值得进一步研究和揭示。

三、对我国语文教材性别文化建设的反思

将“性别”作为语文教材文化批评的新视角，已经是教育研究的热点话题，也应该成为今后教材开发工作的重点关注方面。正如女性主义倡导者波伏娃所说，女性主义将改变人们的思维方式。同时，在教育过程中实现和发展人的本性、人的尊严、人的潜能，追求人的和谐发展已成为学校课程所追求的目的。语文是一门具有鲜明终身教育特征的课程，对于学生成长过程中情感、态度、价值观的形成，健全人格的塑造，人文素养和精神品质的培养有着其他课程所无法替代的责任和作用。性别文化是语文教材传递给学生最直接、最深刻的文化信息之一，是传统性别文化或当今社会性别文化的投影。

从国内 20 世纪 90 年代以来学者们的研究中可以发现，大部分语文教科

书所传递的性别文化带有明显的父系社会的印迹。教科书所体现出来的这种意识形态的内涵包括对女性地位、能力、作用等方面的省略、忽视、刻板化和歪曲。这种情况出现在日益多元化、日益追求民主平等、女性在社会生活中的角色日益丰富的今天，出现在以教育培养未来一代全面健康和谐发展为己任的学校教育中，显然是有悖于人类发展进程，有悖于“以现代化的思想、观念、价值统摄课程编制”的教育指导思想的。年久日深已不再是一种外显的不平等，它将内化为积淀在学生心里的一种阴影或成为一种错误的认识，影响其自我认知，矮化其人格，影响其在漫长的生命历程中应付复杂世界所需的各种能力。

需要指出的是，我们呼吁的性别平等是以尊重性别的自然差异为前提的。女性不同于男性的自然特征正是女性的优势所在，对于男性来说也是如此。和谐的社会是一种由男女两性共同发挥自身优势、相辅相成的生态环境，任何形式的性别歧视不仅侵犯女性的权益，也会损害男性的权益，最终破坏整个社会生态。比如说，女性常常被认为更适合服务行业，这样的性别定型反过来也限制了男性进入服务行业的机会。呼吁性别平等应立足于整个社会的发展，而不局限于极端的女性解放，它致力于促进男女两性共同受益，共同参与社会建设。

因此，语文教材中要体现先进的性别文化观。在先进的性别文化中，女性与男性应该是平等的，女性的角色应该是丰富的，女性的形象应该是鲜活的。

（一）性别平等意识的提升

教科书应纳入性别平等意识。语文教材的选文应注意多采用女性观点，应重视增加关于女性经验的主题与素材，公平地呈现两性的活动与贡献，强调性别尊重的态度。如前文所述，男性作家往往都是从男性的视角来分析描写女性的，不是贤惠干练的母亲，就是乖巧顺从的妻子，这些角色大多带有“男主女从”的倾向。要丰富教科书中女性的角色，需要增加优秀女作家的作品，让学生透过女性的视角认识女性，认识到女性自强自立、追求人格独立和自由的光辉形象。丰富教科书中的女性角色，还应该对男女作家视角下的不同女性形象进行比较和研究。此外，语文读本、课外读物等学习辅导资料中也应注入更多丰富多彩的女性角色，让这些在正式教科书中没有足够空间来展示或塑造不到位的女性角色，在多元化的语文教材中得以补充。

（二）男女话语权的平等

教材的编写与开发要注意选材的合理性。现行语文教材往往流露出作者（或编者）潜意识中不自觉的对女性的贬低、扭曲和忽视。应发挥教材对先进的性别文化的引导作用，强化社会性别平等意识。在教材内容的人物选取上，应有意识地增加职业女性成才的内容，这样就能增加女性受教育者的信心和责任感，引导她们树立正确的社会意识、创新意识，培养健康人格和现代意识。在定位教科书女性角色时，不要仅局限于家庭范围，而应多关注家庭以外的角色，注意协调新时代女性角色与传统女性角色的比例，多关注女性参与社会和走向社会的女性，体现出女性角色多样化的发展趋势，让学生明白女性已日益进入社会生活的各个领域，成为社会资源的平等拥有者、社会财富的创造者、社会生产力发展的推动者。

（三）女性形象的鲜活

德国哲学家费尔巴哈说得好：“自然界的美全都集中在而且个性化于两性的差异上。”在语文教材的先进性别文化的建设上，我们需要进一步付出努力的是：完善教科书中的女性形象。女性不但有温柔、善良、顺从、贤惠的一面，还有坚韧、聪慧、独立、自强、勇敢的一面。单一注重女性某一方面的性格特征是不全面的、不符合现实的，应该让学生看到更立体的女性形象，理解女性多元化的气质，认识到女性的精神生活不仅有感性的一面，也有其理性的一面，鼓励学生尤其是女生学习女性所具有的坚韧、独立、自强、勇敢的优秀品质。

语文教材开发中对人物角色的选择和刻画还应该紧扣时代脉搏，留意新时代给女性社会角色带来的变化。女性在社会家庭中的角色地位低曾是历史事实，但现代女性的社会地位已发生了极大改变。因此，定位教科书中的女性角色时，不要仅局限于家庭范围，而应多关注家庭以外的角色，多选用贴近现实生活，对学生具有示范性和榜样性的女性人物形象。比如，选择一些反映在各条战线上，特别是在平凡岗位上做出卓越贡献的女性形象，会对学生产生更大的吸引力。在教科书插图人物的性别选择上，应增加女性角色的数量，适当增加女性主角的图片，直观地、全方位地展现女性的外在美和内在美。

参考文献

课程教材研究所中学语文课程教材研究开发中心. 全日制义务教育课程标准实验教科书·语文［M］. 北京：人民教育出版社，2003.

刘朝晖，周桂香，阳晴晴. 2003 年人教版初中语文教材性别角色分析——基于 1998 年人教版初中语文教材研究结论的比较研究［J］. 课程·教材·教法，2008（9）：26－30.

马国义. 初中教师与初中生性别角色刻板观念比较研究［J］. 张家口师专学报，1998（2）：66－81.

区域篇

第六章

农村女童辍学现象调查分析

教育公平是当今社会公平的重要课题，而两性教育公平则是教育公平的重要构成。对于我国绝大部分地区而言，历史留给我们的社会性别文化大多秉持“男尊女卑”、“男主外，女主内”的性别价值定位和性别角色分工，因此，在历史上相当长的时期内，女性一直被严格地排斥在学校教育制度之外。近代以来，随着男女平等思想的深入人心，跟随着我国建立现代教育制度的步伐，赋予女童与男童同等的受教育机会和权利一直是我国学校教育制度建设和教育实践活动的重要任务与工作。特别是20世纪后半叶以来，人们认识到：女童教育不仅仅是一个妇女问题，更是一个人权问题，它关涉国家、民族的人口问题与贫困问题，是衡量一个国家和地区社会进步程度的重要指标。早在50多年前，陶行知先生就指出：中国的普及教育问题大半是女童教育问题，如果不能解决女子教育问题，无论什么方法都是枉费心血。在过去的半个多世纪里，尤其是20世纪80年代以来，随着我国社会的发展以及《义务教育法》的颁布，我国社会的普及九年义务教育工作卓有成效。然而，当前农村女童辍学问题还是农村教育当中的一个突出问题，其状况不仅严重影响了农村女童的自身发展，也严重影响了我国农村义务教育的普及与发展。

一、农村女童辍学现象及其研究

（一）“两免一补”与女童辍学现象

21世纪以来，随着我国社会经济发展水平的提高和社会物质财富的积累，我国政府进一步加大了对农村义务教育阶段的经济扶持和条件保障力度。“两免一补”政策就是近年来我国政府对农村义务教育阶段贫困家庭学生就学实施的一项资助政策。

这项政策从2001年开始实施，其中中央财政负责提供免费教科书，地方财政负责免杂费和补助寄宿生生活费。2005年，我国根据《国务院关于进一步加强农村教育工作的决定》（国发［2003］19号）对农村义务教育阶段贫困学生实施“两免一补”政策，即免杂费、书本费，补助寄宿生生活费。2004年和2005年，“两免一补”政策在西部地区得到广泛落实，受益学生达2300万人次。[①] 2006年进一步扩大受益面，中央和地方财政对中西部地区共安排资金74亿元，3533万人享受免费教科书，6691万人享受免杂费。[②] 之后，2007年又把受益群体扩大到义务教育阶段的全体农村孩子。从2007年开始，全国农村义务教育阶段家庭经济困难学生均享受到了“两免一补”政策。免费义务教育实至名归。

然而，农村女童辍学的现象并没有因此而改变，在有些地区甚至还有进一步加剧的趋势。教育部《2005年全国教育事业发展统计公报》显示，2005年男女童入学率分别为99.16%、99.14%，男女入学率性别差异为0.02个百分点。小学辍学率为0.45%，其中女童为0.47%。2006年，民进中央关于农村初中辍学状况的一份调查显示，农村平均辍学率接近40%，其中辍学学生的男女比例为11∶19。[③]《陕西省儿童发展规划（2001～2010年）》中期统计监测报告显示：陕西全省小学女生辍学率居高不下，2005年小学女生辍学率为0.71%，几乎是2000年女生辍学率0.36%的两倍，与《陕西省儿童发展规划（2001～2010年）》规定的小学女生辍学率降至0.3%以下的目标相差甚远。该报告认为，造成小学女生辍学率居高不下的原因主要是陕西省农村地区贫困人口多、收入低，同时农村地区仍然受到

---

① 国家“两基”攻坚办2005年工作总结与2006年工作要点［EB/OL］.［2010－07］. http://www.moe.gov.cn/publicfiles/business/htmlfiles/moe/s3034/201001/xxgk_78212.html.

② 国家“两基”攻坚办2006年工作总结与2007年工作要点［EB/OL］.［2010－07］. http://www.moe gov.cn/publicfiles/business/htmlfiles/moe/s3034/201001/xxgk_78204.html.

③ 李曦. 义务教育背景下农村女童辍学救助机制新视野——基于经济因素的分析［J］. 安徽农业科学，2009，37（10）：4717－4719.

“重男轻女”等陈旧思想影响。[①]

（二）农村女童辍学成因研究

20世纪80年代后期以来，为了能够改善女童的学校教育状况，大幅度减少女童辍学现象，女童的失学、辍学研究成为女童教育研究中的重要议题。从已有的研究成果来看，当前的女童失学、辍学研究基本将研究区域限定在我国社会经济发展比较缓慢，辍学现象比较集中的中西部地区，如甘肃、四川等。就研究结论来看，基本上将当前女童的辍学成因归结为三个方面：经济贫困（不仅包括政府由于经济发展水平低下对义务教育的投入不足，还包括女童个体的家庭经济贫困）；性别文化观念落后（不仅体现在辍学女童所属群体的地方文化风俗上，还包括辍学女童父母对女童教育的轻视）；学校教育自身存在问题（如学校布局不合理、应试教育导致课业负担沉重、师资队伍建设不足等）。

然而，何晓雷在对甘肃东乡族女童的辍学现象的跨个案质性研究中发现：导致东乡族女童辍学的因素（如家长对女童学校教育的不重视、家庭经济贫困等）“在中国的其他地区同样存在，并非东乡少数民族基础教育中所特有的现象”。[②]该研究揭示了女童辍学问题并不都集中在少数民族地区和经济发展落后地区。邢立强对山东淄博地区的女童辍学问题的研究发现，在淄博这样的经济相对发达地区，女童的辍学率也高达20%以上；在对261位辍学女童的问卷调查中，他发现在影响女童辍学的原因中，认为“学习成绩不理想”是辍学主要原因的女童比例为60.54 %，其次才是家庭经济状况，学习成绩不理想和学生自己对学习没有兴趣都可能成为学生辍学的主要原因。[③]该研究说明，女童辍学现象还有经济以外的其他重要原因。此外，马万华对河北某县女童辍学现象的案例分析中将研究视角主要投放在“学校的教学质量对学生和家庭”的教育选择，尤其是辍学选择的影响上。

---

① 本刊．陕西：小学女童辍学率大幅上升［J］．当代教育科学，2006（12）：35.

② 何晓雷．东乡族女童学习困难及其失辍学——学校跨个案质性研究［J］．当代教育论丛，2005（3）：9－11.

③ 马万华．她们为什么不上学了？——河北某县女童辍学问题案例分析［J］．北京大学教育评论，2003（7）：70－76.

该研究发现："大多数学生认为是她们自己选择不上学的，因为上学实在没有意思。"同时还发现，一些教育工作者对于学校教育内容也提出了质疑：全国统编教材内容缺乏本土性，教材偏难等。① 这些研究至少说明了三个问题：一是经济的贫困不是所有女童辍学的主要原因或唯一原因；二是女童对自己是否继续就学有一定的自主权和选择权；三是关注辍学女童的学业成绩以及课程经验，应该是我们了解女童辍学成因的新视角。

（三）新的研究视角与切入点

女童自身是女童辍学现象的主体，也是女童学校教育的主体。她们的学校教育经验是怎样的？这些学校教育经验对其辍学现象有什么样的影响？她们对学校教育有着什么样的要求和愿望？在辍学问题上，她们的感受和想法又是怎样的？这些问题是已有女童辍学研究很少涉及的。

结合已有的研究成果及研究视角，本研究的目的在于，侧重于揭示学校教育（教育内容、师生关系等因素）在女童辍学问题上的影响，学校教育在消除女童辍学现象上应该发挥的作用。本研究采用半结构访谈调查，搜集女童辍学现象的基本情况，不仅调查辍学女童的家庭状况（包括其家庭的经济情况，以及父母等对女童辍学可能产生重要影响作用的家庭成员对女童上学问题的态度和观念），而且更加关注辍学女童自身的学校教育经历和感受及其对学校教育所赋予的意义，对辍学问题的阐释和理解。本研究旨在通过女童自己的话语，揭示我国当前女童学校教育进程中各利益相关人员在女童教育问题上的实践活动及观念动态，为进一步探讨我国当前性别教育公平问题提供新的视角，也为进一步实践学校性别教育公平提供新的切入点。在研究对象的选取上，本研究确定以我国西北地区的某国家级贫困县作为访谈样本选取地，在该地区访谈了 14 名辍学或者曾经有过辍学经历的女童，分别编码为 G1—G14，其基本信息如表 6－1 所示。

① 马万华．她们为什么不上学了？——河北某县女童辍学问题案例分析［J］．北京大学教育评论，2003（7）：70－76.

表 6-1　辍学女童基本信息

编码	辍学年份	辍学年级	年龄	入学年龄	父母职业	家庭子女数
G1	2010 年春季	五年级	12 岁	6 岁	农民（离异 6 年）	兄妹 2 人
G2	2009 年秋季	初一	19 岁	12 岁	农民	7 个孩子
G3	2009 年秋季	六年级	14 岁	6 岁	农民	5 个孩子
G4	2009 年秋季	初二	17 岁	7 岁	农民	3 个孩子
G5	2008 年秋季	初二曾辍学一年（现就读初二）	15 岁	6 岁	农民	3 个孩子
G6	2007 年秋季	初一曾辍学两个月（现就读初三）	16 岁	7 岁	农民	4 个孩子
G7	2009 年	六年级	17 岁	9 岁	农民	3 个孩子
G8	2009 年 5 月	六年级	16 岁	9 岁	农民	7 个孩子
G9	2009 年秋季	五年级曾辍学一学期（现就读五年级）	12 岁	7 岁	农民	4 个孩子
G10	2008 年春季	四年级曾辍学一学期（现就读六年级）	15 岁	7 岁	农民	4 个孩子
G11	2009 年 3 月	初一	15 岁	7 岁	农民	6 个孩子
G12	2010 年 3 月	高二	18 岁	7 岁	农民	4 个孩子
G13	2007 年秋季	五年级	15 岁	7 岁	农民	5 个孩子
G14	2007 年秋季	三年级	17 岁	10 岁	农民	3 个孩子

通过表 6-1 可以看到，本调查的对象均属于农村家庭子女，其辍学年份都在近三年内，且辍学（或者曾经辍学）年级除 G12 外均属于我国义务教育范畴。因此，本研究在取样上具有较大的代表性。另外，我们还访谈了 4 位辍学女童家长（分别编码为 P1—P4）和 2 位辍学女童的任课教师（分别编码为 T1—T2），从辍学女童父母和教师的角度来了解和印证所搜集到的辍学女童资料，借此提高本研究的效度。

二、农村辍学女童话语中的辍学问题

（一）家庭生活困顿导致辍学——“没办法，这个困难”

已有研究结果比较一致地显示出，辍学女童家庭生活与经济上的困顿是导致女童辍学的直接原因。本研究也发现，对一些农村家庭而言，即使是在我国政府对农村义务教育阶段儿童实施了“两免一补”扶助政策后，家庭经济困顿对女童完成义务教育的威胁依然存在，从两个方面直接导致了女童辍学。

1. 家庭生活的困顿使女童的家庭无力支撑其在学校的教育消费

在家庭收入层面，我们可以看到，这些辍学女童的父母皆为农民身份，而且其家庭收入渠道也比较单一，务农和外出打工是这些家庭主要的收入来源。农作物收成是家庭重要收入来源之一，2005—2009 年，由于气候条件恶劣而造成的农业生产歉收甚至倒贴生产成本的情况在本研究所调查的地区非常严重。“我们这儿的人地都特别多，就是收成不行，因为赶到天上下雨还行，如果天上一年不下雨，一年就这么白种了。”（T1）“一年苦着下来没有收入的。”（P1）而从外出打工赚钱这个家庭收入的另一重要来源来看，调查对象的父母，尤其是父亲，大多数还要兼顾农作物耕种：“（爸爸）把粮食种完可以到外边打工”（G10）；“庄农给种上，就出去打工了”（P2）。从其打工的收入水平来看，调查对象的父亲，甚至包括其兄姐等家庭成员大多从事一些收入水平较低的工种，如“盖房子”、“拉砖”、“栽树”、“端盘子”、“做小工”等，收入大多在 1000 元左右。

从教育消费层面看，“两免一补”政策的实施并不意味着学生在学校不产生教育消费支出。一般而言，在义务教育阶段，学生必需的教育消费支出有作业本费、资料费等。尽管当前教育行政主管单位对学生购买作业本、资料费等活动的监管力度较大，但是这个方面的教育消费支出依然存在。在访谈调研的地区，一个小学生一学期在这方面的支出也在 50 元左右。“本子钱，这些二十几块钱吧，三十块钱，然后有时候就是推荐资料，各样的接下来差不多就是五十多。”（T2）除此之外，由于一些地方的村小学和中心小学在教育条件配备方面，尤其是师资条件配备方面存在较大差异，家长们希望自己的孩子在学校得到更优质的学校教育，由此，为孩子选择更优质的学校教育也会产生更多的非学校收取的教育消费，如房租、生活费等。同时我们看到，调查对象所在家庭的子女都较多，相应的教育消费也比较多，在有多个子女同时念书的家庭，其年度教育消费支出相对于其有限的收入是非常高昂的。“一年得六千到七千”（P1）；“收入还是不行”（P2）；“她不念书了，她要钱，我说我没有钱，我说我没办法，要一块钱，十天要一块钱我有时候掏不出来”（P4）。

我们还发现，造成这些辍学女童家庭经济困顿的因素不仅仅在于收入渠道单一以及家庭的子女多，还包括家庭的某些情况，如突发的疾病威胁，房屋倒塌，有家庭成员上大学、上高中等，尤其是突发疾病，令本就薄弱而拮据地维持着的家庭收支平衡系统雪上加霜，成为很多女童辍学的导火索。例如：“她妈听不见，一个眼睛看不着，就为了照顾她妈”（P3）；“姐姐上初中生了一场病”（G9）；“我大姐上着大学呢”（G11）；“我妈类风湿关节炎嘛，二十年了，然后就是现在又突然严重了”（G12）；“我妈的腿，人家说是骨质增生嘛，屋里没人做活嘛，没人给我爸妈做饭了，钱上也比较……不太可以”（G13）；“这个妇人（辍学女童的妈妈）害了，今年就是整整十四年病”（P4）；“（高中）人家不免费，吃住还得要钱——一学期就得两千块钱”（P2）；“我们的房前年给下（下雨）塌了，爸爸贷款就盖下这个房子”（G3）……在这种情况下，这些家庭的孩子或者出于自愿，或者在家长的劝说下选择了辍学做家务以减少家庭支出，又或者是外出打工以增加家庭收入。

2. 家庭生活困顿推迟了女童的入学年龄，埋下了辍学的隐患

我国《义务教育法》第 2 章第 11 条规定：凡年满六周岁的儿童，其父母或者其他法定监护人应当送其入学接受并完成义务教育；条件不具备的地区的儿童，可以推迟到七周岁。

本研究发现：一些女童的入学年龄大于同班同学三四岁甚至更多，而年龄明显大于同班同学这个因素在这些女童的学校教育经验中产生了一种障碍性的心理影响，进而成为她们辍学的一个重要原因。如：“以前就有人（同学）说我年龄太大了……男生女生都有……（同学）比我小么，别人笑

话，（哭）……人家天天都在说，我也不想念了。”（G3）而当我们问另一位辍学女童不去上学的原因时，她则坦言，辍学是她自己主动提出来的，原因并非是家庭经济困难，而是自己年龄太大，受到很多方面的压力。“我们这儿的人一般来说女孩子到十七岁不让念书了，他们（村里的人）都说年龄大，家里做家务比较合适，都这么说……我奶奶，她天天在说，说的人乱的……”（G7）

那么，为什么这些女童没有能够在《义务教育法》规定的年龄及时入学呢？家庭经济情况是一个重要的影响因素——“家里经济情况不好”（G7）。一位家长对这种情况的解释更为详尽：“小小上学，害怕这些娃娃们在学校里面老师不好好管，害怕娃不懂事，害怕娃娃不好好学……那就是这个那几年，不能像这么个，书钱都收着呢，一个娃娃每个要收六七十块钱的，这么下来么我想着这么些娃娃怕不得上着呢，这么大开了，她的老师讲开课了，她都懂事啦，会听啦，娃娃都知道学，就这钱也不白花了。”（P1）可见，在家庭经济困顿的前提下，家长在考虑让孩子何时上学这个问题时，不仅有着对学校教育质量的顾虑，还有着对教育投入产出是否合理的精打细算。而这样的精打细算却无法周全顾及大龄女童在学校教育中、在同学群体中所遭遇到的尴尬与压力，无法顾及这些大龄女童继续求学的愿望在社会习俗中所面临的困境与无奈。面对这样的尴尬与压力、困境与无奈，大龄女童们选择了辍学，尽管心有不甘——“这个在家给我做了活了，意见大死了……天天提意见”（P1），她们还是挣扎着放弃了自己心中求学的渴望。

（二）忽视女孩教育促使辍学——“不念了算了”

根据已有的研究结果可以得出：我们传统的存在于社会风俗习惯及家长们的性别观念中的“男尊女卑”、“男主外，女主内”的性别价值定位和性别角色分工，成为影响女童教育发展的重要的观念性因素。这种“重男轻女”的性别价值判断体系在农村女童教育问题上的表现主要有：家长对女童的教育期望不高，甚至认为女孩读书无用。在本研究中我们发现，随着社会的进步，政府对男女平等基本国策的宣传与贯彻，“男女平等”的观念已经日益为人们所接受，越来越多的家长意识到，并能够做到不分性别地为孩子创造同样的、更好的成长条件和受教育机会。在前文中我们也可以看到，在我国政府发布的官方数据中，男童和女童的入学率差异已经日渐缩小。

然而，引起我们注意的是，“重男轻女”的思想观念在农村地区依然有着较大的存在空间。这种思想观念的存在对于女童教育问题产生了以下影响。

1. 家长的“重男轻女”观念使他们对女孩的教育期望值非常低

一位10岁才入学的辍学女童在解释她晚入学的原因时说：“我爸爸说女子娃不用上学。”（G14）当这个女童上到小学三年级发现自己视力不好要进行矫治时，她的父亲再次表达了对她教育发展的极低期望值：“我爸就说不念书了就不用看（治眼睛）了”（G14）。

2. 家长的“重男轻女”观念使得他们愿意将自身有限的教育资源投放给男孩

在我们访谈的一位有着7个子女的辍学女童家长的观念中，能够多生育儿子是非常重要的，“儿子少就不能行了，这就是攒点娃娃攒点福气——要是都是些儿子，这些女子没有都能成”（P1）。而在谈及多子女所带来的家庭支出过大时，一位有着5个孩子的家长仍然坚持认为：“要个男娃，咱这儿是乡村的么，跟城里不一样”（P2）。

当家长们面对向多子女分配有限的家庭经济资源的矛盾时，往往表现出“重男轻女”的“偏心”。这种偏心表现为对男孩赋予享受教育机会的优先权，一位家长坦言“我们这儿把儿子娃男娃看得起，上学上得有点早”（P1）。当家庭无力承担多个子女的教育负担时，女孩就成为男孩继续享受教育机会的牺牲品：“老二现在在××（该省的省会城市）上××（中学），一月三四百块钱还骂着我们给人家给的少着么……你（辍学女童）算了吧，你跟上我打工，挣着咱们花”（P1）。而两位曾经有过辍学经历的小学生也谈到，如果家里经济情况不好，父母很可能牺牲她们的求学机会以保证弟弟的求学资源：“爸爸妈妈会让弟弟去读，爸爸妈妈都没念过书，他觉得女孩子没能力念”（G9）；“我估计会让弟弟去读……父母希望有一个，有一个能够……能够……能够有文化。能够有文化，能够有文化知识将来能够养活他们……弟弟可以支撑这个家”（G10）。我们发现，家长的“重男轻女”思想推动了一个非常不利于女孩发展的恶性循环系统的形成：由于先在的性别观念而轻视女童的价值，继而由此限制甚至剥夺女童的发展机会和权利，最后由女童发展不利的事实再去论证女童的无价值或低价值。这种以“发展不利的结果”来证明“剥夺发展权利和机会的合理性”的逻辑循环往复，让众多农村女童仅仅因为自己无法选择的生理性别而失去了发展的选择！

3. 家长的“重男轻女”观念使得他们给女童安排更多的家务劳动，使得女童可以投放在学业上的时间和精力大大减少

在访谈中我们发现，绝大多数的受访者大概在小学四年级的时候就开始在家庭中承担相当的家务劳动，如做饭、洗衣、打扫屋子等。同时，一些女童也在这些活动中明显地体验到父母在安排家务劳动时，自己仅仅因为性别原因而遭遇到的区别对待：“晚上在家里，整个家务活都是我干，就弟弟一个人作业写完了就去看电视”。这样的“偏心”，女孩从父母那里得到的解释是：“他们（父母）说谁让我是女孩子……（我就说）如果（你们知道）我是女孩子的话，那你们就那时候别生我”（G9）。这是怎样的性别价值定位！女童对自己性别身份的质疑表达了她心中怎样的不满与无奈！

（三）教育问题引发辍学——“我也不想念（书）了”

与邢立强和马万华的研究结果相一致，本研究也发现在辍学的选择上，辍学女童自身表现出了一定程度的自主权。在本研究中，很多辍学女童承认，辍学是自己主动提出的，是自己要求辍学的。“我是希望多识些字，娃娃是好坏不念了，我就咋么说人家咋么不行。”（P4）然而，引起我们深入思考的是女童们主动提出辍学的原因及其后续发展。

1. 学业成绩表现与女童主动辍学

学习和学校生活是学生体验、形成自我价值的过程，也是学生理解社会生活及其意义的主要方面和重要媒介。因此，学业成功和在校成功是学生形成自信心，形成积极成功归因模式的关键因素。而女生在学校教育中所取得的学业成功和在校成功，还是帮助她们进一步消除社会性别刻板观念的关键因素。强海燕关于学业成绩优良女童的教育研究报告显示：“学业成功可以产生愉悦的情感体验，快乐而成功的学校生活可以使女生产生继

续求学的动力，并伴随着为实现愿望而付出努力。另一方面，家长一般都愿意克服种种困难使学业成功的女儿继续求学。”① 因此，怎样使女童在学校教育中最大限度地取得学业成功，在学校生活中体验更多的快乐情感，成为学校教育在消除女童辍学问题上要探索的重要经验。

我们发现，三个曾经有过辍学经历的女童，由于其自身的学业优异而有着比较强烈的返校读书愿望，而其家长也愿意为女童的返校尽最大努力来克服家庭的经济困难。此外，这些女童还因为其优异的学业成绩，在返回学校继续读书时得到更多的来自学校和亲朋的帮助。“（成绩）在我们班上中上，六十多个人我可以考二十四……我自己也想念书，在学校里面念书……老师还有我同学打电话叫了……我妈说她可以抽时间出去赚钱，让我先把书念完。”（G6）这位现在就读于某中学初三“尖子班”的女童这样解释自己返校的过程。而两位在班级里担任学习委员职务的女童，在返校继续读书时几乎遇到了同样的情况：“在我的前面可能还有一两个比我好，下来就是我了”（G9）；“前五名吧，我语文数学英语都能行”（G10）。“老师说我的学习还不错，想让我继续回学校念书上学……姨夫也帮我跟爸爸说情让我回学校念书。”（G9）

而学业成绩不良则让辍学女童失去了继续求学的兴趣和动力。本研究中，一些受访者的学业成绩不尽如人意，这些女童在辍学后大多数也曾引起学校的关注，学校教师对辍学生开展了劝返活动，但是，她们对于返回学校继续读书的愿望不强烈。“（老师）打电话了，可是我不想念了，打过三四回呢。”（G7）这样的劝返活动基本不能动摇女童们辍学的决心。通过深入探寻她们在学时的学习情况，我们发现：她们对自己的学业成绩水平有着消极的自我认知，如“我学习不好，每次考试的时候我总是考不好”（G3），“（学习）不好，差生”（G1），“学习比较差”（G11）；大多有着较大的学习困难和不良的学习习惯，如“有时候上课调皮，有时候上课就是跟同学说话去了……不交作业”（G1），“我从小学数学就不好，听不懂”（G3），“我自己感觉五年级的（数学）题太难了，根本学不进去……我听不懂老师讲的是什么，我根本听不懂，就我和我们班里面的几个学生……

① 强海燕. 倾听“边缘”的声音，关注女生的成长——我国维吾尔族女童教育的访谈研究［J］. 比较教育研究，2009（3）：66－71.

我作业不会做，我就不交了”（G11），“不爱做作业……到暑假了我就补课嘛，数学还是那样”（G5）。然而在被问到学习上遇到困难她们如何解决时，这些学业成绩不良的女孩并没有选择向教师求助，而是求助于同学，或者放弃完成作业。当被问及为什么不向教师求助时，她们较为一致地使用了“不敢”、“害怕”这样的词汇，原因是“老师厉害，管得严”（G1），“我比他们的个子都大，（坐在）最后面（眼睛就是看不太清楚），我不敢说，老师不管，老师说等她下课了我们就到前头去看”（G14），等等。面对这样的学业发展无助感，面对家庭经济生活的困境，她们的选择似乎是没有选择的选择：“我上不进去，我姐比我学习好，我妹都比我学习好，我可以不用上了”（G11）。

2．学校生活不愉快与女童主动辍学

正如前文所述，一些大龄女童因为延迟上学而在与同学相处过程中心存障碍和尴尬，而教师如果没有引导这些大龄女童及其同学正确认识这个问题，甚至反其道而行之，强化这种大龄的“不光荣感”，就会加大大龄女童对自己继续求学的心理障碍。“在中学的时候，就是杨校长也说，你这么大了念，还念书，不如一头碰死去。”（G2）如此恶劣的老师，如此恶劣的认知！我们为教师队伍中有这样不负责任的教师及其言行而感到汗颜！

我们在访谈研究中发现，教师在日常的教育教学活动中确实存在着职业道德、工作态度与教育方法上的严重问题，无论教师是否意识到这些问题的存在，从辍学女童的话语和阐释中，它们都确确实实对学生在学业成绩以及学校生活的情感体验方面产生了消极影响。例如：“老师见谁都骂”；“（同学有矛盾）讲了老师也不管”；“（老师）气大得很，就打了，不敢问（不懂的问题）了”；“老师批评就更不愿意上”；“上课要回答问题，回答不上来，很尴尬”；“有一个老师给我们代不好课，她只给我们把答案一说就不管了”。而与这一情况相反的是，当问及受访者喜欢的教师，并请她们描述喜欢的原因时，我们发现，学生们对一个好的、自己喜欢的教师的要求并不高：“数学老师不爱打人，然后讲得挺认真的，不会的举手就一个一个地教”（G1）；“对人好，讲课也好，他对我说过，‘不要管别人怎么说，自己好好学’”（G2）；“性格好，温柔”（G4）；“英语老师我们经常在一起沟通，五六十岁了，是男的，那时老师对我们很好”（G5）；“她那时讲课，我听不见，她就把我放在前面，有时候语文课上完下来她就问我哪里有什么不懂的地方，我跟她说，她给我讲”（G8）；“她讲课时比较讲得可以听懂一些”（G13）。通过对辍学女童不喜欢的和喜欢的教师特点的对比，我们可以得出，一个让学生喜欢的，对学生有所帮助的教师应该是这样的：文明执教的言行，认真耐心且灵活的教学，关注并尽量满足学生个体学习需要，善于与学生沟通，了解学生的心理困难并能够积极引导学生面对困难等。了解辍学女童对“好教师”的要求让我们发现，这些要求仅仅是一个教师应该具有的基本职业素养！

三、农村女童辍学现象引发的学校教育反思

（一）学校教育应该有效发挥教育的补偿性功能

当我们谈论公平时，其语义更强调个体之间的差异以及针对个体差异所进行的机会或者资源分配。因而，这样的资源或机会分配更多情况下是一种以实现公平为目的的不平等分配。从实现公平出发，对于社会中处境不利的个体、群体等就衍生出了以公平发展为目的的补偿原则。就教育而言，面对现实中存在的差异，为受教育者提供教育服务的主体，包括各级政府、学校、学校教育工作者，需要以补偿原则来重点促进处于劣势的学校、学生个体的发展。教育的补偿功能应立足于对受教育处境不利人群的保护，此种特殊保护应当时刻以平等为前提，以平等保护公民受教育权为目的，这才是补偿原则的主旨所在。

当我们面对女童的学校教育问题时，从学校教育实施的层面，更具体地说是从身处学校教育教学一线的教师层面来说，就是要为辍学女童或可能的辍学女童这一弱势群体提供更多帮助，深入细致地了解每一个辍学女童或可能的辍学女童的切身需要。例如，在访谈对象中，G1 是一个有着特殊家庭背景的辍学女童，她父母离异，跟年迈的奶奶共同生活，经常接受亲戚们的接济，日常生活的基本需要能否得到保障这个问题经常威胁着她。也因为这样的生活状况，她的学习长期缺乏监护人的有力管理和监督，她也没有能够形成较好的生活习惯和学习习惯。因此，在学校教育中，需要

得到教师更多的关注和帮助，需要教师帮助她树立生活的信心和安全感，需要教师对她的学习给予更多监督与引导，以帮助她继续求学，为日后发展奠定基本条件。

我们的研究发现，对于辍学的大龄女童而言，重返学校的最大心理障碍是年龄问题。这些大龄女童认为自己年龄大了，以后即使有条件了也不可能回到学校继续念书了。甚至接受我们访谈的教师也认为：“（学生）年龄大一点，到成家的时候就成家了，现在失去了读书机会，以后就完了。”（T2）在我们倡导并逐步建立学习型社会机制，提倡公民个体要具有终身学习观念的今天，如果新生代的公民个体，甚至教师没有从内心深处真正地认同终身学习的理念，而是将学习与年龄牢牢联系在一起，那么承担国家公共教育义务的公立学校要实现对已辍学女童的教育补偿功能将更加举步维艰。

（二）学校教育应保障所有女童的受教育权利

在调查过程中我们还发现了一个有趣的现象：辍学女童自己、辍学女童家长甚至学校教师，都对不同学业成绩的辍学女童产生了大相径庭的态度。对于那些学业成绩优良的辍学女童，大家表现出了一种明显的惋惜之情：“我就算是学的差不多的嘛，（老师）就是觉得可惜得很”（G11）。而对于学业成绩不良的辍学女童，在她们是否有必要继续求学这个问题上，大多数人表现出了一种冷漠之感：辍学女童自己觉得“我上不进去，我姐比我学习好，我妹都比我学习好，我可以不用上了”；辍学女童的家长或者是“你算了吧”，或者是“不吭声”；而一些教师对于这些学业成绩不良的女童则以不过问来表达其冷漠。以上两种截然不同的态度似乎表明了一个潜在的逻辑：学业成绩的优劣与受教育权利是关联的，学业成绩的优良是继续获得受教育机会和权利的保障，而学业成绩不良则受教育权利不受保护和保障。

然而，我们要明确声明的是，受教育权是我国公民的基本权利之一，尤其是义务教育阶段的受教育权。对于受教育主体而言，接受九年制义务教育是其基本的教育权利，而对于提供教育的义务主体（包括各级政府、学校乃至教师）而言，不能因为受教育主体学业成绩的不良而剥夺其受教育权利，或者忽视其受教育权利，特别是各级政府以及各级政府举办的公立学校教育机构，不仅不能因学业成绩不良而剥夺、忽视受教育主体的受教育权利，还要为学业成绩不良的受教育主体提供更加细致的服务，以促进学业不良者最大限度地进步和发展。

（三）学校教育内容应满足女童的多元需要

已有研究成果表明，为了减少农村女童的辍学现象，应该“建立适合各地需要的经济实用的女童教育模式，不简单套用原有的初等教育模式，在贫困地区中小学教育中进行早期的职业技术教育渗透具有非凡的收效”①。赵岚从农村义务教育阶段学校教育的内容方面提出：“课程内容的设置应体现适切性。特别是要结合当地实际和女童特点充实教育内容，积极开发校本课程，突出民族、地方、女童特色。既要考虑教育的现实性，也应当考虑将来可能出现的社会影响。如可根据学生年龄特点及爱好开设刺绣、缝纫、编织、舞蹈、剪纸等，编写适合当地农牧业特点的乡土教材。从而使女童们在学校既能安心学习文化知识，又能学到一技之长，增强学校对女童的吸引力，激发女童上学的积极性。”②

在本研究中我们看到，在九年制义务教育中存在着学生分流的趋势，以及根据学生学业成绩和兴趣发展等因素进行毕业分流的功能。然而，通过访谈我们发现，当前的学校教育并没有在课程内容上为学生的分流做任何的介绍、咨询和引导。在学业成绩的考评上，更多地以学业成绩的优劣来筛选和淘汰那些不能进入大学的学生。而这些被招生体制分流出来的学生在初中毕业后，怎样做出进入社会职业的选择？他们对社会职业乃至对具有地方性特点的职业分布有哪些方面的了解？这些都不在学校提供的课程内容的范围之内。因此，这样的学校课程内容对于这些辍学生而言，是与她们的实际生活相脱离的，是与她们的未来生活缺乏相关性的。总之，这样的学校课程内容因为与她们的生活需求相脱离而失去了对她们的吸引力。

---

① 席春玲. 90 年代以来我国女童教育研究综述［J］. 妇女研究论丛，2002（9）：62－66.

② 赵岚. 农村家庭因素与女童辍学［J］. 当代教育科学，2003（15）：21－24.

我们还发现，这些辍学的女童，其辍学后的生活基本分为两类：在家从事家务劳动，或者外出打工。在家从事家务劳动的能力不是在学校通过学习获得的，或者说学校的课程内容与她们可能从事的家务劳动没有关联！然而，实际情况是，一些辍学女童在家从事的自己喜欢的家务劳动，如做饭、绣花等，其劳动能力和水平有可能通过目前学校设置的某些课程如综合实践课、美术课得到培养和提高。在访谈中我们还发现，那些外出打工的辍学女童所从事的几乎都是一些事先不需要专门培训、收入相对较低的工作，如“拉砖”、“端盘子”、“配菜”、“打扫卫生”、“打零工”等。她们之所以找到这样的工作，不是缘于学校课程内容中对社会职业的介绍，而是缘于亲人、朋友的推荐和介绍。在谈到对未来工作的规划时，她们大多表现出了一种茫然，或者是根据自己现有的打工经验有一些非常感性的设想甚至是幻想而已。因此，我们认为，在本研究的调查对象曾经就读的学校中，学校义务教育阶段所设置的课程内容并没有为她们所要面临的社会生活做必要的准备。从课程内容与她们教育利益的相关性角度来说，包括辍学女童在内的这些被大学招考制度分流出来的受教育者，他们的教育需要被忽略了，他们的教育发展需求被边缘化了。而这一点正是与公平教育的补偿功能相背离的！因此，学校教育应该从课程内容的设置上进行检讨，让学校教育的内容真正关注到不同身份特征和兴趣爱好的学生的发展需要，满足他们的多元化需求。

参考文献

本刊．陕西：小学女童辍学率大幅上升［J］．当代教育科学，2006（12）：35.

高红菊．马小花为什么辍学——民族地区女童辍学现象的个案研究［J］．中国民族教育，2008（5）：9－11.

郭太友．保安族女童辍学失学问题的对策性分析［J］．四川文理学院学报：社会科学，2009（7）：100－102.

何晓雷．东乡族女童学习困难及其失辍学——学校跨个案质性研究［J］．当代教育论丛，2005（3）：9－11.

马万华．她们为什么不上学了？——河北某县女童辍学问题案例分析［J］．北京大学教育评论，2003（7）：70－76.

李曦．义务教育背景下农村女童辍学救助机制新视野——基于经济因素的分析

[J]. 安徽农业科学，2009，37（10）：4717－4719.

刘冰. 义务教育阶段受教育权的绝对权利属性及保障［J］. 东北师范大学学报：哲学社会科学版，2006（2）142－146.

田宗友. 论农村学龄女童失学原因［J］. 江西社会科学，2003（10）：74，189－191.

席春玲. 90年代以来我国女童教育研究综述［J］. 妇女研究论丛，2002（9）：62－66.

赵跟喜. 甘肃省藏族学龄女童失、辍学现象的原因分析及对策建议［J］. 社科纵横，2007（6）：8－10.

赵跟喜. 甘肃省保安族学龄女童失、辍学现象的原因分析及对策建议［J］. 社科纵横，2008（5）：25－27.

赵岚. 农村家庭因素与女童辍学［J］. 当代教育科学，2003（15）：21－24.

第七章

女童学校教育状况问卷调查

女童教育问题是中国教育学者关注的一个热点，但已有的研究多将关注的焦点放在女童入学率、升学率、辍学率等方面，重视女童是否获得平等的受教育机会。而对女童在校学习情况，对女童教育的质量关注很少。女童在学校是否受到公正的对待？她们所处的校园环境是否安全？女童的学业期望与成绩如何？学科的性别分化是否依然存在？传统的性别刻板观念在多大程度上影响着女童的性别认同？带着这些问题，我们对女童在校学习与生活情况进行了调查。

为了能够比较真实地了解汉族女童学校教育现状，我们进行了大样本调查。考虑到小学生年龄较小，缺乏相应的理解与判断能力，我们的调查主要针对中学生进行。此次调查我们采用了整群抽样的方法，以班级作为抽样单元，选取了广东和陕西 2 个省份共 5 所中学 22 个班的学生进行问卷调查。5 所中学包括 1 所完全中学、2 所高级中学和 2 所初级中学，其中高中和初中各 11 个班。为保证样本的代表性，在抽样时我们充分考虑了普通班与重点班、城市学校与乡镇学校的均衡。为了在说明女童学校教育状况时有个参照，我们同时对女生和男生进行了调查。

由于目前尚没有专门针对女童学校教育状况的调查工具，我们采用了自行设计的问卷进行调查。问卷内容包括两个板块：一是对样本基本情况的了解，包括性别、年龄、年级、家庭子女数量、父母文化程度、父母职业等；二是学校教育状况调查，依据女性主义对教育中性别不公的揭示及中外学者关于女童教育问题的研究结论，本部分内容涉及校园环境、家庭教育投资、学业情况（包括学习成绩、学习表现、学科倾向三个方面）、教师对女童的期望与评价、女童的自我期望与评价、性别特征等多个方面。

问卷全部采用封闭式问题，学生只需就所提问题选择最符合自己情况的选项即可。依据前述的6个方面，我们共设计了27道题目，其中16道单选题，11道多选题（8道多选题用于了解学生在学科方面的性别差异，3道多选题用于调查不同性别特征在女童身上的体现及女童的性别特征认同）。问卷结构见表7－1。

表7－1　《中学生学校教育状况调查》问卷结构

<table>
<tr><th>一级指标</th><th>二级指标</th><th>三级指标</th><th>对应题号</th><th>备注</th></tr>
<tr><td rowspan="2">学生基本信息</td><td>本人情况</td><td>性别、民族、年级、年龄</td><td>1—4</td><td></td></tr>
<tr><td>家庭情况</td><td>家庭所在地、子女数量、男孩数量、女孩数量、父母受教育程度、父母职业</td><td>5—12</td><td></td></tr>
<tr><td rowspan="20">学校教育状况</td><td rowspan="4">学校环境</td><td>校园环境</td><td>1</td><td>单选</td></tr>
<tr><td>校园安全</td><td>2</td><td>单选</td></tr>
<tr><td>体育设施</td><td>3</td><td>单选</td></tr>
<tr><td>学习生活</td><td>15</td><td>单选</td></tr>
<tr><td rowspan="2">家庭教育投资</td><td>上学花费</td><td>16</td><td>单选</td></tr>
<tr><td>家庭经济能力</td><td>17</td><td>单选</td></tr>
<tr><td rowspan="4">学业情况</td><td>学习成绩</td><td>5</td><td>单选</td></tr>
<tr><td>学习表现</td><td>9、10、11</td><td>单选</td></tr>
<tr><td>学业成败归因</td><td>12、13</td><td>开放性选择</td></tr>
<tr><td>学科倾向</td><td>6、7、8、21、22、24</td><td>限制性多选</td></tr>
<tr><td rowspan="3">教师对女童的期望与态度</td><td>教师态度</td><td>4、19</td><td>单选</td></tr>
<tr><td>教师期望</td><td>20</td><td>单选</td></tr>
<tr><td>师生互动</td><td>14</td><td>单选</td></tr>
<tr><td rowspan="3">女童的自我期望与评价</td><td>自我性别认同</td><td>25</td><td>单选</td></tr>
<tr><td>学业期望</td><td>18</td><td>单选</td></tr>
<tr><td>职业期望</td><td>23</td><td>开放性选择</td></tr>
<tr><td rowspan="2">性别特征</td><td>性别特征表现</td><td>26</td><td>无限制多选</td></tr>
<tr><td>性别特征认同</td><td>27</td><td>无限制多选</td></tr>
</table>

我们采用了当场发放问卷，当场作答，当场回收的方式。共发放问卷1194份，回收1194份，回收率100%。为了保证数据的有效性，对“性别”信息空缺、民族为非汉族以及无效回答（包括未答和答案不符合题目要求）在5道题以上的问卷进行剔除，得到有效问卷1099份，有效率为92.04%。

在1099份有效问卷中，女生为598人，占54.4%，男生为501人，占45.6%。初二、初三、高一学生分别为411人、188人和500人，所占比例分别为37.4%、17.1%和45.5%。

家庭所在地区、家庭子女数量、家庭男孩与女孩数量、父母受教育程度及父母职业分布情况见图7－1至图7－5。

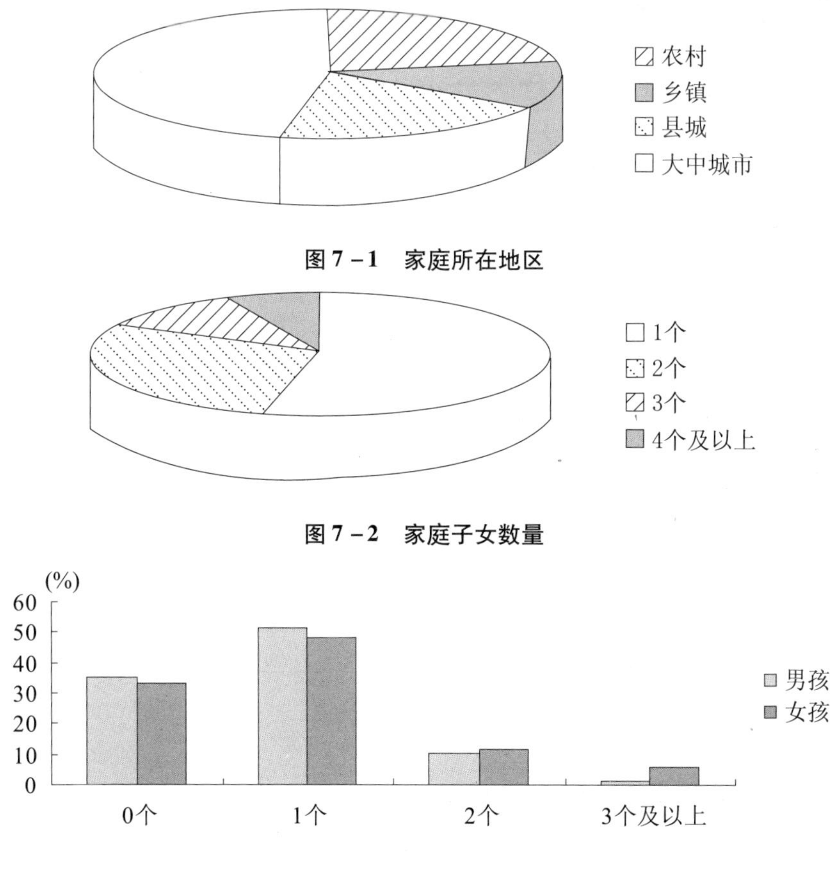

图7－1　家庭所在地区

图7－2　家庭子女数量

图7－3　家庭男孩与女孩数量

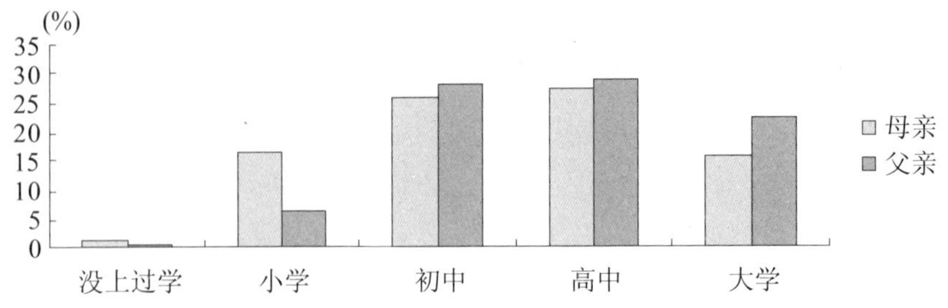

图 7－4　父母受教育程度

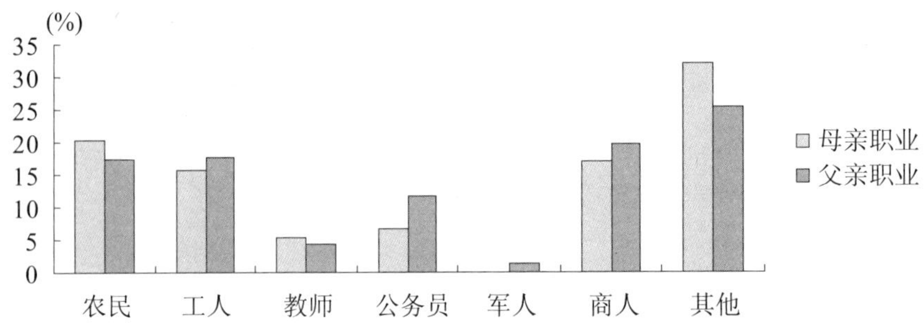

图 7－5　父母职业分布

总体来说，此次调查对象覆盖了生活在城乡的汉族女童，其中生活在大中城市的女童最多，占调查人数的 46%。超过 80% 的调查对象生活在子女数量在 2 人以内的子女相对较少的家庭。在父母受教育程度方面，超过半数的父母具有中学教育程度（含初中、高中），20% 左右的父母具有大学及以上教育程度，同时，父亲的受教育程度普遍高于母亲。父母职业分布上呈现出多元的特征。

下面，我们将从女童的家庭教育投资、对校园环境的感知、学业情况、教师对女童的期望与态度、女童的自我期望与评价、女童的性别特征六个方面对调查结果逐一进行描述分析。

一、女童的家庭教育投资

以往研究揭示，由于受“重男轻女”观念的影响，在家庭经济能力有限的情况下，家长往往选择牺牲女童的教育权利，因此，在家庭有多个子女的情况下，女童的受教育权利往往被剥夺。那么，对已入学的女童而言，她们上学的花费如何？家庭承担学习费用的能力又如何？

图7－6和图7－7显示，63.2%的女童每学期上学的花费在300元以上，但77.9%的女童感觉家庭承担自己的上学费用“十分轻松”或“比较轻松”，仅有5.4%和2.3%的女童感觉家庭承担上学费用“比较困难”或“十分困难”。通过统计学的检验（表7－2）发现：女童与男童在上学花费方面存在显著差异，且女童的上学花费高于男童；在家庭承担上学费用的能力方面，女童与男童没有显著差异。这说明经济因素已不再是制约女童受教育机会与质量的重要因素，而且随着完全免费义务教育的逐步实施，女童上学的经济压力将进一步减轻。

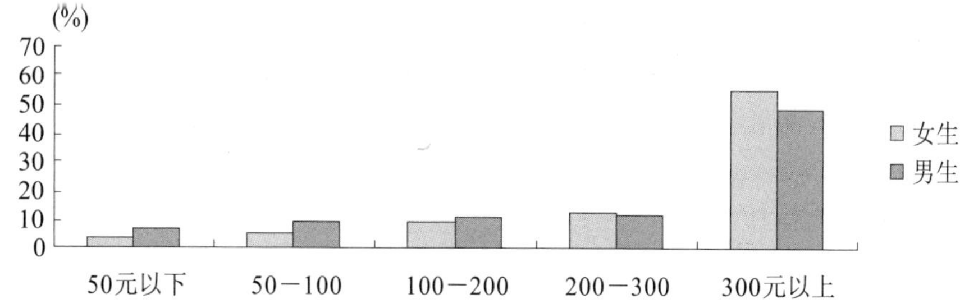

图7－6　女童与男童每学期上学花费比较

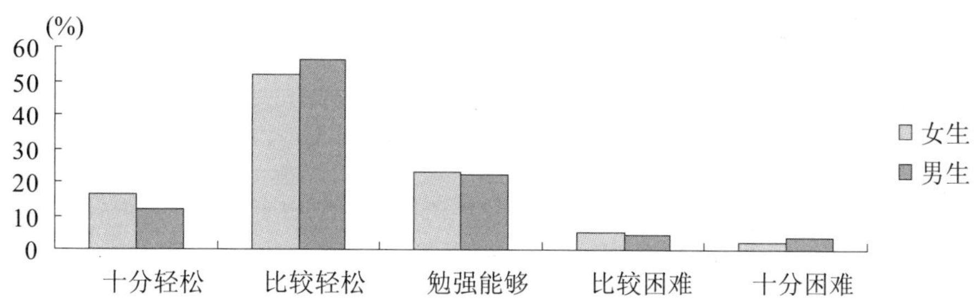

图7－7　女童与男童家庭承担上学费用的能力比较

表7－2　女童与男童的家庭教育投资比较

比较维度	t	df	p
上学花费	－3.712	967	0.000
家庭承担能力	1.038	1083	0.300

二、女童对校园环境的感知

校园环境是否安全、卫生以及是否存在性别偏见，不仅是影响女童教育机会的因素之一，也是影响女童教育质量和性别观念形成的重要因素。为此，我们从“女童对校园环境的满意度”、“校园安全”、“体育设施”、“学习生活”四个方面进行了调查。

调查结果显示，大多数女童对自己所处的校园环境“十分满意”（15.9%）或“基本满意”（46.0%）（两项合计占61.9%），只有不足7.5%的女生选择“不太满意”（6.5%）或“很不满意”（1.0%）。表7－3的检验结果显示，女童和男童对校园环境的感受没有显著差异。这说明就女童的主体感受而言，校园环境给她们的整体感觉是良好的。

表7－3　女童与男童对校园环境的感知比较

比较维度	t	df	p
校园环境	1.757	1095	0.079
校园安全	3.584**	1010	0.000
体育设施	1.770	1000	0.077
学习生活	1.082	1014	0.280

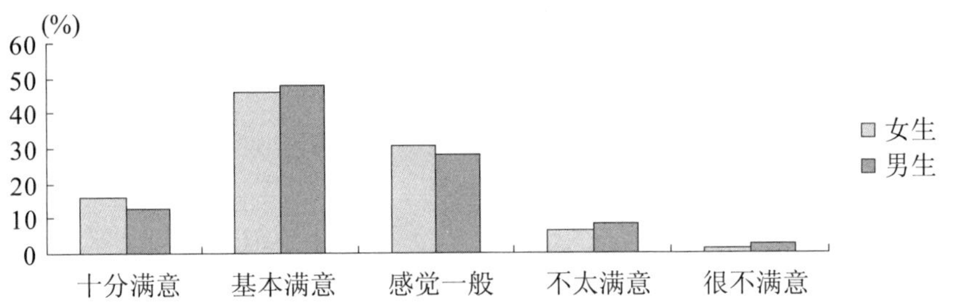

图7－8　女童与男童对校园环境的满意度比较

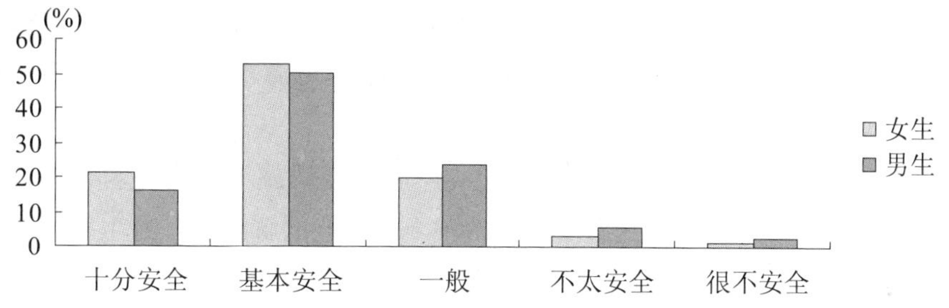

图7-9　女童与男童的校园安全感比较

校园安全问题曾是一些欧美国家影响女童学校教育质量的重要因素，频发的性骚扰、校园暴力使女童的在校安全受到严重威胁，近年来，我国也时有女童在学校遭受性骚扰和性暴力的报道。但调查结果显示，觉得自己所处校园环境“十分安全”和“基本安全”的女童比例分别达到了21.6%和53.0%，只有极少数女童觉得自己所处环境“不太安全”（3.5%）或“很不安全”（1.3%）。表7-3的检验结果显示，女童与男童的校园安全感存在显著差异，女童的校园安全感要高于男童。这说明就整体而言，我国女童所处的校园环境是基本安全的。

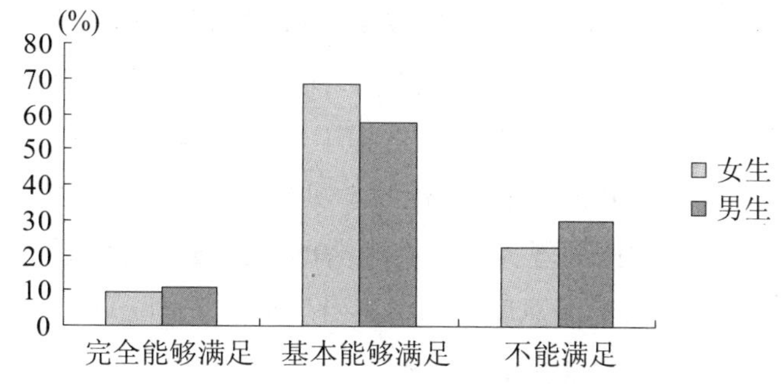

图7-10　女童与男童对学校体育设施是否满足需求的主体感受比较

在以往的研究中，体育活动被视为“最能体现性别差异的活动之一”①。在本研究中，从统计学检验的结果来看，女童对学校体育设施满足需求的感受与男童没有显著差异（$p=0.077>0.05$）。但从频数统计的结果来看，图7-10显示，有22.2%的女生觉得学校体育设施不能满足自己的需求。受生理因素的影响，女童在体力上就不如男童，加上社会性别文化对女童

① 郑新蓉. 性别与教育［M］. 北京：教育科学出版社，2005：162.

“文静”、“温柔”的要求，女童成为学校体育活动中的边缘群体，在此情况下有如此高比例的女童感觉学校体育设施不能满足需求，这说明学校体育设施的建设需进一步加强。

同时，与男生的对比显示，男生觉得学校体育设施不能满足需求的人数比例更高（30.1%）。对于这种现象，一种十分可能的解释就是男生对体育活动的兴趣更浓，因而他们对体育设施的需求更高，这恰好印证了体育——尤其是对抗性体育活动是男生的领域，而不能说明现有的体育设施更能满足女生的需求。我们将在后面关于学科倾向的分析中进一步证明这一点。

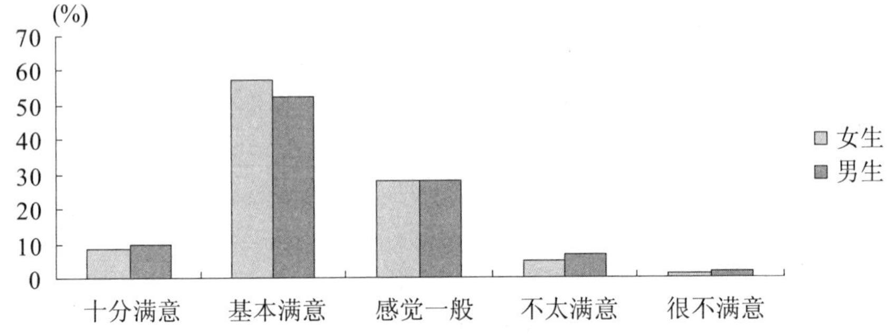

图7－11 女童与男童对学校学习和生活的满意度比较

从对学校学习和生活的整体满意度来看，大多数女童对自己在校的学习和生活比较满意，有65.6%的女童选择了“十分满意”或“基本满意”，只有4.7%和1.3%的女童对自己在校的学习和生活“不太满意”或“很不满意”。与男童进行对比发现，对学习生活的满意度没有明显的性别差异，女童对学校学习与生活的满意度与男童相当（见图7－11）。

三、女童的学业情况

在校女童的学业情况是我们最为关注、最想了解的一个方面。因为随着普及义务教育政策的逐步实施，特别是从2006年开始的“两免一补”（即免杂费、书本费，补助寄宿生活费）政策的实施，女童已逐渐获得了与男童平等的受教育机会。根据教育部统计数据，在2006年，我国女童的净入学率首次超过了男童。那么，现有的学校教育是否适合女童的学习需要？女童的学习成绩与学习表现如何？学科间的性别差异是否存在，在多大程度上存在？为此，我们从女童的学习成绩、学习表现、学业成败归因、学科倾向等几个方面进行了调查。

（一）学习成绩

表7－4　女童与男童学习成绩比较

比较维度	t	df	p
学习成绩	2.459	1014	0.014

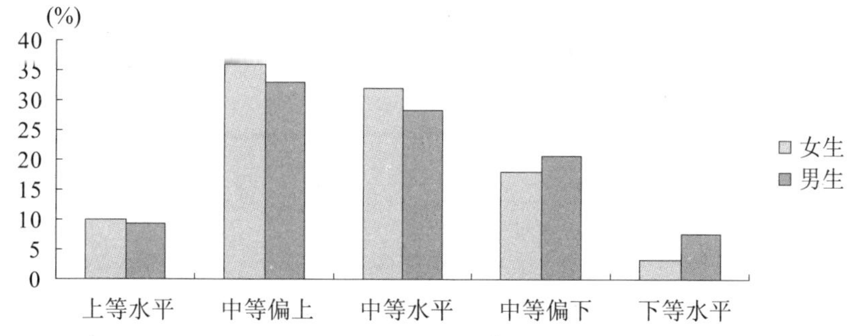

图7－12　女童与男童的学习成绩比较

以往的许多研究揭示，教师往往认为男生比女生更聪明，因而女生更容易成为“学业失败者”。但近年来中国的教育现实却常常向我们展示着教育领域尤其是中小学教育领域的“阴盛阳衰”。以至于女性主义的研究刚露端倪，便有人担心对女生的特别关注会进一步拉大男生与女生的学业差距。那么，女童的学业成绩究竟如何？我们的调查结果显示，就学业成绩而言，女童与男童存在显著差异，且女童的成绩高于男童。学业成绩处于上等水平和中等偏上水平的女童比例均高于男童。

（二）学习表现

表7－5　女童与男童学习态度比较

比较维度	t	df	p
作业情况	3.322	1092	0.001
遵守纪律	3.904	1093	0.000
学习态度	3.829	1096	0.000

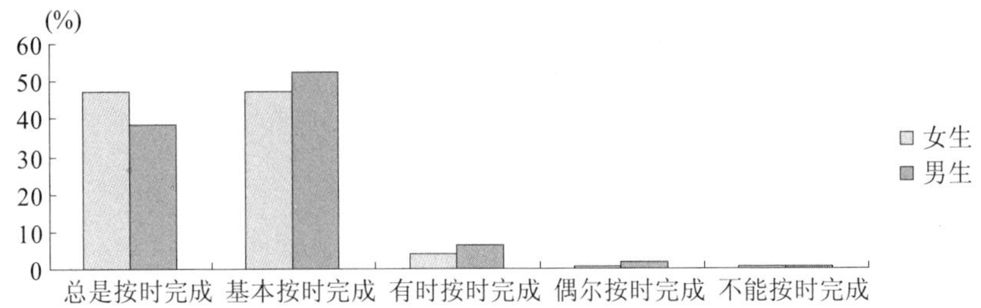

图 7－13　女童与男童完成作业情况比较

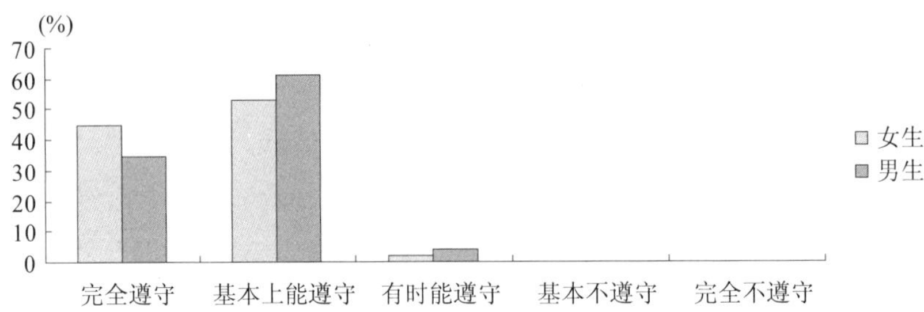

图 7－14　女童与男童遵守纪律情况比较

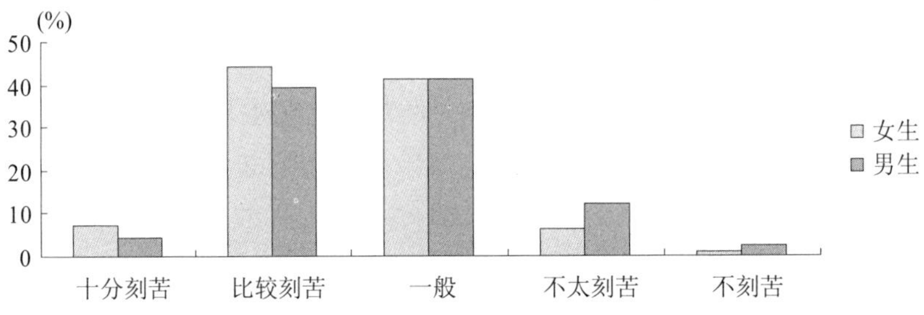

图 7－15　女童与男童的学习态度比较

在许多教师和家长的观念中，女生大多是文静、乖巧的“好学生”，她们学习刻苦，守纪律，按时完成作业，而男孩则调皮，不守纪律，学习态度也不如女孩刻苦。我们的调查结果显示，有 47.3% 的女童“总是按时完成”作业，同时有 47.0% 的女童“基本按时完成”作业，44.6% 的女童能够“完全遵守”学校制度与纪律，52.7% 的女童“基本上能遵守”，这说明女童在完成作业与遵守纪律这两方面的表现良好。从学习态度来看，女童的表现也不错。

对女童与男童的比较（表 7－5）发现，无论是作业完成情况、遵守纪律情况，还是学习态度，女童与男童均存在显著差异，且女童的表现均优于男童，尤其是学习态度，女生明显比男生更加刻苦。这再次印证了人们对女童和男童学习表现的传统观念。

（三）学业成败归因

在成功与失败的归因方面，国外的研究一般认为存在着重要的性别差异。女生一般把成功归因于外部因素，如老师教得好、运气、考题容易等；把失败归因于内部因素，如能力差、不聪明等。而男生一般把成功归因于个性和能力等内部因素，把失败归因于运气不好或考题太难等外部因素。男女生不同的归因模式影响着他/她们的成就动机和行为表现，把成功归因于外部偶然因素，导致女生成绩好于男生却表现得不如男生自信。[①] 由此可见，归因模式是影响女童学校学习质量的重要因素，它不仅影响着女童的学习行为和成就动机，而且最终影响着女童的学业成绩及事业的成功。那么，在当今中国的教育现实中，女童如何归因自己的学习成功与失败？女童的归因与男童的归因存在显著性别差异吗？以下是我们的调查结果。

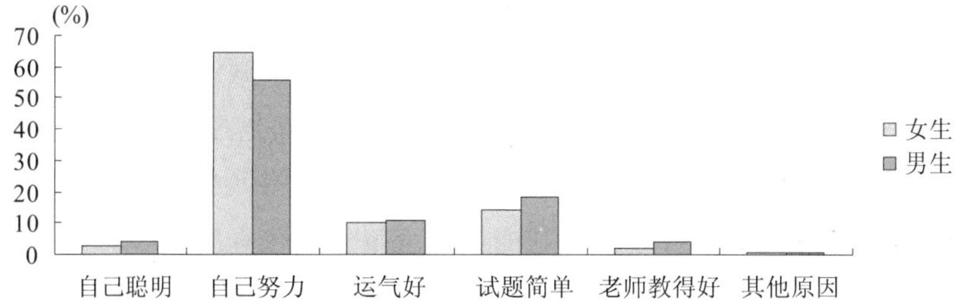

图 7－16　女童与男童的学业成功归因比较

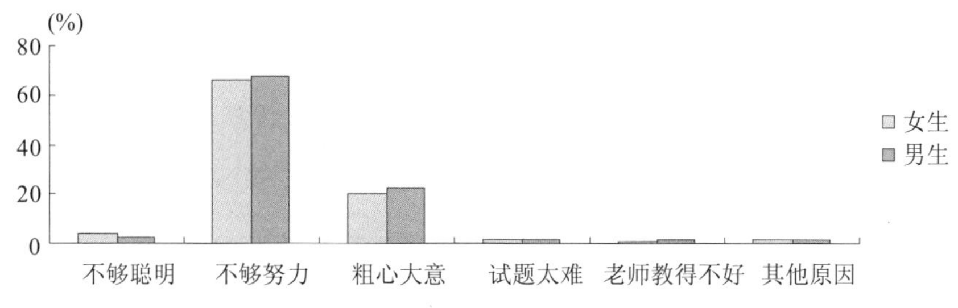

图 7－17　女童与男童的学业失败归因比较

① 强海燕. 性别差异与教育［M］. 西安：陕西人民教育出版社，2000：163.

图7－16与图7－17显示，在成功归因中，有64.7%的女生和55.9%的男生将成功归因于“自己努力”，同时有10%以上的男生和女生将成功归因于“试题简单”或“运气好”，极少有人将学业成功归因于“自己聪明”或“老师教得好”。就归因模式而言，成功归因以内部归因为主，兼有外部归因。在失败归因中，分别有65.9%的女生和67.6%的男生将失败归因于“不够努力”，有20.1%的女生和22.2%的男生将失败归因于“粗心大意”，极少有人将“试题太难”或“老师教得不好”作为学习失败的主要影响因素。

对男女生进行对比发现，无论是成功归因还是失败归因，男女生并未表现出明显的性别差异，反而表现出高度的一致。大多数男生和女生都将努力与否作为影响学习成败的首要因素，倾向于内部归因而不是外部归因。

（四）学科倾向

长久以来，学科被视为性别差异体现得比较明显的一个领域。大量的研究揭示，女生在言语能力方面优于男生，而男生的数学能力强于女生。[①]因此，许多老师认为：女生更适合学习语言、历史、政治等文科科目，而男生更适合学习数学、物理、计算机等理科科目；女生在文科上优于男生，而男生在理科上优于女生。那么，在今天的教育实际中，事实是否如此？对不同的学科而言，是否存在明显的性别差异？女生在数学、物理等理科学科上是否更容易遭遇困难和失败？以下是我们的调查结果（图7－18）。

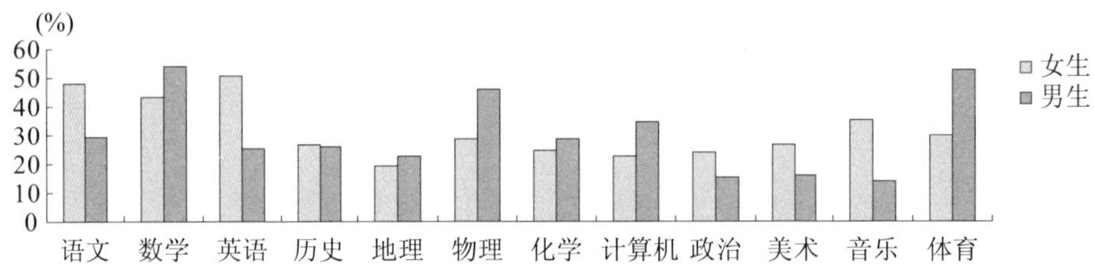

图7－18　女童与男童的学科兴趣比较

从学科兴趣来看，女生喜欢的学科按比例排名居于前五位的依次是英语（50.5%）、语文（47.7%）、数学（43.3%）、音乐（35.3%）和体育

① 郑新蓉．性别与教育［M］．北京：教育科学出版社，2005：28－29．

（29.8%），男生喜欢的学科按比例排名居于前五位的依次是数学（54.1%）、体育（52.5%）、物理（46.1%）、计算机（34.5%）和语文（29.3%）。女生喜欢英语的人数最多，而男生喜欢数学的人数最多；英语和音乐较多受到女生的青睐，而物理和计算机则更受男生的喜欢。

对男女生的学科兴趣进行比较发现，性别差异最显著的五个学科分别是英语、语文、音乐、体育和物理。具体表现为喜欢英语、语文和音乐的女生明显多于男生，而喜欢体育和物理的男生则明显多于女生。男生最不喜欢的科目是音乐，而女生最不喜欢的科目是地理。

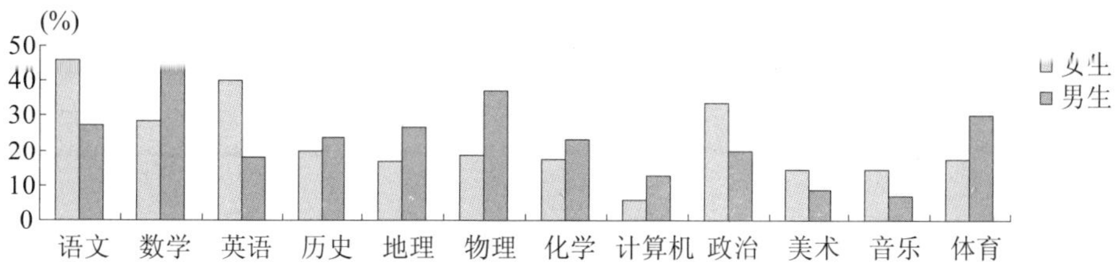

图7－19 女童与男童的优势学科比较

就优势学科而言，女生自认为“学得较好的学科”排名前五位的分别是语文（45.8%）、英语（40.0%）、政治（33.8%）、数学（28.6%）和历史（19.7%），男生自认为“学得较好的学科”排名前五位的分别是数学（44.1%）、物理（37.3%）、体育（30.1%）、语文（27.1%）和地理（26.5%）。“女生长于语言，男生长于理科”的结论在我们的调查中再次得到了证实。

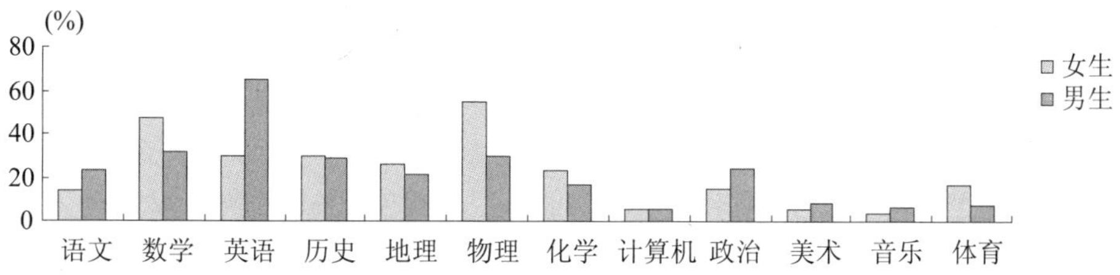

图7－20 女童与男童表现较差的学科比较

就弱势学科而言，女生自认为“学得较差的学科”排名前五位的分别是物理（55.2%）、数学（47.7%）、英语（30.1%）、历史（29.8%）和地理（25.6%），男生自认为“学得较差的学科”排名前五位的分别是英语（64.9%）、数学（31.9%）、物理（29.5%）、历史（28.7%）和政治

(24.6%)。这说明女生更容易在物理和数学的学习中遭遇困难，而男生更容易在英语的学习中受到挫折。

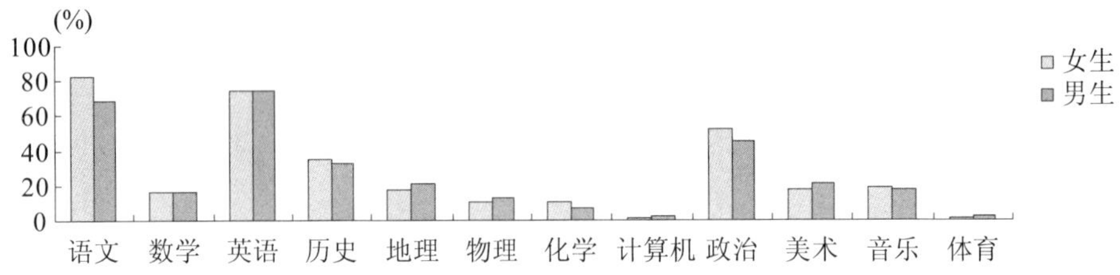

图7-21　男女生对女童优势学科的看法

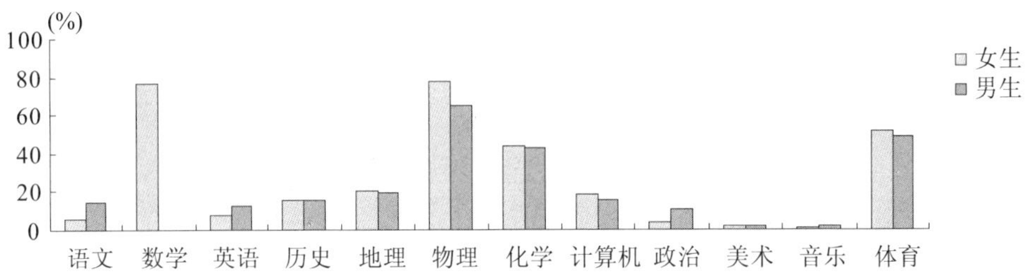

图7-22　男女生对男童优势学科的看法

除了对男女生本人的学科倾向进行调查之外，我们还设计了两道题目调查男生和女生群体的学科倾向。调查结果显示，对男生和女生优势学科的认识，男生和女生是一致的。其中数学、物理、体育、化学被视为男生的优势学科，而语文、英语、政治、历史被视为女生的优势学科（图7-21和图8-22）。这说明“女生长于文科（尤其是语言学科），男生长于理科”的观念不仅存在于教师和家长的头脑中，也深深植根于男女学生的头脑中。

以上的调查结果说明，无论是就学科兴趣、学业表现而言，还是从男女生关于不同学科的观念来看，性别差异都十分明显。女生更喜欢文科，尤其是语言学科，其学业成绩也优于男生，而她们对数理学科则不甚感兴趣，学业成绩也不佳。相比之下，多数的男生不仅对数理学科兴趣浓厚，其学业成绩也比较出色，而对于英语和语文等语言学科，他们则兴趣不浓，成绩欠佳。不考虑性别的因素，分别有76.4%和74.2%的人认为语文和英语是女生的优势学科，而73.2%和71.8%的人视数学和物理为男生的优势学科。由此来看，学科间的性别差异在当前中国的教育实际中不仅存在着，而且表现得十分明显。

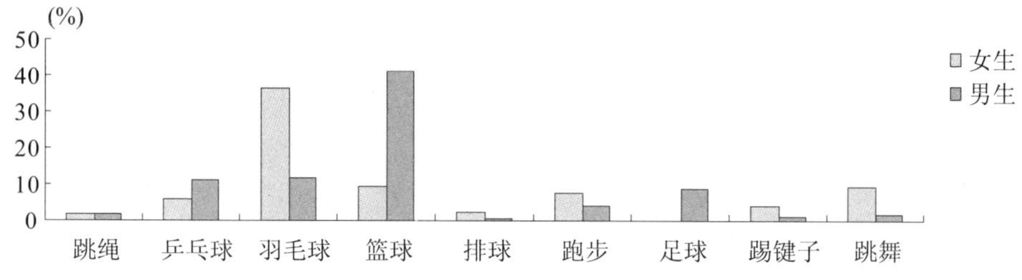

图 7-23　女童与男童最喜欢的体育活动比较

除了调查学科的性别倾向之外，我们还对男女生最喜欢从事的体育活动进行了调查。结果显示，无论是男生还是女生，在对体育活动的倾向上都表现出多元化的特征。但仍然存在比较明显的性别差异：最受女生青睐的体育活动是羽毛球（36.3%），而最受男生青睐的体育活动是篮球（41.3%）。相比较而言，性别差异最明显的体育活动是篮球、羽毛球、足球、跳舞，其中篮球和足球更受男生喜爱，而羽毛球和跳舞则更受女生欢迎。我们可以发现，女生喜欢的活动对抗性弱，体力消耗较小；而男生喜欢的活动对抗性强，体力消耗较大。这一结果印证了以往关于体育活动中性别差异的研究结果，说明体育依然是一个存在明显性别差异的领域。

四、教师对女童的期望与态度

以往大量的研究揭示，教师的性别偏见与性别刻板观念是影响教育过程性别公平的重要因素，教师的性别观念不仅影响着男女学生的学业成就和学科倾向，同时也塑造着学生的性别观念。为此，我们从教师对待男女学生的态度、期望值以及师生互动三个方面进行了调查。

表 7-6　教师对女童与男童期望和态度的比较

比较维度	t	df	p
对教师的满意度	0.979	1006	0.328
教师性别偏好	-1.446	1082	0.149
师生互动	-0.366	1093	0.714

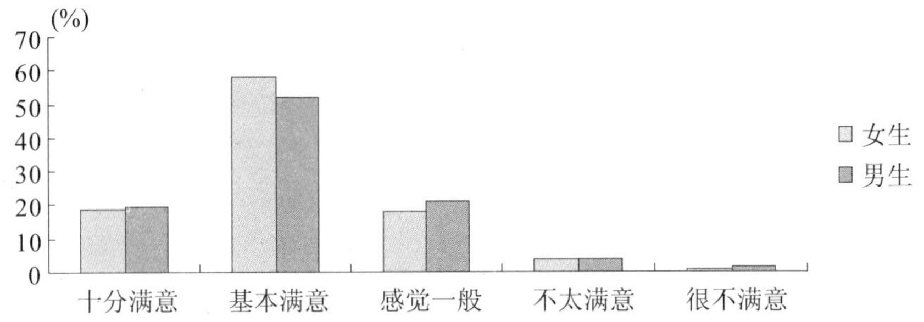

图 7－24　女童与男童对教师态度的满意度比较

图 7－24 显示，有 76.6% 的女童对教师对自己的态度“十分满意”或“基本满意”，只有极少数的女童对教师的态度“不太满意”或“很不满意”。频数分析发现，女童对教师态度的满意度与男童十分相近。统计学检验的结果（表 7－6）显示，女童与男童对教师态度的满意度不存在显著差异，这说明就女童的自我体验而言，她们对教师的态度还是比较满意的。

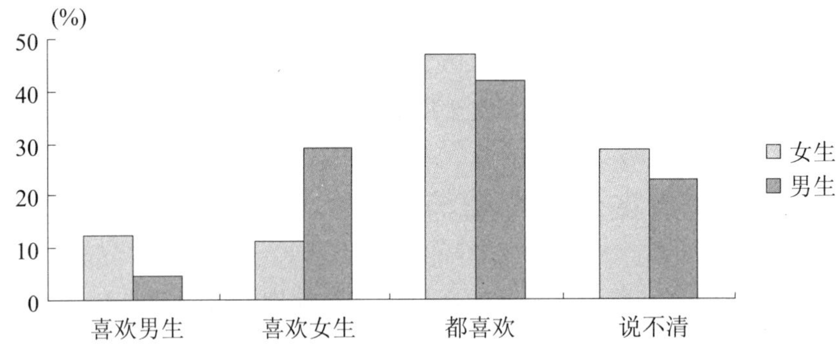

图 7－25　女童与男童对教师更喜欢男生还是女生的感受比较

图 7－25 展示了有关“老师更喜欢男生还是女生”的调查结果，整体来看，无论是男生还是女生，都有将近一半的人认为教师同样喜欢男生和女生，也有相当多的女生或男生对这一问题的感受不明显（说不清）。但比较有意思的是，女生更倾向于觉得教师更喜欢男生，而男生更倾向于觉得教师更喜欢女生。有 12.5% 的女生认为教师更喜欢男生，而男生中这一比例只有 4.6%；同样，有高达 28.9% 的男生感觉教师更喜欢女生，而女生中这一比例只有 11.2%。

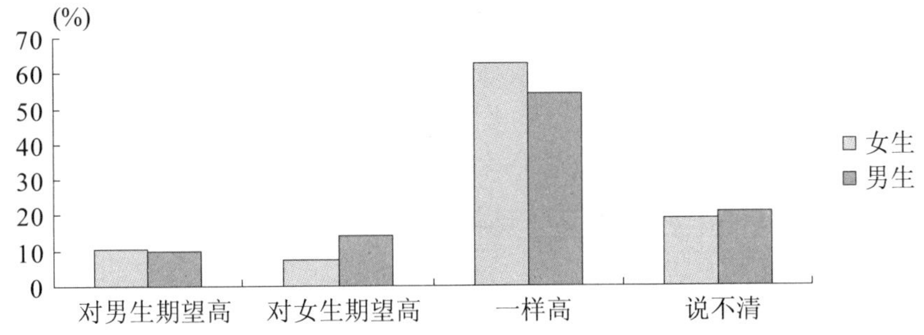

图 7－26 女童与男童对教师对男女生期望值的感受比较

就教师对男女生的期望值而言，认为“老师对男女生期望值一样高”的女生有 62.4%，男生有 54.3%，说明大多数女生并没有感觉到教师在对学生的期望方面存在性别偏见，男生亦然。但同样有意思的是，女生更倾向于认为教师对男生期望值高，而男生更倾向于认为教师对女生期望值高。

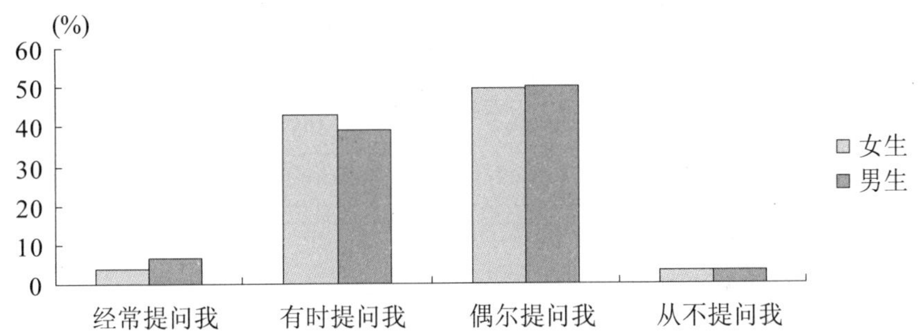

图 7－27 师生互动情况的性别比较

师生互动中的性别差异是受到较多关注的一个研究领域，以往的研究结论大都支持教师与男生互动的次数更多，时间也更长。图 7－27 的频数统计结果显示，很少被教师提问的女生比例和男生十分接近，在 50% 左右。但被教师“经常提问”的男生比例（6.4%）略高于女生（3.8%）。这说明就男女生自己的感觉而言，师生互动中的性别差异表现得并不十分明显，但仍然在一定程度上存在。

由以上的分析我们可以发现，就女童的主体感受而言，她们并没有感觉到教师在对男女生的态度、期望以及师生互动中存在明显的性别偏见，她们对教师的态度是基本满意的。但有相当比例的女生感觉教师更喜欢男生，对男生的期望更高，而同时也有相当比例的男生感觉教师更喜欢女生，对女生的期望更高。这说明男女生本身可能已经形成了一定的性别观念和性别偏见，或者由于缺乏相应的性别意识和性别敏感性，因而无法对教师的行为与态度做出恰当的判断。

五、女童的自我期望与评价

家长、教师的性别观念不仅直接影响着女童的教育机会与学业成绩，也影响着女童对自己的性别认同及学业、职业期望。为此，我们从“自我性别认同”、“学业期望”与“职业期望”三个方面调查了女童的自我期望与评价，并与男童进行比较。

（一）自我性别认同

表 7－7　女童与男童的自我期望与评价比较

比较维度	t	df	p
性别认同	－5.159**	1083	0.000
学业期望	－0.300	967	0.764

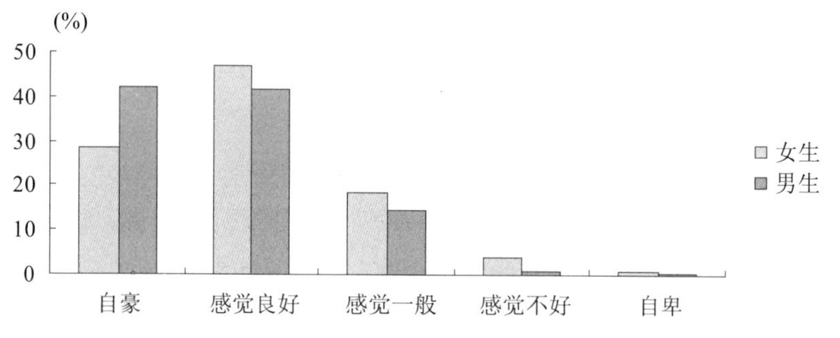

图 7－28　女童与男童性别认同情况的比较

表 7－7 显示，在性别认同方面，女童与男童存在显著差异，且女童的性别认同水平低于男童，图 7－28 的频数统计结果进一步验证了这一结论。虽然很少有女童对自己是一名女生“感觉不好”或“自卑”，但整体而言，女童的自我性别认同水平低于男童。最明显的表现是：有 41.9% 的男生为自己是一名男生而觉得“自豪”，相比之下，只有 28.3% 的女生为自己是一名女生而感到“自豪”；有 4.2% 的女生为自己是一名女生而“感觉不好”

或“自卑”，但男生的相应比例只有1.2%。

（二）学业期望

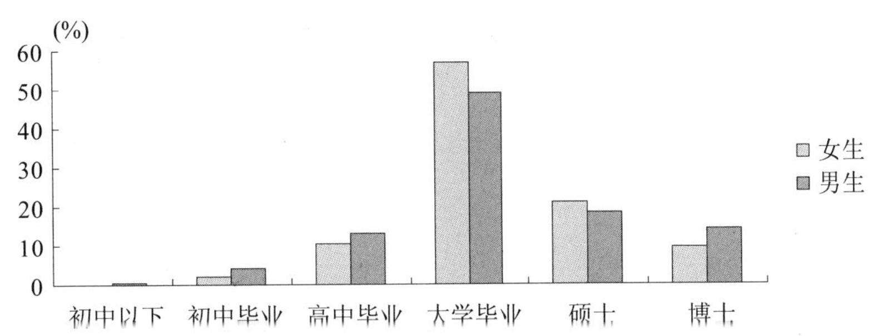

图7－29　女童与男童的学业期望比较

表7－7显示，在学业期望方面，女童与男童不存在显著差异。图7－29的频数统计结果显示，有87.0%的女童和81.1%的男童希望自己能够达到“大学毕业”以上水平，女童和男童的差异不明显。但在“博士”水平上，期望读博士的男童比例明显高于女童。“大学毕业”是当今社会获取相应职业岗位的重要条件，而“博士”则更多体现的是对学术的追求。由此看来，虽然当代女性普遍希望摆脱经济上的依赖地位，拥有自己的收入和相应的经济地位，但由于受社会性别观念，尤其是对“女博士”的性别偏见的影响①，绝大多数女童并不希望将自己打造成“学术英才”。

（三）职业期望

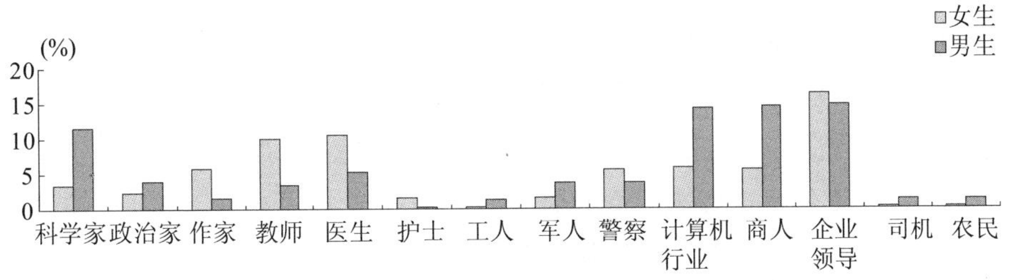

图7－30　女童与男童的职业期望比较

“职业”是性别刻板观念体现得十分显著的一个领域。科学家、政治

① “男高女低”的婚配观念导致许多女博士在感情婚姻上面临高处不胜寒的尴尬。

家、警察、计算机等被视为“男人的领域”，而教师、护士等多被视为“女性的职业”。那么，关于职业的性别偏见与刻板印象在多大程度上影响着女童的职业期望？图7－30的数据显示，就整体而言，当今女童的职业期望已打破了性别的樊篱而体现出多元化的特点，科学家、政治家、计算机行业、企业领导，甚至男性化特征十分明显的军人和警察，都成为女童理想的职业选择。女童最理想的职业排名前五位的分别是“企业领导”、“医生”、“教师”、“计算机行业”和“警察”，男童最理想的职业排名前五位的分别是“企业领导”、“商人”、“计算机行业”、“科学家”和“医生”。由此可以看出，在职业期望方面，女童很少受到性别刻板观念的影响，而男童却反而更容易受其影响。尤其值得一提的是，选择当“警察”和“企业领导”的女生比例超过了男生，而这两种职业在人们的传统观念中往往被视为“男人的领域”，这说明职业领域中的性别隔离正在逐渐被打破。

虽然在职业期望中我们已不能明显感受到性别刻板观念的影响，但通过仔细比较可以发现，男女生的职业期望仍存在一定的性别差异。其中性别差异最明显的五种职业分别是“商人”、“计算机行业”、“科学家”、“教师”和“作家”。选择做商人、科学家或从事计算机行业的男生比例明显高于女生，而选择做教师和作家的女生比例则明显高于男生。

六、女童的性别特征分析

社会性别文化总是按照生理性别塑造着个体的社会性别，将一些特征与男性相联系，而将另一些特征与女性相联系，从而形成人的性别特征。根据现有的性别刻板观念的研究成果，我们分别选取了20个传统上被认为是女性性别特征的词汇和20个传统上被认为是男性性别特征的词汇进行性别特征的比较分析。属于男性特征的词汇是：豪放、幽默、粗心、果断、勇敢、富于创造性、自信、不拘小节、逻辑性强、有主见、志向远大、好冲动、乐观、操作能力强、坚强、豁达、调皮、外向、理智、独立；属于女性特征的词汇是：温柔、聪明、细心、灵巧、文静、守纪律、有同情心、富于想象力、情绪化、善解人意、感情细腻、整洁、脆弱、敏感、活泼好动、内向、腼腆、感情用事、依赖、害羞。

（一）女童与男童的性别特征表现

表7－8　不同的性别特征在男女生身上的体现

性别特征表现		(1)温柔	(2)豪放	(3)幽默	(4)聪明	(5)细心	(6)粗心	(7)果断	(8)灵巧	(9)文静	(10)守纪律
人数(人)	女生	102	182	273	161	142	287	104	111	120	306
	男生	96	170	282	221	118	240	137	87	60	223
比例(%)	女生	17. 1	30. 4	45. 7	26. 9	23. 7	48. 0	17. 4	18. 6	20. 1	51. 2
	男生	19. 2	33. 9	56. 3	44. 1	23. 6	47. 9	27. 3	17. 4	12. 0	44. 5
	差距	-2. 1	-3. 5	-10. 6	-17. 2	0. 1	0. 1	-9. 9	1. 2	8. 1	6. 7

性别特征表现		(11)勇敢	(12)有同情心	(13)富于创造性	(14)富于想象力	(15)自信	(16)情绪化	(17)不拘小节	(18)逻辑性强	(19)有主见	(20)志向远大
人数(人)	女生	191	454	106	273	209	245	176	109	188	168
	男生	200	298	144	251	235	131	151	138	192	188
比例(%)	女生	31. 9	75. 9	17. 7	45. 7	34. 9	41. 0	29. 4	18. 2	31. 4	28. 1
	男生	39. 9	59. 5	28. 7	50. 1	46. 9	26. 1	30. 1	27. 5	38. 3	37. 5
	差距	-8. 0	16. 4	-11. 0	-4. 4	-12	14. 9	-0. 7	-9. 3	-6. 9	-9. 4

性别特征表现		(21)善解人意	(22)好冲动	(23)乐观	(24)操作能力强	(25)感情细腻	(26)整洁	(27)坚强	(28)脆弱	(29)敏感	(30)豁达
人数(人)	女生	282	190	349	78	169	294	266	98	201	155
	男生	198	145	264	136	95	179	260	45	98	136
比例(%)	女生	47. 2	31. 8	58. 4	13. 0	28. 3	49. 2	44. 5	16. 4	33. 6	25. 9
	男生	39. 5	28. 9	52. 7	27. 1	19. 0	35. 7	51. 9	9. 0	19. 6	27. 1
	差距	7. 7	2. 9	5. 7	-14. 1	9. 3	13. 5	-7. 4	7. 4	14. 0	-1. 2

续表

性别特征表现		(31)活泼好动	(32)调皮	(33)内向	(34)外向	(35)理智	(36)腼腆	(37)感情用事	(38)独立	(39)依赖	(40)害羞
人数(人)	女生	245	139	114	282	187	77	154	212	142	106
	男生	185	103	119	205	183	66	85	161	67	66
比例(%)	女生	41.0	23.2	19.1	47.2	31.3	12.9	25.8	35.5	23.7	17.7
	男生	36.9	20.6	23.8	40.9	36.5	13.2	17.0	32.1	13.4	13.2
	差距	4.1	2.6	-4.7	6.3	-5.2	-0.3	8.8	3.4	10.3	4.5

表7-8反映了不同的性别特征在男女生身上的实际体现。由于表中数据较多，且表现复杂多样，故我们从“在男女生身上体现最普遍的10个性别特征”、“在男女生身上表现最不明显的10个性别特征”以及“性别差异最显著的10个性别特征”三个方面进行分析。

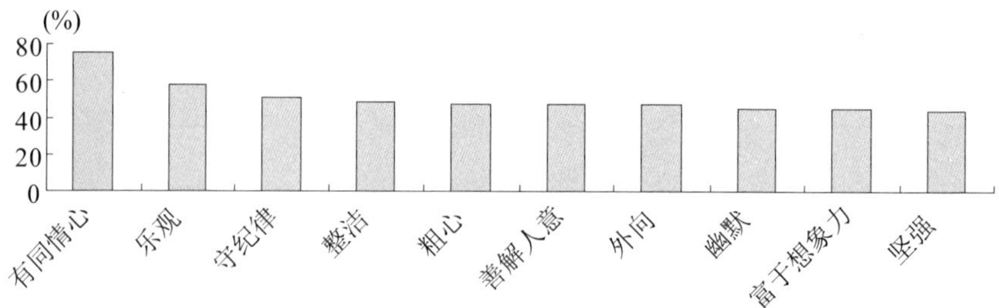

图7-31　在女童身上体现最普遍的10个性别特征

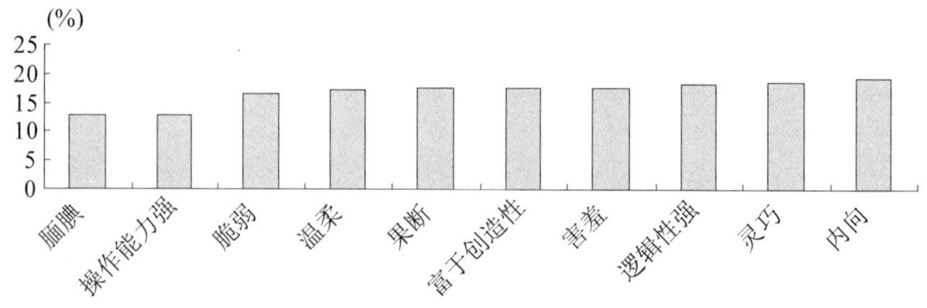

图7-32　在女童身上体现最不明显的10个性别特征

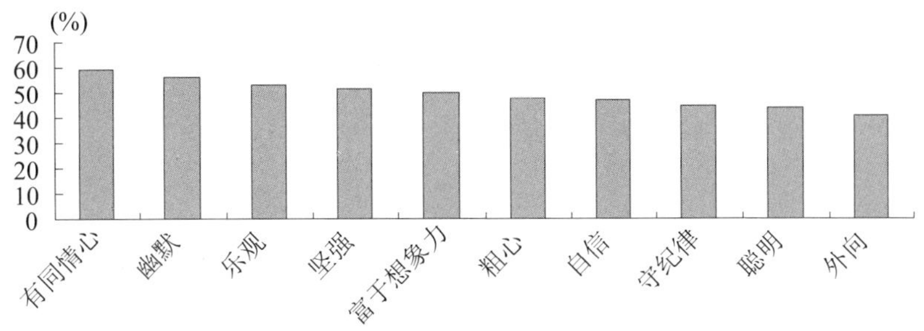

图 7－33　在男童身上体现最普遍的 10 个性别特征

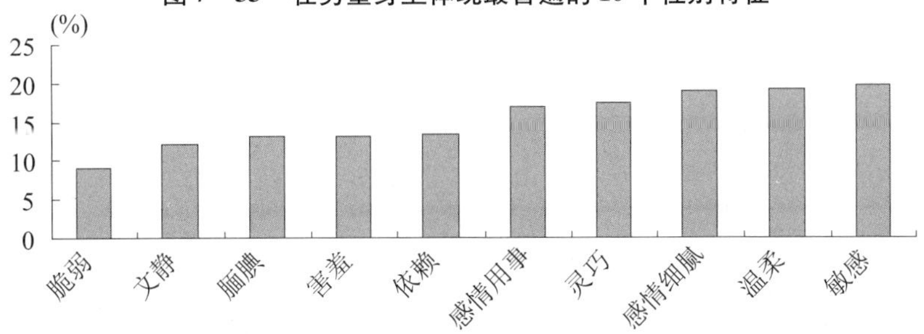

图 7－34　在男童身上体现最不明显的 10 个性别特征

从图 7－31 我们可以发现，在女童身上体现得最普遍（即选择比例最高）的 10 个性别特征分别是：有同情心、乐观、守纪律、整洁、粗心、善解人意、外向、幽默、富于想象力和坚强。这些特征不仅包括传统上被认为属于女性的特征，如有同情心、守纪律、整洁、善解人意、富于想象力，还有传统上被认为属于男性的特征，如乐观、粗心、外向、幽默、坚强。图7－33显示，在男童身上体现得最普遍的 10 个性别特征依次为：有同情心、幽默、乐观、坚强、富于想象力、粗心、自信、守纪律、聪明和外向。对比男童和女童发现，在男童身上体现得最普遍的 10 个性别特征中有 9 个都是与女童相同的，唯一的差别在于女童多了一个“整洁”，少了一个“聪明”，而男童则相反。

从图 7－32 我们可以发现，在女童身上体现得最不明显的性别特征，有传统上被认为属于男性的特征，如操作能力强、果断、富于创造性、逻辑性强，但也有传统上被认为属于女性的特征，如腼腆、脆弱、温柔、害羞、灵巧、内向。可见，新时代的女童正在逐渐打破传统性别观念的束缚，走出传统的女性角色定型。但在男生身上体现得最不明显的 10 个特征（图 7－34），都是传统上被认为属于女性的特征。结合表 7－8 的数据可以发现，传统上被认为属于男性的特征在男童和女童身上都得到了明显的体现，但相比较而言，男童具有更多的“男性特征”。

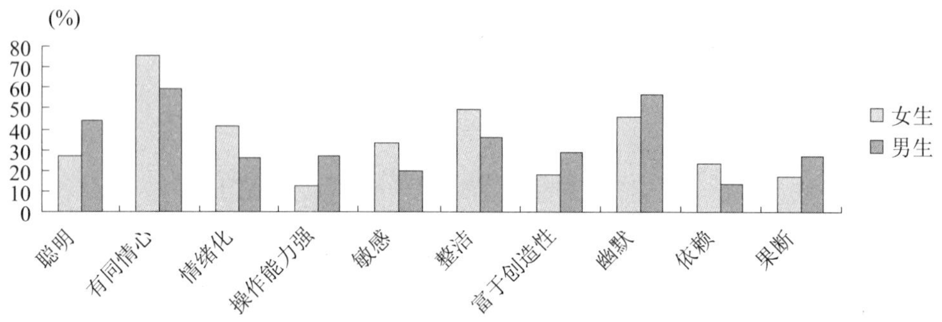

图 7－35　性别差异最显著的 10 个性别特征

前面的分析揭示，在女童与男童身上体现得最普遍的 10 个性别特征并无明显的性别差异，那么，这是否意味着传统的性别刻板观念对男女生性别角色塑造的影响微不足道呢？我们又找出了性别差异最明显的 10 个性别特征进行分析。图 7－35 显示，性别差异最明显的 10 个特征分别是聪明、有同情心、情绪化、操作能力强、敏感、整洁、富于创造性、幽默、依赖和果断。其中有同情心、情绪化、敏感、整洁、依赖在女童身上表现得更突出，而聪明、操作能力强、富于创造性、幽默、果断在男童身上表现得更突出。我们可以发现，在女童身上体现得比较多的都是传统上被视为属于女性的特征，而在男童身上体现较多的，同样都是传统上被视为属于男性的特征，这说明传统的性别刻板观念仍然在相当程度上影响着男女生对自己性别角色的塑造。

（二）女童与男童的性别特征认同

上面的分析揭示了不同性别特征在女童与男童身上的实际体现，通过对比我们发现，传统的性别刻板观念对男女生性别角色的塑造依然发挥着影响，但具有“双性气质”的女童越来越多。那么，女童与男童又如何看待这些传统上被视为女性或男性的特征？她/他们希望自己具备哪些特征？

表 7－9　女生与男生对不同性别特征的认同

性别特征认同		(1)温柔	(2)豪放	(3)幽默	(4)聪明	(5)细心	(6)粗心	(7)果断	(8)灵巧	(9)文静	(10)守纪律
人数(人)	女生	176	134	230	334	358	12	222	232	139	128
	男生	107	191	212	251	285	34	210	174	66	166
比例(%)	女生	29. 4	22. 4	38. 5	55. 9	59. 9	2. 0	37. 1	38. 8	23. 2	21. 4
	男生	21. 4	38. 1	42. 3	50. 1	56. 9	6. 8	41. 9	34. 7	13. 2	33. 1
	差距	8. 0	－15. 7	－3. 8	5. 8	3	－4. 8	－4. 8	4. 1	10. 0	－11. 7

性别特征认同		(11)勇敢	(12)有同情心	(13)富于创造性	(14)富于想象力	(15)自信	(16)情绪化	(17)不拘小节	(18)逻辑性强	(19)有主见	(20)志向远大
人数(人)	女生	265	161	328	236	295	20	86	263	281	212
	男生	231	173	257	202	218	48	128	201	224	225
比例(%)	女生	44. 3	26. 9	54. 8	39. 5	49. 3	3. 3	14. 4	44. 0	47. 0	35. 5
	男生	46. 1	34. 5	51. 3	40. 3	43. 5	9. 6	25. 5	40. 1	44. 7	44. 9
	差距	－1. 8	－7. 6	3. 5	－0. 8	5. 8	－6. 3	－11. 1	3. 9	2. 3	－9. 4

性别特征认同		(21)善解人意	(22)好冲动	(23)乐观	(24)操作能力强	(25)感情细腻	(26)整洁	(27)坚强	(28)脆弱	(29)敏感	(30)豁达
人数(人)	女生	220	24	227	235	115	159	287	15	25	181
	男生	199	47	178	203	116	160	207	30	59	148
比例(%)	女生	36. 8	4. 0	38. 0	39. 3	19. 2	26. 6	48. 0	2. 5	4. 2	30. 3
	男生	39. 7	9. 4	35. 5	40. 5	23. 2	31. 9	41. 3	6. 0	11. 8	29. 5
	差距	－2. 9	－5. 4	2. 5	－1. 2	－4	－5. 3	6. 7	－3. 5	－7. 6	0. 8

续表

性别特征认同		(31)活泼好动	(32)调皮	(33)内向	(34)外向	(35)理智	(36)腼腆	(37)感情用事	(38)独立	(39)依赖	(40)害羞
人数(人)	女生	123	28	14	187	294	26	15	289	15	13
	男生	107	44	31	158	227	45	37	193	30	21
比例(%)	女生	20.6	4.7	2.3	31.3	49.2	4.3	2.5	48.3	2.5	2.2
	男生	21.4	8.8	6.2	31.5	45.3	9.0	7.4	38.5	6.0	4.2
	差距	-0.8	-4.1	-3.9	-0.2	3.9	-4.7	-4.9	9.8	-3.5	-2.0

表7-9是我们对男女生性别特征认同的调查结果。调查的题目是“我希望自己具备下列哪些品质”，题目设定为“开放性选择”，不限制选择结果的多少，主要考察在观念层面男女生对不同性别特征的认同程度。下面我们分别从“男女生认同度最高的10个性别特征”、“男女生认同度最低的10个性别特征”以及“认同度性别差异最显著的10个性别特征”三个方面进行分析。

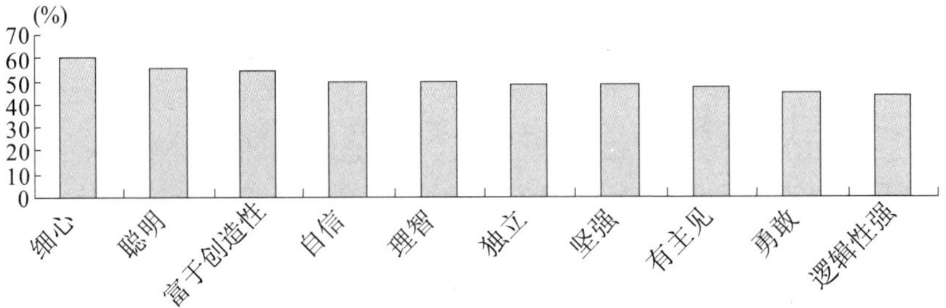

图7-36　女童认同度最高的10个性别特征

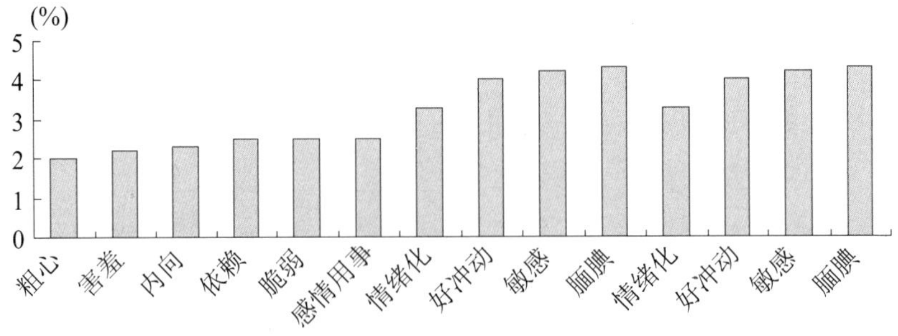

图7-37　女童认同度最低的10个性别特征

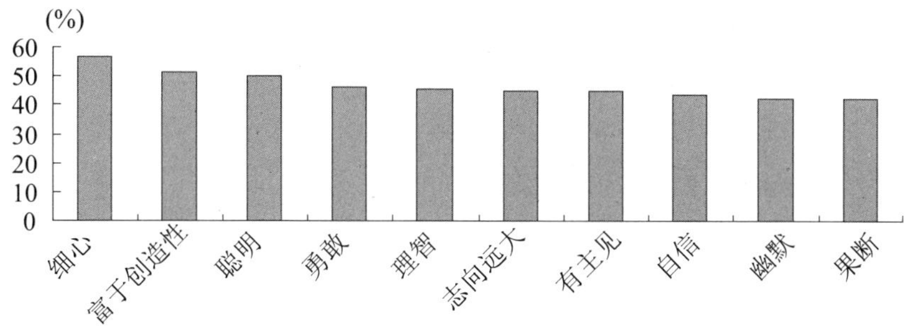

图7－38 男童认同度最高的10个性别特征

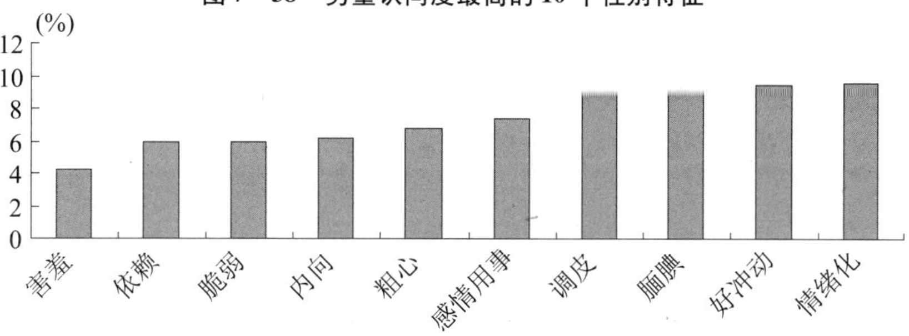

图7－39 男童认同度最低的10个性别特征

从性别认同，或者说女童心目中理想的自我形象来说，女童认同度最高的10个性别特征是细心、聪明、富于创造性、自信、理智、独立、坚强、有主见、勇敢、逻辑性强（图7－36）。其中，除了“细心”是传统上被视为属于女性的特征之外，其他特征都属于传统的男性特征。这说明女童并不希望按照传统的女性形象来塑造自己，她们更渴望具有在传统上被视为属于男性的特征。相比较而言，男童认同程度最高的10个特征基本上也都属于传统的男性特征。而且，非常有意思的是，“细心”不仅是女童认同度最高的特征，也是男童认同度最高的特征。联系到前面关于学业失败的归因，除了“努力”的因素之外，无论是女童还是男童，都将“粗心”视为学业失败的重要原因。因此，对细心的高度认同也就在情理之中了。这说明当今的女童和男童更多地是从自身的发展而不是从性别刻板观念的角度来进行性别认同的。

图7－37显示，女童认同度最低的10个性别特征除了“粗心”之外，其他都属于传统的女性特征。这说明女童的性别观念已突破传统性别刻板观念的樊篱，更多地依据自身的发展和社会的需要来塑造自我形象。相比

较而言，男童认同度最低的10个特征包括害羞、依赖、脆弱等传统的女性特征，也包括粗心、调皮、好冲动等传统的男性特征（图7－39）。这说明男童不仅对传统的女性特征有较低的认同，而且对不利于自身发展的传统男性特征同样给予了较低的认同。

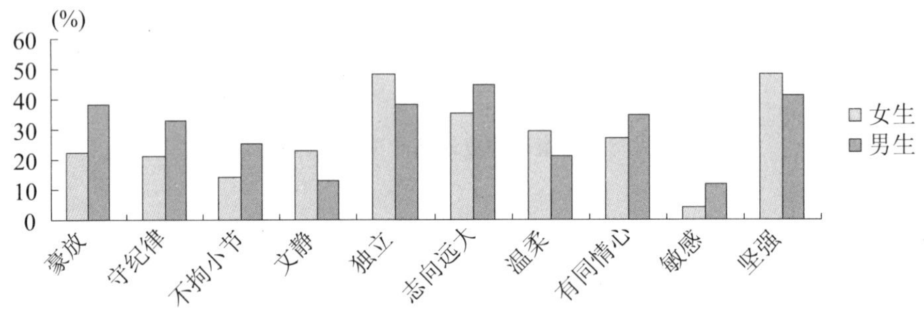

图7－40　性别差异最显著的10个性别特征

从女童与男童的比较来看，性别差异最明显的10个特征是豪放、守纪律、不拘小节、文静、独立、志向远大、温柔、有同情心、敏感和坚强（图7－40）。其中女童希望自己具有文静、独立、温柔、坚强的特征，而男童希望自己具有豪放、守纪律、不拘小节、志向远大、有同情心、敏感等特征。女童希望自己文静、温柔体现了对传统女性特征的认同，但同时也渴望自己具有独立、坚强的特征，反映了新时代女童观念的转变。同样，男童希望自己具有豪放、不拘小节、志向远大的特征，反映了他们对传统男性特征的认同，但相当数量的男童希望自己具有守纪律、有同情心、敏感等特征，则反映了他们对传统性别观念的突破。

七、结论与建议

（一）女童学校教育现状

1. 就女童的自我体验而言，在校园环境、家庭教育投资、教师的期望与评价、女童的自我期望与评价方面，我们都没有发现显著的性别偏见

（1）就女童的自我体验而言，她们所处的校园环境让她们觉得满意、安全，她们对自己在校的学习和生活也感到基本满意；但学校的体育设施

不能满足部分女童的需求。

（2）对已上学的女童而言，家庭教育投资方面女童与男童存在显著差异，女童上学花费高于男童，不过，家庭承担女童学习费用比较轻松，经济因素不再是制约女童教育机会与质量的重要因素。

（3）女童的学习成绩与男童存在显著差异，女童的成绩优于男童。实践证明，女童已不再是学业上的“失败者”。

（4）在学习态度方面，女童与男童存在显著差异。女童在完成作业、守纪律方面的表现均优于男童，学习态度较之男童更为刻苦，这可能是她们的成绩优于男童的原因之一。

（5）在学业成败归因方面，女童与男童表现出高度的一致，她们将“努力”视为影响学业成绩好坏的首要因素，“粗心”也是她们眼中导致成绩不佳的重要影响，很少有女童将自己的学业失败归因于“自己不够聪明”，关于归因模式的性别差异在我们的调查中没有得到印证。

（6）教师的性别偏见与性别刻板观念在女童主体经验的层面没有找到实际依据，她们觉得绝大多数教师对待男女学生是公平的，师生互动中的性别差异也不明显。

（7）单就女童而言，她们的性别认同度很高，但比较来看，男童的性别认同度更高。统计学检验显示，女童与男童对自己性别的认同度存在显著差异，女童的性别认同度低于男童。

（8）在学业期望方面，女童与男童不存在显著差异。绝大多数的女童对自己抱有较高的学业期望，希望自己能够读到“大学”或者“硕士”毕业。

（9）有关职业的性别刻板观念正在被新时代的女童所消解，科学家、政治家、企业领导、警察、商人等这些被视为“男人领域”的职业已成为不少女童的理想职业选择，女童的职业选择表现出十分多元化的特征。

2. 就学校教育而言，对不同学科的态度及其学业成绩是性别差异最明显的一个领域

（1）“女生长于文科，男生长于理科”的结论又一次被我们的调查所证实，女生更喜欢英语、语文、政治等学科，而且成绩优异，但她们在数学、物理的学习中容易遭遇挫折；男生更喜欢数学、物理等学科，他们在这些

学科上的表现也优于女生，但英语和语文却让他们觉得难以驾驭。

（2）女生对体育的喜欢程度远远不及男生，构成一幅“文静”的女生与“好动”的男生的真实画卷。

（3）一方面，关于“男性气质/特征”与“女性气质/特征”的刻板观念正在被现代女童用实际表现所改写，反传统性别形象的女童大量出现。但另一方面，性别特征上的性别差异依然较明显。

所谓的“男性特征”与“女性特征”的界限，在新一代女童心目中正逐渐变得模糊，自信、独立、理智、坚强、有主见、勇敢已成为她们的自觉追求，大量“豪放”、“幽默”、“自信”、“粗心”、“勇敢”、“坚强”、“独立”的女童正活跃在中国的校园中。但无论是就各种性别特征在男女生身上的实际体现而言，还是就他/她们对各种性别特征的认同而言，性别差异都表现得比较明显，社会性别刻板观念仍然在相当程度上影响着女童的性别角色塑造。

（二）对发展女童教育的建议

就女童主体体验而言，女童的学校教育存在四个方面的问题：一是女童缺乏性别意识和性别敏感性；二是女童在数理学科的学习上遭遇更多困难；三是女童对体育活动兴趣不高，学校体育设施不能很好满足需求；四是性别刻板观念仍然影响着女童的性别角色塑造。为此我们提出以下建议。

1. 将“性别议题”纳入中小学课程之中，提高女童的性别意识和性别敏感度

大量的教育事实和许多研究结论显示：教育过程的性别不公在很大程度上存在，教材中的性别偏见与刻板化、教师教育观念和行为中的性别偏见与刻板化普遍存在，在校园环境方面，厕所的设计、标语、宣传栏、体育设施等都存在一定程度的性别偏见，但女童身处其中却不自觉。因此，女童自己感受不到学校教育中“性别偏见”的存在，可能正是由于她们“性别意识”的缺乏。将“性别议题”纳入中小学课程之中，不仅可以提高女童的性别意识和性别敏感性，还可以帮助她们突破性别刻板观念的束缚。

2. 培养女生对数理学科的兴趣并帮助她们取得学业的成功

大量的研究揭示，视觉—空间能力的性别差异明显，而且男生的表现

比女生更好，而空间知觉能力又与数学、物理、地理等学科的学习相关。[①]这也许解释了女生为什么在数理学科方面的表现不如男生。但是，男生在空间知觉能力方面的优势是先天的吗？至今很少有心理学家为此提供生理学的解释，相反，不少研究者推测，视觉—空间能力的性别差异可能源于早年不同的生活经验，如家长和教师总是倾向于根据孩子的性别为她/他们选择不同的玩具。总之，越来越多的人相信女生与男生在数理学科上表现出来的差异更多的是社会建构的结果，而不是由大脑的结构决定的。研究发现，男生比女生拥有更大的数学自我效能感，女生对自己能否学好数学缺乏信心。[②] 这可能是女生对数理学科兴趣不大，表现不如男生的主要原因。因此，培养女生对数理学科的兴趣，增强她们学习数理学科的自我效能感，是提高女生数理成绩的必由之路。

3. 加强体育设施建设，为女生提供充足的体育活动空间和设施

虽然从调查结果来看，男生对学校体育设施的不满程度更高一些，但是，关于学科性别差异的调查结果显示，喜欢体育的男生远远超过了女生，体育成为男生的优势学科。这说明并非学校的体育设施更能满足女生的需求，而是女生对体育活动的兴趣不浓，对体育设施的需求本就“不高”。体育是存在显著性别差异的领域，我们相信，这是社会建构的结果而非由生理因素所决定。如果教师和家长对女生的“疯癫”多一些宽容，如果学校能为女生提供足够的体育活动空间和设施，她们对体育活动的态度很可能就会改变。

参考文献

强海燕．性别差异与教育［M］．西安：陕西人民教育出版社，2000.

郑新蓉．性别与教育［M］．北京：教育科学出版社，2005.

① 郑新蓉．性别与教育［M］．北京：教育科学出版社，2005：30.

② 同①：29.

第八章

女童学校教育状况访谈报告

20 世纪 80 年代以来，我国女童教育的重点主要集中于经济欠发达地区和处境不利女童的救助教育，目的在于使那些处境不利的女童能够接受基本的生存与发展教育，确保女童的基本人权。在此过程中，也产生了关于我国女童教育方面的丰硕研究成果。

然而，从已有研究所采用的研究方法来看，研究者大多站在“旁观者”的立场，对女童教育进行言说与评论，忽视了教育主体——女童自身在接受教育过程中的主体性体验与话语，女童在教育情景中的真切的喜怒哀乐以及所思所想通通被消解在“他者”的理论建构、价值判断中，作为教育主体的女童被遮蔽——她们是隐形而失声的。

因此，从研究方法上，我们以女生为样本，采取半结构性访谈形式，了解女学生的教育亲历与实感，以女童的主体话语来呈现当前我国女童教育所取得的成就以及存在的问题，为进一步深化性别公平教育提供新的切入点。

本研究分别在广东韶关、陕西渭南、宁夏青铜峡三地选取初中、高中在校女生 40 名，同时为保证学生访谈的信度，还访谈了教师 6 名，辍学女生 2 名，技校生 1 名。① 接受访谈的 43 名女生分别来自城市、县城、乡镇及

---

① 被访谈的 40 名女学生依次编码为 S1—S40，同时标明学段：初中、高中分别标记为 J、S。6 名教师依次编码为 T1—T6（T4—T6 为同时访谈的 3 名教师），2 名辍学女生依次编码为 A1—A2，1 名技校生记为 TS。

农村的独生子女、多子女家庭，其父母既有接受过高等教育、中等教育者，也有小学文化程度者及文盲。因此，访谈所得资料可以在一定程度上反映今日我国女童在校教育的感受与想法，折射出女童教育的成就与问题，具有一定的代表性。下面，我们将从五方面呈现研究结果。

一、女生的学业发展

（一）受教育机会——男女平等存在城乡差距

此次接受访谈的女生，年级最高、最早入学的是1999年进入小学，开始接受义务教育。通过对访谈资料的整理，我们清楚地看到，21世纪以来，女童接受义务教育的机会有了显著改善。

首先，女童六七岁适龄入学几乎没有障碍。无论是在2006年新《义务教育法》出台后抑或是按照修订前的1986年《义务教育法》，我国政府都明文规定凡年满六周岁的儿童，不分性别、民族、种族，应当入学接受规定年限的义务教育。条件不具备的地区，可以推迟到七周岁入学。在接受访谈的43名女学生中，仅有2名女生（S28－S、S29－J）超过法定入学年龄延期入学，入学年龄都是8岁，均来自农村。

其次，小学毕业后，除极少部分女童由于自身或家庭原因辍学外，绝大多数女生都能继续升入初中就读。在我们的调查中，有2名初中女生（S1、S17）述及有小学同学毕业后辍学、外出打工，辍学者中既有女生也有男生；有7位受访者（S14－S、S15－S、S16－S、S20－J、S22－J、S26－S及T1）曾经目睹或听说在初中阶段有同学辍学、外出打工，男女比例方面没有明显的差别。值得注意的是，所述辍学者几乎都是农村学生。

我们的调查还发现，在基础教育的所有阶段——小学、初中、高中，情况都是“男女生人数差不多”、“一半对一半”或者“女生稍多”，班级学生的性别比例男女生基本持平。

上述情况说明，自新世纪以来，随着社会经济实力的增强，我国政府加大了对基础教育，尤其是义务教育的管理和扶持力度，在2006年9月1日正式实施的新《义务教育法》以及“两免一补”政策下，女童入学尤其是广大农村、经济欠发达地区的贫困女童入学所面临的现实的经济困扰与阻碍大大减少。

（二）学业成绩：小学、初中女胜于男，高中出现逆转

在班级学生的性别比例男女生几乎对等的情况下，大多数女生，尤其是小学和初中学段的女生，都比较一致地认为，女生整体学习成绩比男生更好，因为班级成绩较好的群体中女生占据的比例更大。一位初三女生在描述她所在班级的男女生学习状况时说："考到第一名的是女的，考到前15名的大部分是女的。"（S3－J）另一名初三女生则回答："女生一直都领先，到目前为止都还是领先。不论是什么科，理科还是文科都还是领先。物理数学全都领先……比如说前10名里有两三个、三四个男生，就两三个，不会很多!"（S24－J）一名高一女生对自己班级男女学生学习状况的陈述是："就是说比如在前几名这样子，就女生多，就是这样子……我们班男生都说我们班女生不同于其他班的女生，个个理科好，而且比那些男生都好。"（S14－S）

关于女生整体学业成绩优于男生的原因，几乎所有受访女生都认为：女生更努力，男生相比而言贪玩。"女生比较勤快一点吧，就多数来说女生成绩比较好，男生就是比较贪玩啊，就没那么高分。"（S14－S）另一名初三女生则认为："我个人觉得可能是女同学的那个思维比较细腻这样，做事比较细心，男同学就比较粗心……还有可能是女同学比较努力，男同学比较贪玩。"（S19－J）而这种观点得到了教师们的一致认同，如"女生认真、踏实"（T1），"女生更爱学习"（T2）。

访谈中，也有少量女生提及在自己的班级，男生整体学业成绩要略优于女生，尤其是初、高中后男生优势逐渐明显。"原来是女生好一点，后来是男生，上个学期开始慢慢追上来了，就是以前前100的都是女生，和男生差很多，两极分化，然后现在男生慢慢地变多啦。"（S23－J）此外我们还发现，那些谈到自己所在班级男生学业成绩优于女生的受访者，多是来自农村的女生（如S26、S27、S29、A1）。

（三）学科倾向：文科女生占优，理科个体差异为主

关于学科倾向，绝大多数女生都表达了相同的认识：总体上说，女生

文科好，男生理科好。究其原因，无论是教师还是学生，大都认为这与男女生的思维方式有关。正如一位物理教师所言："女生思维比较感性，对数理化，还是男生比较擅长……可能是这个物理它要求这个思维啊，还有那个能力比较高一点，比较难学，所以很多女生都讨厌这个。很讨厌，很怕！"（T3）

然而，在我们的调查中，受访的女生在整体上呈现出文理科全面发展的特征，这与以往的印象不同。许多女生谈到，数学、物理、化学、生物等理科课程是她们最喜好的课程，而且最喜好的科目又往往是自己最擅长的科目。在访谈中，有7名女生（S14－S、S15－S、S18－S、S22－J、S24－J、S25－J、S33－J）表示，自己所在班级女生整体擅长理科，成绩优秀。还有女生谈及自己喜爱实验课程，对实践、操作性的科学实验的浓厚兴趣溢于言表："我们班女生动手能力强……我们实验，积极做模型呀什么的都是女生"（S7－J）。而这一点也在教师那里得到了进一步印证，认为学生文理科成绩的差异主要是个体差异而并非性别差异。

我们还注意到，支持、推动女生积极学习理科课程的动力，不仅仅来自观念上对于理科学习重要性的清醒认识，自身学习的兴趣、热情更是她们努力学习、成绩优秀的内在原因。"每解出一道难题就感觉像攻破了一道难关，有一种愉悦感。"（S33－J）我们常说，兴趣是最好的导师，热爱是最好的导师，只有教育主体自身的兴趣和热情被唤醒、激发、调动起来，"好学、乐学"才不会成为一句空话。

（四）学习的主动性因学业成绩水平和年龄而有差异

1. 女生在优势科目上比较积极，在弱势科目上较为消极

从访谈中我们得知，大多数女生在自己的优势科目的学习中较为积极主动，如在语文、英语、政治、历史等文科课程的课堂学习中，通常能够较为大胆、踊跃地发言，乐于展现自己。而在弱势科目的学习中，女生通常较为消极、胆小，相对于男生的"放得开、不在意"，女生更害怕发言错误、丢面子，一旦有过挫败经历，更易形成心理阴影，对自身的负面影响时间更长，影响强度也更大。如一名身为副班长的初中女生明确表达了自己在课堂发言中的羞怯和顾虑："我完全知道答案就是不敢站起来（发言）……

很害怕，很想很想举手，就是没有勇气。”（S1－J）

我们还注意到，女生学习的主动性存在年龄差异。随着年龄增长、年级升高，女生更容易显现出不愿意发言的迹象，例如一名初二女生在描述自己的发言遭遇时说：“以前初一的时候嘛我就比较大胆，经常发言，到初二时嘛我还是老是发言，然后同学就会笑话我，说：‘就你一个人发言，全班，真是很厉害，你有那么大的勇气！’”（S7－J）可以看出，随着年龄的增长，女生相比于男生，自尊心更敏感、顾虑更多，以致自信心不足。这些受访女生也自认为“不宜过度积极发言”，至于其原因则表示“说不清楚”、“我也不知道”。笔者尝试分析这些女生的心理：人长大了，再像儿提时代那样积极、主动地自我展现，是不成熟的表现，与这个年龄段的青少年亚文化所标榜的“低调”、“女性应有的温婉形象”相悖。因此，越来越不爱发言就成为青春期学生（尤其是女生）“不自明”的集体无意识。正如一位女生所说：“我胆小”，“我希望自己变得勇敢”（S10－J）。心理的矛盾性表露无遗。

2. 学习遭遇困难时，女生更怯于请教教师

如何解决学习中遇到的困难？女生最常见的回答是“问同学，再不会（有时）找老师”，只有一名女生将寻求教师帮助作为解决学习困难的首选，因为“老师说的还是比较有权威”。（S12－J）一名女生认为：“同学的思维有时候比老师的更简捷，更容易明白。老师的听不懂，同学的反而听得懂。”（S11－J）另一名女生说：“有时老师讲一遍，没听懂，他说：‘不是很明白嘛！’就不好意思再问了。”（S10－J）教师缺乏耐心，急躁易怒，教授方法不灵活，对学生的思维方式、思维特点乃至思维误区缺乏必要的认识等，都可能给自己的教育和教学带来潜在的消极影响。一次失败的师生问答、几句不经意的交谈或许导致的不仅仅是几个知识点的遗漏，更重要的是伤及学生的自信心以及遇到学习困难时对于教师援助的信赖，后者的消极影响比前者更大。

作为教师，在对待不同性别、不同性格、不同学力基础的学生时，态度、方法十分关键。给予性格内向、内敛、懦弱胆小、在学习上处在弱势地位的学生（不仅是女生）更多的教育关怀，当是因材施教的应有之义。这要求教师不仅成为师生交往中积极主动的一方，还要依据学生的学习心

理特点进行深入的研究，以掌握有利于学生学习的有效教学法。

二、女生的校园生活

（一）女生享受校园生活，人际关系融洽

总体来看，所有受访者都表示喜欢学校，因为“学校好啊，同学好，老师好”，“同学相处很好，老师对我们也好，在学校很开心”。

可见，在这些未成年的青春少女眼中，学校的吸引力首先不是它的硬件设备，甚至也不是它的升学率、学区排名，真正让一个人永远怀念“母校”，永远感激在那里度过的时光的，始终是这个被称为学校的地方作为“培养人的社会机构”所内在具有的人文氛围。从女生们的回答中，我们深切地感受到了新中国教育实践发展在性别公平维度上所取得的成果：如今绝大多数女生能够享有幸福、健康的校园生活，她们在基础教育阶段能够较为公平地按照自身的能力、特点、愿望得到较为充分的发展与价值的认可。女生的在校生活从总体上来看是美好、健康的，有益于她们的长远发展。

（二）女生渴望、珍视同伴友谊

教育是人之社会化的重要手段。夸美纽斯有言：“人只有受过适当的教育，才能成其为人。”而作为教育生态重要组成部分的校园人际关系，自然成为交往社会化的隐性课程。

在整个调查过程中，我们深深感受到了这些正值青春期的女生对同伴友谊的渴望与珍视。在女生的心里，同伴友谊不仅是现实生活中最为重要的组成部分，而且是人生经历中最为宝贵的精神财富。许多女生在访谈中表达和流露出了当友谊受到损害时的悲伤、无奈，表现出青春期的女生对友谊的关注与渴望。这与大众文化和民间文化层面广为流行的看法“男人可以为朋友两肋插刀，女人只为爱情断送生命”，以及权威文化和主流文化如教科书中自觉、不自觉呈现出的“女性漠视友谊”的观点形成了鲜明的

对照[①]。例如："小学的时候和一个比较好的朋友闹别扭了，那次是体育课，快开运动会了，我和她在练习比赛的项目，可能在一些意见上发生争执了，就闹了几天的别扭，后来就好了……嗯，（当时）感觉就像心里面揪着一样。"（S36－J）"我高中还想考我现在的学校，因为舍不得好朋友。"（S24－J）

我们发现，绝大多数女生能够正确看待友谊，懂得尊重，勇于付出，在校园人际交往中能够较为妥当地处理人际矛盾。在访谈中我们还发现了男女生对于异性友谊的向往，以及现实校园环境中男女生在正确性别观念导向下的融洽交往，但同时存在着男女生交往中的些微不和谐音，如男生与女生开过分的玩笑、不适当地打听隐私（S23－J）、讥讽女生样貌体态（S10－J）而导致的女生心理困扰。因此，当前基础教育者中青春期男女生交往实践的指导与咨询必须提上日程。

（三）师生交往，女生更盼教师主动

值得关注的是，很多女生流露出对师生交往的被动、消极态度与情绪。例如一位理科学习成绩非常优秀的女生谈道："我不会的（知识），就自己看参考书自己钻研，再不行就跟同学商量讨论……我没有问老师的习惯……总觉得不自在……很少跟老师聊，除非老师找我。"（S6－J）也有女生表达了更愿意与女教师、年轻教师课下深度交往的愿望。一名女生说："跟女老师交往起来更方便嘛……好像跟男老师没有共同语言。"（S14－S）另一名女生说："年轻的老师比较善解人意。"（S5－J）相比较而言，男生由于"放得开"，似乎与男女教师的交往都更为轻松、主动。同样，似乎教师在日常的教学、校园生活中对待男生的态度与方式也更为直接、自然。"老师经常跟男生开玩笑。"（S11－J）而女生的拘束"是各个方面的，比如说跟老师的交流方面，男生就可以特别大方，跟老师主动地去……女生就感觉有点……"（S40－7J）

当问及"最喜欢的老师是什么样的"时，女生们的回答让我们可以大致归纳出"最受学生爱戴的教师的职业素养"，包括：教学水平高，关心、爱护学生，和蔼可亲，幽默风趣，善解人意。对于责任心差，不能一视同

① 郭葆玲．隐形而失声的女性——小学语文教材性别文化的文本分析［M］//史静寰．走进教材与教学的性别世界．北京：教育科学出版社，2004．

仁，急躁有暴力倾向的教师，学生普遍表示反感、抵触。同样，严格不等于苛刻，宽容也不等于放任自流，从访谈中我们得知，女生们普遍认可那些“该凶就要凶的”教师（S7－J），因为班级人数多，“不凶管不住”。可见，女生们虽然年龄小，但已经有足够的能力区分苛刻与严格，懂得“老师严格是为学生好”。

教育工作者应是师生人际交往中积极主动的一方，应是良好师生关系的营建者、主导者。鉴于当前我国现实教育环境中的教师权威的影响与多数女生的被动交往心理——既想跟教师交流又怕跟教师交流，教师应该善于观察，及时掌握学生心理、思想动态，而良好的沟通能力的培养就显得尤为重要。

（四）校园欺侮令女生自卑、懦弱

接受我们访谈的一名女生的经历，让我们具体感受到了校园欺侮对女生的心理伤害。这位女生由于儿时一场意外的车祸，至今行动仍稍有不便。伤残不仅带来了心灵的伤痛，还由于学校同学（多为男生）的年少无知，屡屡被作为口实而令她遭到戏弄、欺侮。这是本次调研中获知的唯一一起较为严重的校园语言伤害事故，这名女生也是本次调查中接触到的最缺乏自信的女生。她强烈地渴望改变自己的懦弱，“想变成一个勇敢的人”（S10－J）。从她的言谈中，我们深深领悟到：这名女生的懦弱、自卑，与其童年、少年的经历有着必然的关联，它使受害者的人格尊严受到强烈打击——往往因为身体残疾、自身（家庭）不幸受到伤害、排挤，尤其是这种伤害多发生在学生的非正式交往中，受害者难以获得教师的保护与援助，越发加重了受害者的无助感。

虽然这种现象不是今日我国学校中的主流现象，绝大多数女生在学校受到了应有的尊重与爱护，但必须指出，这种个别现象对于受害者而言，是不能按照多数还是少数这样的比例逻辑来推算其造成的消极影响的，因为对于个体而言，她是百分之百地在承受这样的伤害！

国外关于校园欺侮、伤害的研究已有相当成果，而此方面的研究国内学者才刚刚开始予以重视。近年来我国经济实力的迅速提升已让国人在物质层面逐渐“脱贫”，心理健康以及精神伤害的干预、诊疗逐渐成为学校教育研究的热点，以最大限度地消除同性、异性间的恶意伤害，保证每一个学生都能身心健康地成长。

三、女生的性别认同与志向追求

（一）男女有别与自我悦纳

关于性别差异问题，大多数女生认为男女学生存在智能上的差异：男生更聪明，思维较之女生更敏捷，想象力更丰富，更擅长抽象、逻辑思维的推理，女生对于感性的事物通常有更细腻的体悟，长于记忆，耐心细致，因而男生擅长理科而女生擅长文科。女生在对男生整体的智能优势予以客观承认、积极肯定的同时，也凸显出了男女两性和谐交往的必要基础与前提——正视差异，懂得欣赏与尊重异性。同时，她们对自身性别的认识也表现出了良好的心态与积极的作为：男生整体相比于女生的优势绝非固定的、不可变更的，在天赋条件上，女生也有可能具有理科天赋，抽象思维、理性推导、实验的操作能力都绝非男性所独享的，同一性别群体内部依然存在较大的个体差异；而个人努力更是可以改变女生在理科学习中劣势地位的法宝。男生的优势既是客观的，也是一定程度上的和一定范围内的，对这种优势不宜扩大化，更不宜神话化！在实然层面，女生以她们自己优秀的理科成绩已然做出了回应——如前所述，女生理科学习成绩超越男生已有为数不少的实证。

受访女生对男女两性人格的描述值得关注与思考。根据统计结果，“大胆、放得开、宽容、有责任心”是描述男生的高频词汇，而“耐心、细腻、文静、温和”及其近义词则更多地用于形容女生。我们还发现，此类形容词的分配、对举既存在着“符合”也存在着“矛盾”。所谓“符合”是指受访女生用以形容男女生的词汇基本都与传统的性别文化对男女两性的定位相符合；而“矛盾”则是指受访女生对自身性格特征的描述与之前对女生群体特征的描述有相互矛盾之处。“符合”反映出传统的性别文化对于社会新生代的影响力，正是这种潜移默化的影响显示出文化规训所具有的渗透、复制的巨大力量。“矛盾”则表露出社会新生代在其社会化过程中经历的应然与实然的冲突，例如“女生细心”与“我很粗心”（S19 - J），“女生都比较谨慎”与“我自己大大咧咧”（S16 - S），而这种冲突也在一定程度上反映出女生在性别认知上的刻板化。

总体而言，女生对于男女两性的认识基本上是客观、理性的，既能够较为客观地认可异性的智能优势与性格缺陷，也同样能够较为理性地辨别自身性别的弱势与优长，可谓知己知彼。但在性别的自我认同与悦纳维度上，具有建设性的性别教育还大有可为：许多女生因为羡慕男生的“放得开、心胸宽广、勇敢、果断”而“愿意做男生”，本质上是试图打破加诸在自己身上的“懦弱、虚荣、犹疑”的心灵枷锁，渴望改变与突破。

（二）学业预期与理想追求

在我们的访谈对象中，仅有一名辍学女生表达了不想继续求学的意愿，其他42名女生都表示，在家庭经济允许、个人能力胜任的情况下希望继续在校学习。“至少读到大学毕业”是最普遍的学业预期，“好像不学习就要被这个世界给遗弃了”（S3 - J）。而另一名初中女生更是表达了知识经济时代对于劳动者受教育水平的倚重与诉求：“我觉得现在只满足于高中，按现在社会进步的程度我觉得只是一个半文盲而已，大学是很必要读的，对我们现在所处的社会环境，所以我觉得至少要读到大学。”（S9 - J）而明确表示“读得越高越好”——希望读到硕士、博士（后）的女生也不在少数。此外，女生对学业的预期让我们领略到新生代对社会发展认识的清醒与务实：一名女生谈及自己的教育愿景时说“书念到多高，我看主要是个人能力与兴趣，还要看当时的社会需要”（S6 - J），显示出超越年龄的冷静与理性。

关于女生的“偶像”问题，我们发现，女生对偶像的界定有两种类型。大多数受访女生将“偶像”定位于演艺界明星，他们往往形象可人，引领时尚潮流，而他们的作品更多是正值豆蔻年华的少男少女们在忙碌的学业间隙的心灵慰藉，通常唯美与个人喜好是选择的标准。少数女生将“偶像”理解为“影响自我观念、实践深刻的人物，通常是自己效仿的榜样”。如果据此就判定大多数女生盲目追星，格调低下甚而上升至道德教育的全面落败，不免太过武断。事实上，这些女生已明确表示：“父母生得好，不关她们的事”（S11－J），“虽然他们很火，可没什么好追的意义”（S5－J）。可见，多数女生对此具有理性的判断。而少数女生表示：之所以认同任长霞、张玉宁、郭晶晶、张海迪等，是出于对“勤奋”、“奉献”、“公正”、“永不言败”的精神的崇仰。

关于理想问题，“独立”、“有才干有智慧”、“事业有成”是女生的代表性表述。一名女生说：“男生能做到的女生不一定做不到……甚至女生做得更好。”（S9－J）因此，她们中很多自信、独立的女生认为“靠自己最踏实”。有一名初中女生分析了诸如“学得好不如嫁得好”的论点，从容而谈：“我看嫁个有钱人不一定好啊，因为嫁给他随时可能跟你离婚，那一离婚你还不是什么都没有了，所以要靠自己”（S11－J）。要实现理想，女生们普遍认为要靠个人的努力，“因为一个人学习单单靠天赋是不行的，要靠努力才行”（S9－J）。这些言谈既展示了勇于进取、不怕付出的勇气，同时又表达出了对于实现理想的控制力和自信心，表现出了理性的乐观。

关于未来职业定位问题，女生的畅想呈现出更为丰富多样的特点，表现出了与传统文化“分配”给女性的职业和工种大相径庭的现代化、智能型的职业选择趋向，如军人、翻译、科学家、医生、公务员、商人、海关领导、律师等。

一名女生谈道：“男生能做的女生也能做，女生能做的男生也能做啊。男护士都有啊，是吧。所以说我觉得职业，谁都可以吧？只要有能力谁都可以做。”（S6－J）尽管渴望成为事业型的职业白领，但女生似乎都没有忘记性别本身赋予女性的责任与美德：善解人意、有责任心、顾家、孝敬长辈、爱护儿童……其追求乃是现代精神与传统女性美德的完美结合。

四、女生的学校寄望

关于对学校教育的改进意见，受访女生从学校工作的方方面面道出了许多“旁观者”难以触及的问题，涉及学校的硬件设施、教育教学管理规章与制度、师生关系、教学水平和策略等，提出了近20条改进要求与建议。

（一）学校设施的改善

受访女生谈及最多、改进要求最为强烈的首推学校设施。主要问题是所在学校基础设施落后，“供不应求”。访谈中，许多女生提及所在学校的女厕所肮脏不堪、容量狭小（S32 - S），与教室距离过远（S39 - S），没有清洁水源（S1 - J）等，造成女生如厕的长时间等待、争抢甚至延误，女厕所没有隔间小门（S5 - J），令人尴尬……与此类似的学校设施、服务的改善诉求还涉及：学校食堂接待量有限，购饭窗口过少需长时间排队等候（S3 - J）；洗浴设施数量不足（S7 - J）；饭菜卫生与质量堪忧（S11 - J）；排水系统老化（S22 - J）；学校教育网点布局不合理——访谈中一名女生回忆了自己上小学期间上下学的辛苦，令人动容，她的愿望是“在离家不远的地方建座小学，让低年级的弟弟妹妹省去辛苦”（S29 - J）。尽管女生们对上述问题表现出了较多的容忍和谅解，但是，这些看似琐碎、非亲历者断然难以触及的“小问题”，却实实在在地不能满足学生们的基本生活需求，影响了学生们的校园生活质量。教育环境作为人居环境的一种，其所有的设施、设备归根结底应当满足教育者、受教育者的需要。因此，各级政府改善学校设施，尤其是农村地区学校设施条件的力度还要加大，以满足师生们校园生活的基本需要。

此外，体育作为我国教育内容“五育”的组成部分之一，其本有的教育功能、教育意义十分重大，是不可替代的。然而，在事实层面，中小学体育俨然是我国基础教育的“软肋”，是最被忽视的教育内容。体育场地的狭小，体育设施的稀少、损坏、老化，则是阻碍学生体育发展的重要因素，而“只见男生”的操场在性别平等教育的维度上则不得不说是对女生教育的不作为，是对女生全面发展权利的剥夺与损害。因此，如何依据女生的体育活动特点、爱好，适时、适当地鼓励女生走出教室，走向广阔的运动场积极参与体育锻炼，确保德智体美劳“五育”和谐发展，是当前及今后教育发展的新热点。

（二）教育教学管理规章与制度的改良

受访女生对于学校的软环境——管理规章与制度也提出了疑问与构想，如：“穿着校服、蓄留发型”（S20 - J）的规定能否放宽，体现人性化管理特征；“学生须推车进校门，教师则可以长驱直入”（S33 - S）的规定是否合理；分快慢班、重点普通班（S9 - J）以及按成绩排定座位（S37 - J）等做法是否伤害了学习后进生的自尊，甚至部分地剥夺了其应有的受教育权利；作业布置与完成的合理限度的确定依据是否应当以人为本，因材施教……

关于上述学校教育教学管理规章与制度的改良构想，女生们希望教育管理能够更多地立足于人性化立场："毕竟学校不是军营"，着装、发型应体现学生的朝气蓬勃，不一定要一刀切；既然宣扬师生平等，在尊敬师长的基础上就不该存有特权的余地；快慢班及类似的衍生做法实际上导致教育资源的分配不公，而按成绩排座位无形之中会施加压力，极易伤害学习后进生的自尊，两者实际上都是只重眼前分数，打压学习热情，有害无益；而某些教师布置作业的"题海"原则，不能行之有效地解决不同学生的学习问题。只此一斑，反映出今日女生对事关己身的基础教育问题的敏锐观察与审慎思考。

（三）重建师生关系，消除教育暴力

师生关系也是女生们希望改进的重点问题之一。就这个问题，在访谈中我们可以明确感受到女生们对师生关系的关注与期待：无论是知识学习、智能开发还是人格陶冶，绝大部分女生在内心深处都渴望得到教师的帮助与引导。

"闻道在先，术业专攻"，尤其是对于尚且处于青春期的中学女生而言，她们一方面极度地渴望思想独立，不再满足于儿童的认知世界，好奇心、探求欲望强烈，从而自己对于世界的所思所想也渴望得到表达，渴望被倾听。另一方面由于知识、判断力不足，视野尚窄，对事物的认识尚浅，因而她们渴望超越，渴望高层次的精神交流。于是，作为知识传播者、思想代言人的教师就自然成为她们渴望接近的第一人选，她们对教师充满期待与敬畏。正是出于这种心态，青春期的中学女生在与教师交往时就显得既渴望接近但又缺乏主动性，内心深处常常盼望教师的主动接近。

女生们的言谈反映出，有多人次目睹、亲身经历过教育暴力，包括程度较轻的语言暴力和损伤身心的体罚。事实上，教学水平高，关心、爱护学生，和蔼可亲，善解人意，幽默风趣，永远是优秀教师必须具备的职业道德素养。对于那些责任心差，不能一视同仁，急躁有暴力倾向的教师，

学生普遍表示反感、抵触。“有些老师太让人害怕了，打、骂学生，骂家长，出手狠”（S29－J），“还有的教师惩罚学生，总是以武力解决问题”（S30－J）。客观而言，教育暴力在今天我国教育中的存在，主要源于“教师权威”——“一日为师，终身为父”的封建家长制作风的贻害，它是人权理念贯彻不力的表现，是教育法“立”而专制未除的恶果。近年来，随着教育民主化的发展，教育暴力现象虽然已经大大减少，但是语言暴力甚至肢体暴力在教育中依然存在，尤其是在农村地区。教育暴力对学生的身心伤害应受到全社会更大力度的重视、声讨和抵制。因此，教育工作者更应积极主动地参与教育民主化进程，自觉抵制教育暴力。

五、讨论与思考

（一）性别差异与性别教育的再思考——弱势群体教育改良的理论前提

研究性别教育，无法回避下面这个基本问题：所谓“性别教育”究竟是“因差施教”还是“以育减差”？之所以难以回答上述问题，其根源在于性别差异由何而来，即性别差异究竟是“天然”的还是教育的结果。尽管这个问题带有浓厚的“鸡生蛋抑或是蛋生鸡”的气息，但是问题的提出本身却具有相当的意义——它指出了两条不同的性别教育之路：其一，以所谓的男女两性“自然、天然”的差异为依据实施教育；其二，以所谓的男女两性“后天的、人为的”差异为依据实施教育。前者暗含的逻辑前提是：性别差异源自天然，不可更改，教育的目的即在于维护、保有、发扬性别差异，以此为理论先导，在现实中种种性别偏差、性别歧视成为理所应当甚而天经地义；而后者的逻辑前提是：性别差异更大程度、更多成分上来自后天的人为塑造，可以改变，因此，教育的目的就在于通过营造无性别歧视和性别界限的学校教育，改变两性在社会性别维度上的某些差异，追求弥合、缩小不尽合理的差距。当前，只有这第二条道路才是“教育可为、当为”的道路，才能担当社会性别公平的道义。

对于性别差异，有两点至为关键：首先，差异既是客观实在的，也是一定程度上的和一定范围内的；其次，对于差异，无论是优势还是差距，都不宜固定化、扩大化，更不宜神话化！教育的力量之所以伟大，并非完全在于对传统的复制，也在于对一切腐朽文化的解构、清理，其解放性、建构性当是今日性别教育的重要旨归。

只有在上述理论前提之下进行的教育研究和性别教育，才能担当起促进社会公平的使命，才能做到教育可为，教育有为。事实上，这也正是本研究的理论立场。

（二）女生自信心的培养与维持——女生教育发展的心理保障

在调查过程中，许多女生表现出的良好素质令我们欣喜。但同时，女生对自身发展的未来会有多大的自信？其积极向上、自信进取的良好心态能够保持多久？而这恰恰是未来她们取得学业和事业成功、身心健康发展所不可或缺的内在因素。一些被访谈者的言谈，在相当程度上真实呈现了当下女生面临的（性别社会化）问题情境。

我们注意到：当前许多女生学习成绩优异，品学兼优，全面发展，但谈及未来时却表现出一定的隐忧与不自信："（现在学习还行），谁知道以后怎么样。不是常有人说，女生初中成绩好，到高中以后就不行了，尤其理科……"（S6－J）另一名14岁的女生在一所重点中学读初三，其所在的班级是年级重点班。当访谈中问及"你们班整体是男生学习好还是女生学习好"时，她说："很多男生到现在还比较贪玩，女生就比较上进一点，所以女生一直都领先，到目前为止，都还是领先，不论是什么科，理科还是文科都还是领先，物理、数学全都领先"（S24－J）。这名女生所在的班级共有56人，她的成绩基本维持在班级前10名，尽管父亲过世，母亲打工养家，但这名女生的谈吐让人感受到的更多是阳光、健康，思维敏捷，思路清晰。就是这样一名女生，也对自己的未来以及当前的一些现象表现出困惑、隐忧。对于当前班级整体上女生成绩优于男生的事实，她指出，班上的男女生的认识存在较大分歧："女生都比较努力……男生到现在还比较贪玩，整天嚷嚷着'我如果努力了绝对比你厉害！'整天都会这样，很多人都会这样……大部分男生比较骄傲，平时说话就觉得女生没他们那么厉害，他们还是觉得他们自己厉害！所以平时还没考试之前，就是会说我们怎么怎么样啊！一般都是说我们女生在看书，他们大多数都会说我们怎么看啊，都是这样啦！看不看都是这样啦！很骄傲！蛮多都很骄傲！”（S24－J）从她的描述中，男生的自信跃然纸上。男生常常将女生成绩的优异归因于刻苦，将自己的成功归因于能力①，这种归因的差别得到了国内外众多研究的证实。在此需要注意的是：男生言谈、语气中透露出的是对女生勤奋、努力的不赞同甚至不屑，这种微妙的情绪反应只有情境中的亲历者才能感受、体会。

追问男生自信的原因，这名女生说道：“这种啊，可能是有一种思想吧：好像连老师都这么认为，都觉得男生比较厉害！连老师有时候都会说，男生啊！就是在我们面前说，男生为什么成绩会比女生差?！很早之前老师说‘不过到了初三男生应该比女生厉害很多’，他自己都说啦！到了初三前几天还说，‘为什么男生到现在理科比文科还差?’他这样的意思就是说，我们女生就应该比较差一点嘛！”（S24－J）

女生所描述的上述社会、学校（同学、教师）对于男女生的评价，真实呈现了女生亲历的性别文化情境：年级越高，女生的优势越小，尤其在理科学习中，越往深层、高端发展，女生的劣势越为明显……这些性别刻板印象事实上是对女生进取心、自信心的极大消磨与打击，而当教师也无意识地、自然而然地流露出这样的态度时，对女生带来的负面、消极影响委实难以计量！

现实中，女生群体相比于男生群体，“放不开，顾虑多，更担心丢面子”，换一个角度则可将之理解为“响鼓无需重锤敲”。访谈中，许多女生表露出对于自己成绩的不满意，自认为让家长、教师失望而怀有歉疚、担心甚而焦虑。与此相反，男生群体所表现出的过度自信也应引起教育者的关注，在相当程度上，教育者、家长以及社会舆论对男生能力非理性的评价，助长了某些男生的傲慢，任其在“我用功了一定成绩好”的假想中延迟、放弃努力，最终得到的是学业的荒废与虚度光阴的懊悔……

访谈中，一位女生对“你认为为什么以前的科学家大多数都是男性”的回答，给予我们深刻的印象。在此，我们引述她的回答作为本章的结语，

---

① 强海燕. 性别差异与教育［M］. 西安：陕西人民教育出版社，2000：161.

相信它能引起读者对这个问题的深思。

> 科学家大部分是男的，可能是过去的社会的一些封建思想，女的都不能读书受教育，当然从事科学研究的比例就很小。而时代不同了，男女平等让许多有志向、有实力、勇于进取的女性进入（所谓的）男性领域。(S6 – J)

这位女生朴素的言谈让我们知道，性别平等的学校教育，是要我们教育者不断地摆脱历史上形成的性别观念对我们今天发展的束缚；不断地突破固有的、僵化的性别界限，发现每个个体的兴趣与专长；不断地摒弃陈旧的性别观念，帮助每个学生长善极失，放飞梦想。

参考文献

郭葆玲．隐形而失声的女性——小学语文教材性别文化的文本分析［M］//史静寰．走进教材与教学的性别世界．北京：教育科学出版社，2004.

强海燕．性别差异与教育［M］．西安：陕西人民教育出版社，2000.

强海燕，李闻戈．倾听边缘的声音，关注女生的成长——我国维吾尔族女童教育的访谈研究［J］．比较教育研究，2009（3）：66－71.

王俊．大学校园空间的性别审视——对一所研究性大学的空间考察与思考［J］．妇女研究论丛，2010（3）.

郑新蓉．性别与教育［M］．北京：教育科学出版社，2005.

第九章

广东韶关女童教育区域研究

目前，国内研究大多认为，女童教育的问题主要在经济欠发达的地区和少数民族地区。那么，在经济强省的欠发达地区，女童教育问题呈现怎样的特点？本研究选取广东省粤北地区的韶关市开展了女童教育机会和教育质量的区域调查。

本研究分别在韶关市曲江区和浈江区选取了重点中学、普通中学和农村中学进行系列调查，调查活动包括学生问卷调查、教师访谈和学生访谈。

学生调查问卷共发出 610 份，回收有效问卷 586 份，所有数据采用 SPSS 软件统计分析。收集访谈资料 39 份，其中，女生访谈资料 25 份，具体包括：初二年级 9 人，初三年级 9 人，高一年级 7 人；重点中学 12 人，普通中学 9 人，农村中学 4 人。教师访谈资料 4 份，具体包括：男教师 2 人，女教师 2 人；文理科教师各 2 人，分别任教于语文、英语、物理、生物科目。访谈资料编号情况是：教师用 T 表示，学生用 S 表示，重点中学、普通中学和农村中学分别用 Z、P、N 表示，初二、初三、高一年级分别用 2、3、4 表示，如 T－P－物理，表示普通中学的物理教师，S－Z－2，表示重点中学初二学生。

在 586 名学生调查对象中，男生 290 人，女生 296 人；从年级分布看，初二年级 223 人，初三年级 198 人，高一年级 165 人，学生平均年龄 15.9 岁；从家庭所在地看，在农村的占 38%，在乡镇的占 22%，在县城的占 37%，在大中城市及其他的占 3%；从家庭子女数看，来自独生子女家庭的占 34%，来自两个孩子家庭的占 34%，来自三个孩子及以上家庭的占

32%；从母亲的文化程度看，母亲没上过学的占3%，小学文化程度的占33%，初中文化程度的占40%，高中文化程度的占16%，大学文化程度的占8%；从父亲文化程度看，相应占比分别为0%、12%、49%、26%、13%。总体来看，调查对象中来自农村地区的占60%（包括农村和乡镇），来自县城和韶关市区的占41%，基本符合韶关地区农业人口与非农业人口2∶1的构成比例，因此，所得数据及其结果对该地区教育发展现状而言具有代表性。

本章将调查问卷的数据统计结果归结为若干维度，如学校环境的适应与满意度、学业发展（学科倾向与学科成绩认知、学习表现、学业期望与职业期望、学业成败归因）、性别形象认同、消费与家庭经济等，并结合教师和学生访谈的相关信息资料进行综合分析。

一、学校环境的适应与满意度

表9－1反映了男女生对学校环境的适应与满意度的比较结果，无论是对校园环境、校园安全、学校体育设施的满意度，还是对学习生活的满意度，都呈现出显著的性别差异。数据分析显示，所有指标都是女生的满意度高。

表9－1　学校环境满意度的性别比较

比较维度	t	df	p
校园环境	2.337*	583	0.020
校园安全	2.851**	581	0.005
体育设施	2.058*	580	0.040
教师态度	2.016*	580	0.044
教师提问	2.359*	583	0.019
学习生活	2.057*	578	0.040

二、学业发展

（一）学科倾向与学科成绩认知

图9－1是学科倾向的问卷统计结果。男生喜欢的学科排在前5位的依

次是体育、数学、物理、计算机、语文，分别占调查人数的 51%、51%、44%、38%、35%，女生喜欢的学科排在前 5 位的依次是英语、语文、音乐、数学、历史，分别占调查人数的 59%、57%、49%、45%、34%。图 9－1反映了男女生学科倾向的明显差异：女生更喜欢语文、英语、音乐，男生更喜欢体育和物理。数学和语文是男女生共同喜欢的且排在前 5 位的学科，男女生喜爱数学的差异不太明显，较之男生，女生更多喜爱语文。

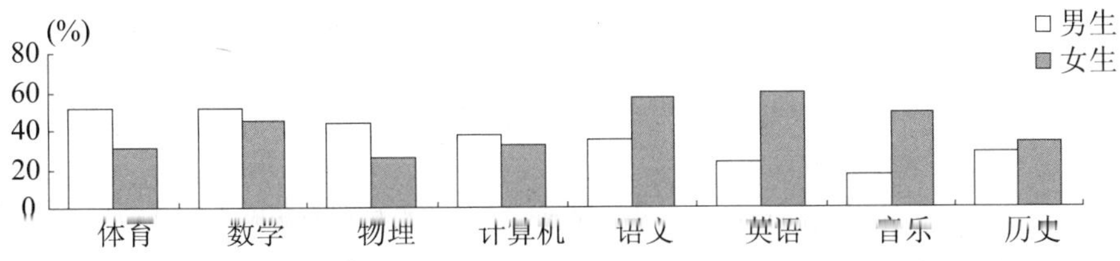

图 9－1　学科倾向比较

图 9－2 是体育项目倾向的问卷统计结果。45% 的男生首选篮球，47% 的女生首选羽毛球。在喜好的学校体育项目上排名第二的项目，男生是足球和羽毛球，比例均为 15%，女生是跳舞，比例为 17%。男女生对体育项目的不同喜好，与其体力上的性别差异相符，比较而言，篮球、足球比起其他项目会有更多的冲撞，更耗费体力，同时也更能显现男性身体强壮的优势，因此这些项目更适合男生并受其钟爱。

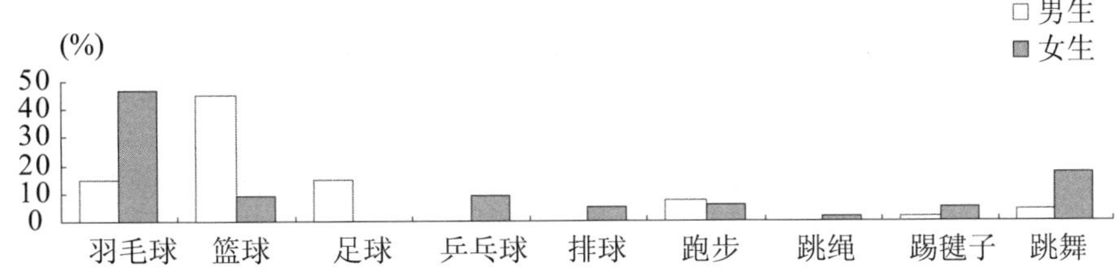

图 9－2　体育项目倾向比较

对于学科成绩的认知有自我认知和他人认知。学科成绩的自我认知是调查对象对自己学习成绩的认知，包括对自己学得好、学得差的科目以及自己整体成绩在班上何种水平的认知。学科成绩的他人认知是调查对象对所在班级男生和女生学习成绩的认知。

研究者设计了两道题目来检测调查对象的学科成绩自我认知水平，要求调查对象分别列出 5 个自认为学得好和学得差的科目，详细结果见图 9－3 和图 9－4。从图 9－3 可看到，男生自认为学得好的科目排名前 5 位的依次是数学、物理、语文、体育、地理，比例分别为 41%、35%、34%、33%、

29%，女生自认为学得好的科目排名前5位的依次是语文、英语、政治、历史、数学，比例分别为60%、45%、43%、30%、28%。相比之下，在自认为学得好的科目上，选择语文、英语、政治的女生比例明显高于男生，而选择数学、物理、体育的男生比例明显高于女生。

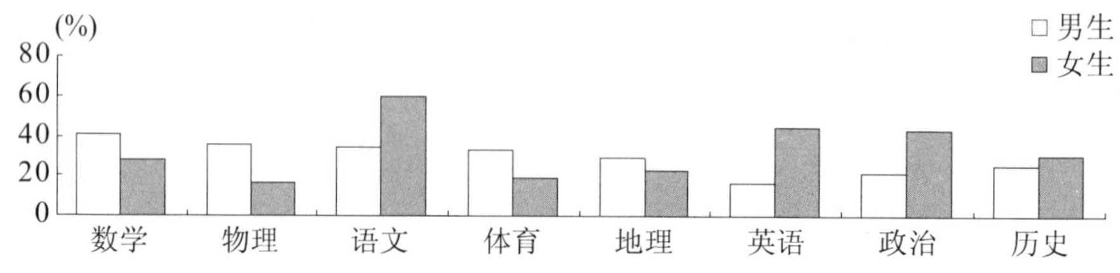

图9－3　学科成绩自我认知——学得好的科目比较

从图9－4可知，男生自认为学得差的科目排名前5位的依次是英语、数学、历史、物理、政治，比例分别为73%、41%、30%、29%、25%，女生自认为学得差的科目排名前5位的依次是物理、数学、英语、化学、历史，比例分别为63%、58%、30%、30%、29%。相比之下，在自认为学得差的科目上，选择物理、数学、化学的女生比例高于男生，而选择英语和政治的男生比例高于女生。

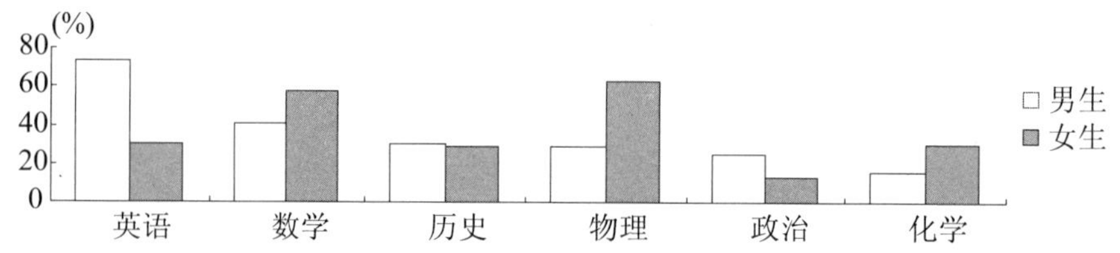

图9－4　学科成绩自我认知——学得差的科目比较

根据问卷统计分析，被调查者对自己整体学习成绩在班上所处水平的认知，性别差异显著（$df=581$，$t=3.259^{**}$，$p=0.001$）。从图9－5可看到，选择“中等水平”和“上等水平”的女生比例高于男生，选择“中等偏下”的男生比例高于女生。

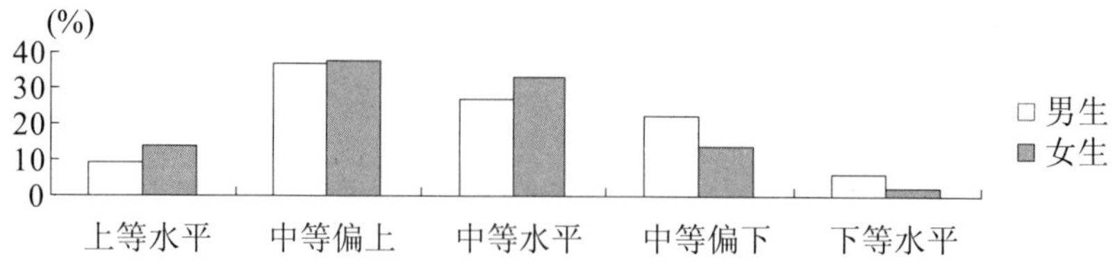

图9－5　学科成绩自我认知——整体学习成绩比较

图 9 –6 和图 9 –7 是被调查者学科成绩他人认知的问卷统计结果。研究者要求被调查者分别列出 5 个所在班级的男生和女生学得好的科目，结果是认为所在班级男生学得好的科目排在前 5 位的依次是数学、物理、体育、化学、地理，男生选择这几个科目的比例分别为 67%、66%、55%、45%、24%，女生选择这几个科目的比例分别为 83%、78%、58%、47%、24%（图 9 –6）。认为所在班级女生学得好的科目排在前 5 位的依次是英语、语文、政治、历史、音乐，男生选择这几个科目的比例分别为 81%、67%、54%、40%、24%，女生选择这几个科目的比例分别为 81%、82%、65%、45%、27%（图 9 –7）。

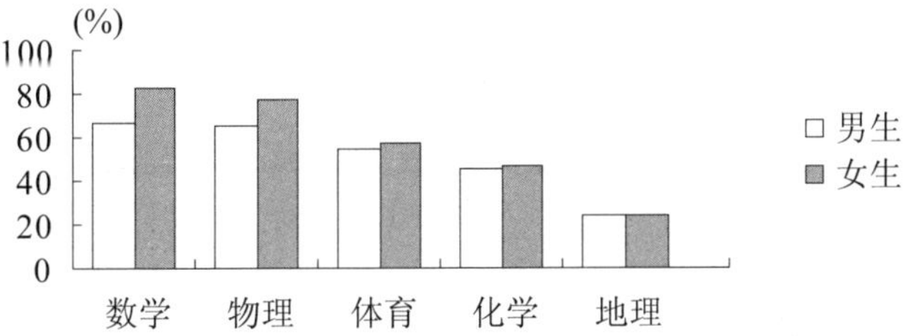

图 9 –6　学科成绩他人认知——认为男生学得好的科目比较

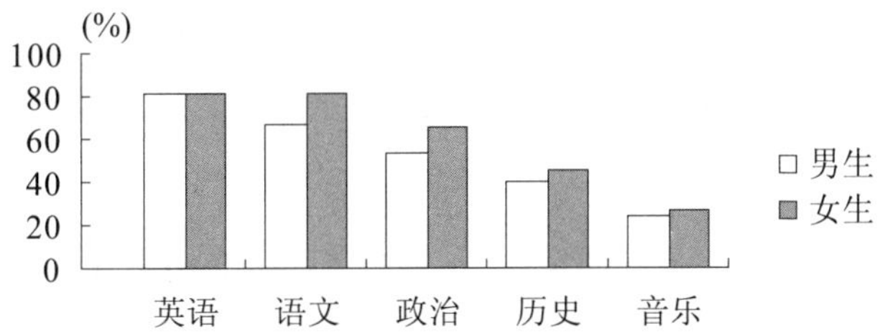

图 9 –7　学科成绩他人认知——认为女生学得好的科目比较

从图 9 –6 和图 9 –7 可看到，男女生的学科成绩他人认知基本一致。女生更多地认为所在班级的男生数学和物理学得好，而女生则是语文和政治学得好。

在数据分析中我们发现：无论男生还是女生，在自己喜欢学的科目、自认为学得好的科目、学科成绩好的科目这三者之间基本一致。但在自己喜欢学的科目、学科成绩差的科目这二者之间表现并不一致：男生认为自己喜欢学但成绩差的科目集中在数学和物理两科，分别占所调查男生总数的 40% 和 29%；就女生来看，这种情况出现在英语和历史科目上，分别占所调查女生总数的 30% 和 28%。

在访谈中，教师反映女生一般偏爱文科，文科成绩较好。“一般女孩子在语言这方面的课表现得会比较活跃一点，比较有优势。”（T2 – P – 生物）“女孩子在语言方面比较好，一直都有这样的趋向，男孩子也有个别比较突出，一般来说，女孩子的英语成绩比较好。这种差异一直很明显。因为这边小学没怎么学英语，我以前教初中都有这种感受。女生学习语言方面比较好一点，比较自觉。”（T3 – P – 英语）男生偏爱理科，理科成绩较好。“一般偏向理科，一般就是物理、化学好，男生逻辑思维比较好一些，在数学这些需要逻辑性思维的科目就比较好些。”（T1 – P – 语文）“生物属于那种让你自己用所学的知识去分析的，男生的思维比较活跃，题答得比较好，男生理解能力强一点。应用方面男生较强势，特别是在高中比较明显。学起理科来，肯定男生相对好一点，但也有个别女生学得好的，思维特别活的也有，这相对比较少。理科学得特别好的女生，都是那种不是死读书的，比较活的那种，比较开朗，比较活跃那种。”（T2 – P – 生物）“物理班就很明显，基本上都是男生多于女生。一般来说，理科都是男生占多数。可能跟他成长的环境有关，思维的方式可能有影响，男生比较活跃、大胆，对生活常见的现象较感兴趣去探究。男女生的这种动手能力、操作能力，是有差异的。初中经常做实验，连接线路，男生很快就做完了，女生基本上就坐在那里，不怎么动手。从实验看得出来是有差别的。”“物理这个科目一般排名比较靠前的，是男生多一点。”“女生普遍对物理都产生一种恐惧心理。根源可能是物理要求的思维能力比较高一点。比较难学，所以很多女生都讨厌这个。很讨厌，很怕！”（T4 – P – 物理）

据学生访谈统计，60%的受访者的情况与教师的上述反映吻合，但有40%来自重点学校和普通中学或农村中学重点班、尖子班的受访者，反映男女生的学科学习情况无此差别，即并非文科女生好，理科男生好，甚至有女生理科比男生好的情况。“一般尖子班的女生理科都很好的。”（S5 – P – 4）“女生全部成绩都好，体育满分的比较多，理科、文科都是女的比较好。前三十名都是女的比较多。”（S16 – Z – 3）“不论是什么科，理科还是文科，到目前为止女生都还是领先。物理、数学全都领先。”（S17 – Z – 3）“我们班的物理状元也是女的。”（S25 – Z – 2）

（二）学习表现

研究者试图通过被试对学习的态度（学习是否刻苦，是否按时、认真完成教师布置的课外作业，是否严格遵守学校的各项规章制度及纪律等）来了解其学习表现，表9 – 2是问卷有关结果的统计分析。从所列出的三项比较内容的数据指标看，性别差异明显。

表9-2　学习表现的性别比较

比较内容	t	df	p
学习态度	4.407**	584	0.000
完成作业	2.252*	582	0.025
遵守纪律	2.920**	583	0.004

对待学习的态度，女生选择“十分刻苦”和“比较刻苦”的比例明显高于男生（表9-3）。在按时完成教师布置的作业方面，女生选择“总是按时”的比例提高，而男生选择“基本按时”的比例最高（表9-4）。对待学校的各项规章制度与纪律，女生选择“完全遵守”的比例明显高于男生，而男生选择“基本上能遵守”的比例明显高于女生（表9-5）。从表9-3、表9-4、表9-5的数据可以看到，在学习态度、完成作业、遵守纪律等学习表现方面，女生均明显比男生好。

表9-3　学习态度的比较

性别	十分刻苦（%）	比较刻苦（%）	一般（%）	不太刻苦（%）	不刻苦（%）	卡方检验
男生	3	33	47	14	2	$df=584$ $t=4.407^{**}$ $p=0.000$
女生	7	42	44	5	1	

表9-4　按时完成作业情况的比较

性别	总是按时（%）	基本按时（%）	有时按时（%）	偶尔按时（%）	不能按时（%）	卡方检验
男生	40	53	6	2	0	$df=582$ $t=2.252^{*}$ $p=0.025$
女生	51	43	3	0	1	

表9-5　遵守纪律情况的比较

性别	完全遵守（%）	基本上能遵守（%）	有时能遵守（%）	基本不遵守（%）	完全不遵守（%）	卡方检验
男生	26	68	6	0	0	$df=583$ $t=2.920^{**}$ $p=0.004$
女生	36	60	3	0	0	

教师们认为：“男生的学习虽然说头脑比较灵活，反应的灵敏度比女生更好

一点，但学习态度不很认真，比较调皮，经常贪玩，结果成绩不是很好。”“女生发育早一些，学习成绩好的大部分都是女生，到高中的时候就没有什么差别了。”（T1－P－语文）“男生多高分和低分的，女生偏向中间，中上水平的是女生。小学女生厉害，中学慢慢女生就没有优势，到高中更没有优势，大家都是这样分析。……女孩子比较听话、用功，但思维不够活跃。有些女孩子，遵守班级纪律各方面都很好，很认真啊，那些练习册都做得很好，作业也完成很好，但是一考起试来学习成绩就是不好，没办法，这跟人的思维方式有很大关系。”（T2－P－生物）

女生们认为：“女生比较勤快一点吧，就多数来说女生成绩比较好，男生就是比较贪玩啊，考起试来就没那么高分。……学习能力都是一样的，就是看个人勤不勤快而已。”（S6－P－4）“男生上课比较吵，纪律不是很好。”（S9－P－3）“男生很调皮啊，都是喜欢打人打架。”（S14－Z－3）“男生比较贪玩。不勤奋，打球啊，回家啊，玩电脑啊，静不下来。女生背书啊，还有就是上课比较认真听，所以成绩就比较好。”（S16－Z－3）“很多男生到现在还是比较贪玩！男生努力的话，我想很多都会超过女生的。”（S17－Z－3）“男生情愿晚上不做作业少睡觉，早早起来回学校打篮球。女生虽然有喜欢打篮球的，但没有这样狂热。”（S21－Z－2）

（三）学业期望与职业期望

在学业期望上不存在显著的性别差异。如图9－8所示，没有人希望自己至少读到初中以下，希望读到初中的有4%，高中的有18%，大学的有57%，硕士的有9%，博士的有11%。

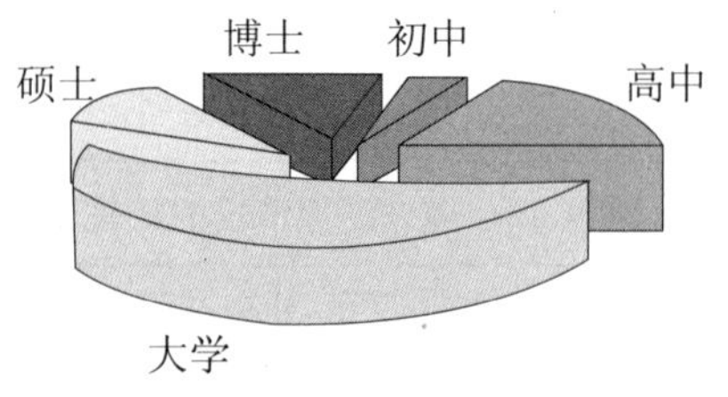

图9－8　学业期望

职业期望上存在显著的性别差异（$df=13$，$n=545$，$x^2=94.904^{***}$，$p=0$）。在最理想的职业上，男生的选择中排在前5位的依次是计算机行业、商人、企业领导、科学家、警察，比例分别为21%、19%、19%、13%、

6%。女生的选择中排在前5位的依次是企业领导、教师、计算机行业、医生、警察，比例分别为26%、13%、13%、11%、11%。男生中没有人选择护士和农民，女生中没有人选择工人、司机和农民。

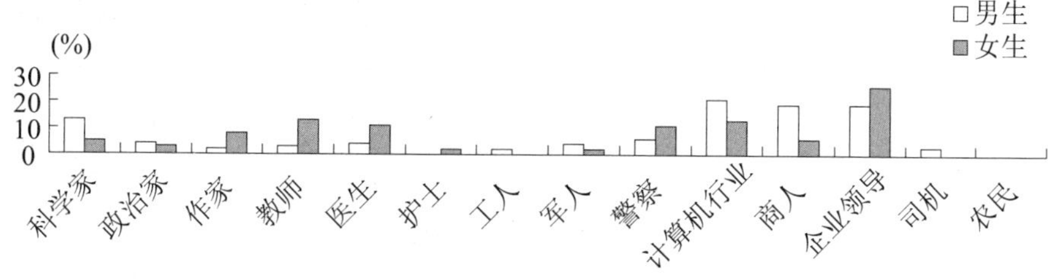

图9－9　职业期望的比较

学生访谈显示：关于学业期望，有80%的受访者明确表示希望自己至少读到大学，表示“越高越好”，“读到不能读为止”的学生占到了30%，这与问卷调查情况基本一致。关于职业期望，访谈结果发现有相当一部分学生还没很好地考虑自己的职业理想，其中初中学生占比较多。受访的7名高一女生的职业期望分别是医生（2人）、教师（2人）、商人（2人）、作家（1人）。

教师访谈的结果反映了校园中的不同观点，这可为今后教育、引导学生进行职业生涯规划带来启迪。“最好不是说什么工作就应是女的去做，什么工作就应是男的去做，那不一定的。现在社会上好像就已经下定义了，教师、护士就女的比较多，其实这样不好，很不好的。我鼓励学生，自己有这方面的爱好，有这方面的能力的话就尽量去做。说不定你有这方面的优势。现在广外招小语种或者教英语的，都是需要男生，男生的分数要求比较低。人不是天生就适合做什么工作的。我们现在一讲到女科学家，就举居里夫人的例子，然后就没有第二个女的可讲了！”（T3－P－英语）

学生访谈中也有女生持此观点：“我觉得男生和女生不一定有很大的差距。只要你努力了，没有什么是专属女生去做的，没有什么是专属男生去做的。”（S11－P－3）“有些女生做得，男生也可以做，男生做得女生也可以做，一样可以的！”（S17－Z－3）“在我们社会中没有哪些工作是适合女生来做，哪些是适合男生来做的，没有吧，男生女生都一样，都可以做。”（S5－P－4）

（四）学业成败归因

学业成败归因是衡量学生学习能力水平的重要指标之一。在学业失败的归因上，性别差异不显著。男生和女生中各有69%的人都将考试没考好归因为“自己努力不够”，各有26%的人认为是“自己粗心大意”，都极少归因为“自己不够聪明”、“题目太难”、“老师教得不好”（图9－10）。

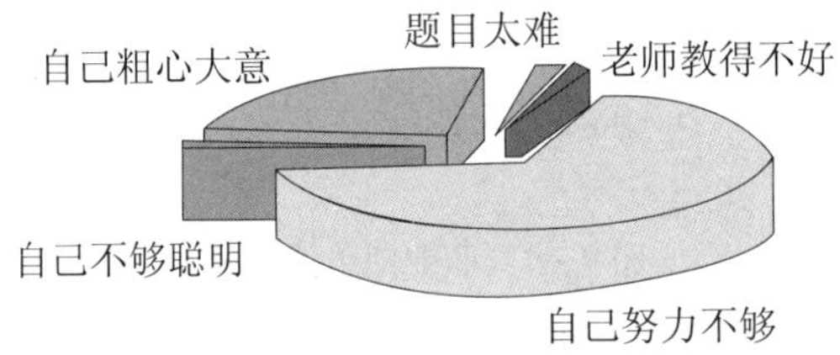

图9－10　学业失败的归因

表9－6是关于学业成功归因的比较。较之男生，有更多的女生将考试成绩好归因为“自己努力”；较之女生，有更多的男生将考试成绩好归因为“试题简单”。

表9－6　学业成功的归因比较　（单位:%）

性别	自己聪明	自己努力	自己运气好	试题简单	老师教得好
男生	3	59	11	22	5
女生	2	70	9	17	2

以下是学生访谈中的一些归因观点：“英语超差可能不够用心吧，或者花少精力去学吧，老师讲的时候挺懂的，课后就不把心放在那儿也就不怎么样了……政治，觉得有点枯燥，不会特别感兴趣去学。而英语可能就是因为成绩不好，就对它没兴趣。”（S6－P－4）“男生超自信……‘我如果努力了绝对比你厉害！’整天都会这样，很多人都会这样……”（S17－Z－3）

三、性别形象认同

本维度是通过教师的性别认同和学生的性别自我认同及性别形象的自我认同来检测的。表9－7反映出男女生的性别形象认同存在显著的性别差异。具体情况可通过表9－8、表9－9、表9－10来了解。

表 9－7　男女生的性别形象认同比较

比较内容	t	df	n	p
教师的性别认同一（喜欢）	40.66***	4	579	0.000
教师的性别认同二（期待）	10.255*	3	584	0.017
性别的自我认同	－3.119**	580		0.002

从表 9－8 可看到，有 42% 的男生和 47% 的女生认为大多数教师对男生女生都同样喜欢，有 33% 的男生认为教师更喜欢女生，持此观点的女生有 13%。从表 9－9 可看到，有 53% 的男生和 66% 的女生认为大多数教师对男生女生的期待都很高，有 16% 的男生认为教师对女生的期待高，持此观点的女生有 11%。从表 9－10 可看到，有较多的被调查者对自己是一名女生或一名男生感到自豪和感觉良好。男生感到自豪者明显更多一些，女生感到"感觉良好"和"感觉一般"者较多。

表 9－8　教师的性别认同一（喜欢）比较

性别	男生（%）	女生（%）	都喜欢（%）	说不清（%）	卡方检验
男生	3	33	42	21	$df=4$　$n=579$ $t=40.66^{***}$
女生	7	13	47	33	$p=0.000$

表 9－9　教师的性别认同二(期待)比较

性别	男生（%）	女生（%）	都一样（%）	说不清（%）	卡方检验
男生	7	16	53	24	$df=3$　$n=584$ $t=10.255^{*}$
女生	6	11	66	18	$p=0.017$

表 9－10　性别自我认同比较

性别	自豪（%）	感觉良好（%）	感觉一般（%）	感觉不好（%）	自卑（%）	卡方检验
男生	43	38	17	1	1	$df=580$ $t=-3.119^{**}$
女生	31	43	20	5	1	$p=0.002$

图 9－11 是性别自我认同的问卷统计结果。有 30% 以上的被试在所提供的 40 个词语中选出了与自己实际状况相符的 23 个词语，在这 23 个词语中有

21 个是男女生共同的选择，其余的 2 个男生选的是聪明和勇敢，女生选的是情绪化和敏感。选择人数超过 50% 的词语，男女生各有 7 个。男生选的是有同情心、坚强、幽默、乐观、守纪律、富于想象力、自信；女生选的是有同情心、乐观、守纪律、整洁、粗心、外向、善解人意。其中有同情心、乐观、守纪律是男女生共同的。这表明：有同情心、守纪律等传统的女性特征被男生所认同；乐观、粗心、外向等传统的男性特征被女生所认同。

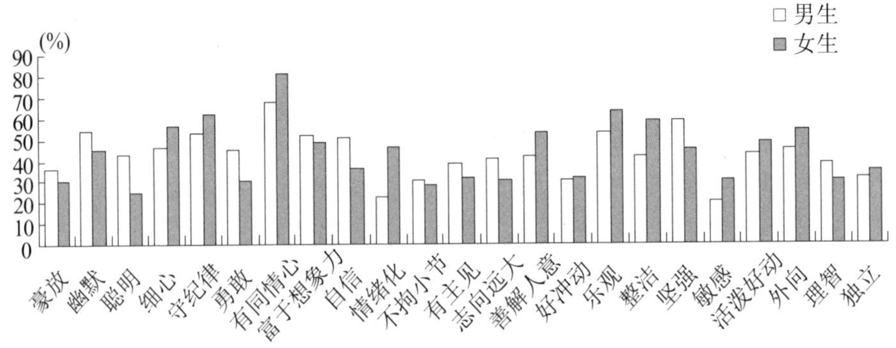

图 9－11　性别自我认同比较

图 9－12 说明，有 30% 以上的男女生分别选择了 24 个和 23 个词语，其中男女生共同选择的词语有 21 个。除了这 21 个词语外，男生还选了豪放、守纪律和感情细腻，女生则选了温柔。选择人数超过 50% 的词语有 8 个，其中有 7 个是男女生共同的选择，它们是细心、聪明、富于创造性、勇敢、坚强、理智、有主见，剩余的 1 个词语男生选的是善解人意，女生选的是自信。这表明：传统的男性形象特征如聪明、富于创造性、勇敢、坚强、理智、有主见、自信等为大部分女生所认同；传统的女性形象特征如细心、善解人意等为大部分男生所认同，守纪律和感情细腻这些传统的女性形象特征也被较多男生所接纳。

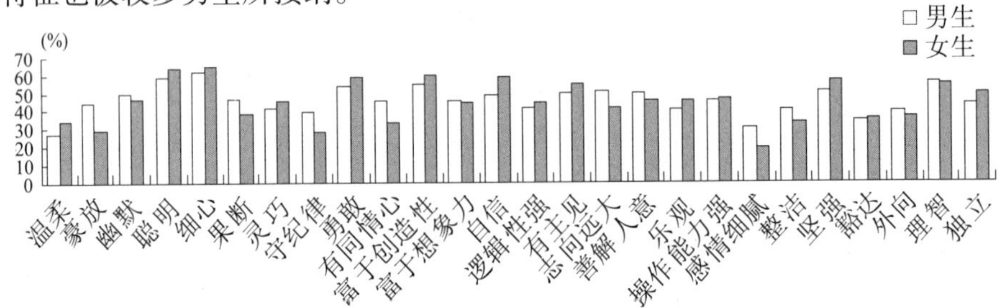

图 9－12　性别形象的自我认同比较

受访学生中有 40% 的人认为女生守纪律、勤奋、细心、灵巧、害羞、温柔、文静、胆小、细腻、富于同情心，男生调皮（顽皮）、胆大、坚强、外向、豪放，有勇气、好冲动、有主见。“女同学比较认真，男同学没那么认真。女同学想得比较细致，比如说大扫除，男同学就随便擦擦，他说这擦干净了，女同学就慢慢擦，擦到自己认为干净为止。”（S8－P－3）“男生可爱就是开玩笑逗女生很开心的那种，然后很讨厌，就是老是讽刺你啊，哎呀，地球都盛不下你啦！”（S18－Z－3）

有 20% 的受访学生认为女生还具有开朗、活泼、好胜、自信等特征和“双重性格”。“理想的女生应该是出得厅堂入得厨房。”（S5－P－4）“男生比较懦弱一点，我最近被男生说什么‘大象腿’、‘大饼脸’，说多了我都懒得理他啦，以前会发火，很暴力地把他摁到墙角去，踢两脚，然后将书掷过去，如果打中了就合算，打不到就继续拿着书追。”（S18－Z－3）

一受访学生谈及的现象值得教育者反思：“我们班主任老师觉得‘男生强则班强’，他经常说这话，因为他说如果一个班要靠女生来撑起来的话，那这个班真的没什么用处。我们班是全级体育最好、各科学习成绩也很好的班，很多人都想来这个班。我觉得他讲的话挺有道理的，男生和女生能力是不同，男生的责任要比女生更重一些。”（S17－Z－3）

四、消费与家庭经济

学生消费与家庭经济负担是否有性别差异？研究者设计了两个问题要求被调查者回答，表 9－11 是问卷有关结果的统计分析。从表 9－11 得知，家庭经济负担的性别差异不显著，每学期花费则显现出性别差异，表 9－12 是具体的比较情况。约有半数的被调查者花费在 300 元以上，男女生性别差异很明显。相对而言，每学期花费在 50 元以下、50—100 元、100—200 元的男生较多，在 200—300 元和 300 元以上的女生较多。

表 9－11 消费与家庭经济的性别比较

比较内容	t	df	p
每学期花费	－2.984**	574	0.003
家庭经济负担	－0.396	577	0.692

表 9－12 每学期的花费比较

性别	50 元以下（%）	50—100 元（%）	100—200 元（%）	200—300 元（%）	300 元以上（%）	卡方检验
男生	10	13	16	13	49	$df = 574$ $t = -2.984^{**}$
女生	6	7	13	18	56	$p = 0.003$

图 9－13 反映了被调查者家庭的经济负担情况。被调查者对家庭承担自己的上学费用的感受，大多是“比较轻松”或“勉强能够承担”。

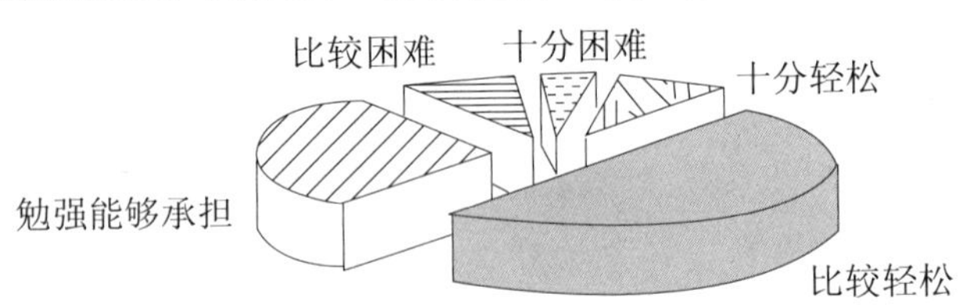

图 9－13 家庭经济负担比较

从学生的访谈结果看，来自农村多子女家庭的女生，家庭经济负担较重，这直接影响了她们的学业理想和职业理想。“将来能找一份好工作，考上大学，能帮助家里……先在一家公司赚很多钱，有自己的财力以后才去干自己喜欢的事情。毕竟还要报答父母。完成了这些任务之后我才会干自己比较喜欢的事。”（S17－Z－3）

五、问题与对策

（一）学校教育中存在的两性差异

根据问卷结果统计分析和访谈资料归类分析，在与男性的对比中认识女性学校教育的特征，有利于更有针对性地提高女性学校教育的质量，促进两性教育公平。本调研结果表明，男女中学生在学校教育教学中主要存在着如下差异。

1. 学校环境设施满意度的差异

女生对学校环境设施的满意度较高。

2. 学科倾向和学习成绩的差异

一般情况下女生更喜欢英语、语文及音乐，男生更喜欢体育和物理。女生总体上学习成绩较好。女生明显比男生好的科目是语文、英语、政治，明显较差的科目是物理、数学和化学；男生明显比女生好的科目是物理、数学和体育，明显较差的科目是英语和政治。但在尖子班、重点班及在重点学校，上述现象不明显。体育项目方面，男生多喜爱篮球，女生多喜爱羽毛球。

3. 学习表现的差异

女生学习刻苦，比男生能更认真、努力地完成作业，自觉遵守学校的各项规章制度。

4. 学业期望和职业期望的差异

学业期望性别差异不显著，男女生均以读到大学为主流，希望自己读到初中毕业以下者为零。职业期望方面，男女生共同青睐的职业是企业领导和计算机行业，更多女生选择了企业领导，而更多男生选择了计算机行业。选择农民职业者为零，此外选择护士职业的男生为零，选择工人和司机职业的女生为零。较多女生选择教师、医生、警察，较多男生选择商人、科学家。

5. 学习成败归因的差异

对于学业失败的归因，性别差异不显著，男女生均以自己努力不够作为主要归因，其次为粗心大意。对于学业成功，男女生都主要归因于自己的努力，女生的比例更高一些。

6. 性别（形象）认同的差异

男生性别的自我认同感较强。男女生在性别认同方面一致的特征有同情心、乐观、守纪律。此外，较多男生选择了坚强、幽默、乐观、富于想象力、自信等特征，较多女生选择了整洁、细心、外向、善解人意等特征。男女生在性别形象认同方面一致的特征有细心、聪明、富于创造性、勇敢、坚强、理智、有主见等。此外，较多男生选择了细心、善解人意、守纪律和感情细腻等，较多女生选择了聪明、富于创造性、勇敢、坚强、理智、有主见等。

（二）促进两性教育公平的对策

男女中学生在学校教育中表现出来的性别差异，其影响因素有生理的、社会的，但学校教育者对中学生的影响是起主导作用的，其中教师的性别观念和教学方法等直接影响学生的学科倾向、学业成败的归因、自信心及职业选择等，应从这些方面着手改进。

1. 树立正确的性别观念

在现实中，很多教师并没有意识到自身的性别价值取向，在对男女生的期望及评价上存在不公平问题。有研究揭示，教师对男女两性的性别价值认定和取向，延续和复制着传统的性别价值观念。① 教师在教育教学中自觉不自觉地强调男女学生分别应当怎样，长此以往“应当”便成了规则或者规范。有的教师对男女生的同一表现给予不同评价：同样学习成绩差，女生被认为笨，男生被认为贪玩；男生取得好成绩是由于聪明，女生取得好成绩则是刻苦学习的结果。教师带有性别偏向性的评价，引发了不同的期待与要求，给学生带来了不同的发展效应。教师对学生所持有的性别刻板印象不仅影响到自己的教学态度和行为，更直接影响到学生的学习动力、情绪、学业表现等。性别角色的僵化定位和某些性别偏见，使女生被有意或无意地告知，她们更适合于学习文科，因此在一般学校一般班级学习的不少女生，对自然学科、工程学科有着恐惧和排斥心理。② 我们不应否认男女学生在生理上的差异，但不能把男女生之间的这种生理差异片面地扩大到其他方面，以至于形成偏见。要促进两性教育公平，特别是应当针对男女学生发展的特点施教，长其善而救其失。教师要形成科学的期望和态度，养成科学对待和评价性别问题的作风，提高性别教育的专业素质。教师需要形成正确看待差异的性别意识，进而培养学生正确的性别意识。只有看到差异才能够了解男生、女生的需求，才能给予其更加有针对性的关怀，

---

① 杨宝忠. 掩藏在女童教育公平下的不公平——从性别刻板印象角度探讨［J］. 山西师大学报：社会科学版研究生论文专刊，2009（36）：33－35.

② 史静寰. 从女童的视角对教育的审思［J］. 妇女研究论丛，2000（3）：26－28.

给予其更多的选择，促使其更好地发扬个性。①

随着社会的进步和教育的改革发展及教育水平的提高，中学生在学校教育教学中表现出的性别差异将日趋缩小。本调研显示，中学生的性别自我认同呈现出男女特征的相互渗透，在性别形象的认同上男女生趋于一致，职业选择和职业期望方面呈现出男女生趋同现象，这些都要求学校教育者改变传统的性别教育观念。

2. 提高教育能力

教师要以正确的性别观念为指导，改进教育教学方法，提高教育教学技能。如调查中发现男女生自我认同方面女生自信心较男生差，因而教师要特别注意指导，帮助女生树立自信心。自信心是一个人的潜能源源不断地得到释放的精神源，是人们克服困难取得成功的重要保证，对个人的成长有着十分重要的作用。教师应在教育教学中创设各种有利条件，并针对每个女生的实际情况，帮助她们建立适合自身发展水平的合理的成功期望，让她们更多地体验成功并充分认识自身价值和潜力，发挥自身的长处，进而增强自信心。②

教师在承认男女生差异的基础上，还要看到随着社会的发展这种差异所产生的变化。如调查结果显示，传统上认为的女生在理科上的弱势，在重点学校或重点班已被突破，说明女生身上蕴藏着巨大的潜能。另外，女生还有适应性强、学习刻苦努力、善解人意等优势，要真正挖掘女生自身的潜力，充分展示出女性的各种最和谐、最优秀的因素，使其成为宝贵的教育资源。如在课堂教学中要注意师生互动中的性别特点，在教学方法中探索发展性别优势的方法，设计有利于不同性别发展的校本课程等。特别是在学科教学中，尤其是在农村中学和非重点中学及非重点班级的教学中，教师要注意训练女生的理科思维，培养和激发其学习兴趣，提高其学习能力，帮助其将文科优势迁移到理科学习中去。

---

① 杨宝忠. 掩藏在女童教育公平下的不公平——从性别刻板印象角度探讨［J］. 山西师大学报：社会科学版研究生论文专刊，2009（36）：33－35.

② 甘肃省教育科学研究所. 西部六省区边贫少数民族女童教育学生问卷调研报告［J］. 教育革新，2000（3）：14－16.

参考文献

杜学元，沈堰奇．我国小城镇女童学业状况的调查与分析［J］．西华大学学报：哲学社会科学版，2005（4）：74－78，89.

甘肃省教育科学研究所．西部六省区边贫少数民族女童教育学生问卷调查研究报告［J］．教育革新，2000（3）：14－16.

强海燕．性别差异与教育［M］．西安：陕西人民教育出版社，2000.

强海燕．中外女性教育发展与比较［M］．西安：陕西人民教育出版社，2002.

于康平．女性主义对主流教育的批判与重构综述［J］．教育探索，2010（2）：9－10.

于康平．教育过程公平的性别维度［J］．当代教育科学，2010（7）：14－16，36.

郑新蓉．性别与教育［M］．北京：教育科学出版社，2005.

郑新蓉．营造无性别歧视的学校教育［J］．中小学校长，2009（3）：24－26.

周卫．中国女童教育的回顾和前瞻［J］．宁夏教育，2004（4）：57－59.

女校篇

第十章

女子中学显性课程与女生发展

在近代教育史上，女子学校这种单一性别的教学组织形式，曾经是女性突破性别藩篱，争取获得与男性同等的学校教育机会的重要形式，也曾经是封建势力维系性别隔离教育所坚守的最后堡垒。因此，在女子学校这一教学组织形式是否利于女生发展的问题上，我们不能一概而论。

然而，大量的女性主义教育研究结果表明，男女合校表现出一种性别化教育特征。一方面，无论是男生还是女生的发展，都被先在的社会性别文化所限定，都在为将来要承担的社会性别角色做准备；另一方面，先在的社会性别文化大都秉持着“男尊女卑”的性别价值原则和性别形象特征二元对立的认知模式，因此，在这一社会性别文化影响下，更多的女生在男女合校中处于发展不利境地。具体表现为：在学校，受社会性别文化特别是传统性别角色刻板观念的影响，女生在所谓的“男性学科”如数学、物理、计算机等领域的情感和能力发展，在对所谓的“男性形象特征”如聪明、独立、自信、果断等特质的认同和发展，在社会活动参与能力的发展等方面更多地处于不利境地。

有鉴于此，20 世纪 70 年代以来，西方激进的女性主义者指出，在传统社会性别观念在社会上没有根本改变的情况下，所谓“无性别的”或“性别中立”的教育与“男女入学平等”一起成了教育上忽视性别偏见、否认性别歧视的理由，女性在男女合校教育中容易受到忽视和压抑。因此，应该恢复和发展女子学校，为女性发展创造公平的学校文化氛围。

那么，女子学校的教育独特性究竟体现在哪里呢？学校课程作为学生经验习得的最重要媒介和资源，是学校教育的核心构成。围绕着学校课程的规划和实施，学校的办学宗旨得以具体体现，学生的全面发展得以贯彻和实现。因此，我们选取了在我国很具代表性的女子学校——上海市第三女子中学①（我们在研究过程中发现，该校师生们更喜欢简称自己的学校为“市三女中”，或者“市三”，因此后文中均将该校简称为“市三”）的课程为研究对象，主要采用访谈、问卷调查等研究工具②，探究女子中学的课程与女生发展的关系。本章将“教育系统中要求学生必须学习并通过考核，达到明确规定的教育目标，以获取特定的教育学历或者资格证书的课程”③称作“正规的”、“显性的”课程（formal curriculum）。本章主要探讨女子中学显性课程与女生发展的关系，旨在发现女子中学的正规课程是否与男女合校不同，如果不同，其课程的独特性及其对女生发展的价值又是什么。下面分别从选修课、教学方法、学科、体育四个方面阐述我们的研究发现。

---

① 单一性别学校（single-sex school）根据学校、教室和教师队伍的性别构成状态，有三种类型。本章中的上海市第三女子中学，是一所女子学校（girls-only school），其教师中有男教师，也有女教师，但是学生的性别构成是单一的女生。它是上海市唯一的一所公办女子重点中学，宋霭龄、宋庆龄和宋美龄都曾经就读于此。学校前身是1881年美国基督教圣公会创办的圣玛丽亚女中和1892年基督教南方监理公会创办的中西女中。1952年，上海市人民政府接管圣玛丽亚女中和中西女中，将二者合并并改名为“上海市第三女子中学”。1968年，学校取消女子中学体制，成为一所男女混合中学，更名为“上海市第三中学”，1981年恢复女子中学建制。该校办学宗旨是培养“德才兼备，秀外慧中，现代化开放型的女子人才”，其基本特征是独立、能干、关爱、优雅。如下英文分别是independence、ability、care、elegance，简称“IACE”。该校每年都要举行两次“IACE女孩”评选活动。

② 本研究获取有效问卷77份，其中高中44份，初中33份；获取访谈资料22份，其中校长访谈1份，教师访谈4份，学生访谈17份。访谈资料编码方式如下：I表示访谈资料，根据访谈人的身份分别命名，P为校长，T为教师，TY代表体育科，WL代表物理科，SHX代表数学科，S为在校学生，其中初中生为S-J，高中生为S-H，G为毕业生。这样，I-T-SHX-J表示对初中数学教师进行访谈所得到的资料，I-S-H-1表示对高中学生第一组访谈所得到的资料。

③ 黄甫全. 课程与教学论［M］. 北京：高等教育出版社，2002：301.

一、女子中学的选修课程与女生发展

个体的知识和经验，一方面来源于个体的亲身实践，另一方面来源于他人的实践经验，因此，个体经验的拓宽和深化，既离不开直接的实践活动的体验，更离不开间接经验的吸收和改造。学校教育是对社会文化的有目的的选择和组织，其中凝结着人类社会长期发展所累积的各个方面的经典性经验。对于学生个体而言，这些间接经验的吸收是开阔视野、训练思维、培养能力的必要条件；对于社会而言，提供这些间接经验是实现学生个体社会化的重要途径。而间接经验内容构成的多样性则是实现学生个体发展与社会需求满足的重要策略。

“市三”办学者根据本校的学生特色和特点，通过一期和二期课程改革，以教研组为课程开发单位，以选修课的形式为学生提供了“广域性、多样性和层次性”的校本课程体系，为学生个体的个性发展提供多方向选择，扩宽学生的发展基础。

（一）选修课及选修制度

从毕业生们那里了解到，“市三”的选修课可以分为两种：一种是每个学生都要上的必选课，例如钢琴课、健美课、心理课等；另一种是学生根据个人兴趣和爱好可以自由选择的选修课。例如，毕业生们谈道：“我们学校选修课可能比较特别，别人学校的，我觉得听了都没有什么好玩的，像选修课，瑜伽课，然后有女性礼仪，女性文学这种就比较有趣。”“也有一些理科类的，比如说，物理实验啊，然后计算机的那种绘画。”（I－S－G－2）此外，模拟驾驶、女红课、日语课、法语课、油画课等也是学生提及比较多的。从开设对象看，选修课主要是针对高一年级开设的，“一个学期你可以参加两门”，“高一那年我参加了四门课”，“高二没有了”（I－S－G－4）。其实，有些选修课，例如健美课，在整个高中阶段都一直是开设的，而心理课到高三年级也是还开设的。“我们那个时候课表礼拜一跟礼拜三下午是有兴趣课的，也是自己选的。”（I－S－G－4）

此外，学生在校期间可能会参加学校组织的一些活动，而这些活动学校同样以选修课的方式计算学分。例如，访谈中的两位毕业生在校期间曾经参加了学校组织的合唱队，合唱队的经历让两位毕业生记忆犹新。“有一个学期，因为（上海市）有一个布谷鸟学生音乐节，有合唱比赛，然后学校就临时组织合唱队，然后就参加比赛。”（I－S－G－1）“就是别人参加选修课的时候，我们去合唱，这也算是个大的选修课。”（I－S－G－1）“它不会占用额外的时间，它就是放在选修课，但是你就算不参加合唱队，你这点时间还是在学校里参加别的课程。”（I－S－G－1）

合唱队的成员选拔过程是这样的：“它是有个自愿的音乐课上你可以先去老师那边就去试一下，因为她看一下你的音准、音高方面的，然后你，她那边录取的时候她来征求你意见，你愿不愿意参加，这是一个双向选择的过程，不是说你一定要参加……它是双向的，那就比较好，同学都愿意，而且女生喜欢唱歌的还是蛮多。”（I－S－G－1）

而对于合唱队的排练时光，另一位毕业生显得更加陶醉：“我蛮喜欢在合唱队的日子”，“慢慢的大家一起融入这个，使得这个成果出来”。正式比赛时“我们就穿自己的校服，因为我们，我们都自认为我们学校校服很好看”。“我们每次都拿第一名，因为都是女生，唱出来很轻柔的那种感觉，像一股清风一样……嗯，就很独特，就是用女孩子的声音。”（I－S－G－5）

（二）为女生发展量身定做的特色课程

1. 学校创设的女性特色课程

目前，“市三”已经形成了8个大类100余门校本课程，而女子教育课程则是其中最能体现女校特色的品牌课程，包括女子礼仪、女性文学研究、女生学习方法指导、女子健美、女中学生心理热点研究等课程。其中，女性文学研究是一门深受学生欢迎的选修课，开设这门课程的教师将该课程的培养目标定位为：“她们（女生）应在优秀的女性作家的启发下，从少年时代就明确自身的价值，了解优秀女性的独特气质和魅力，超越性别对立，树立健康向上的人生观。著名女作家张洁曾经说过：‘未来的社会，女性的解放不仅仅意味着经济上的独立和政治上的权利，还应该包括女性本人对她们自身存在意义和价值的正确认识。’文学即人学，通过阅读文学作品，同时也是向我们的先辈们学习如何做人。”①

另外一门深受学生欢迎的课程是女性礼仪，这门课程曾被评为上海市长宁区第八届小学德育工作研讨活动“优秀校本德育课程”。其中“学西餐礼仪，做西餐俏佳人”在2006年上海市中小学中青年教师教学评比活动中，获中学拓展型课程二等奖。② “这个课程通过活动来完成，这个课程不是坐在教室里面你应该怎么怎么样，全部都是该吃西餐的时候台子搭好，台布铺好，左叉右刀左刀右叉的，全部都是实干的，通过这种方式让大家一起去……去感受有关女子礼仪，它是个很丰富的课程。”（I－P）

2. 对女性特色课程的反思

通过这些年来女性特色课程建设和实践，“市三”的办学者开始对这个部分有了新的看法。“我和美国大学理事会的理事长——曾经来过，她想在这里招生嘛——谈的过程当中，她对我的这个想法有非议，她认为为什么分成女生课程，她说在她看来是不可思议的。那么她这个话我印象很深，这导致了我们在女生课程这个方面现在再考虑到女子教育的元素怎么去开发的问题，因为很多课程是适合于双性的，只不过是有些方面可以通过开发适合于某一性别的角度……但是我们在想一个问题就是什么叫女子课程，这个东西又不能太绝对化了，所以它带有一定的女性因素在里面，比如艺术类的课程多一些，钢琴，钢琴教育选修，合唱选修，是吧，这类选修课程比较多一些，嗯……但是在这个过程当中我们在想你不能走到另外一个极端，女子课程就走向女生的反面……你看今年没有再刻意专门去搞什么女性课程，因为美国大学理事会（理事长）这个话对我挺有启发的，所以我们没有刻意去做这方面。她说你这女性礼仪适不适合于男性呢？我回答整体是适应的，个别动作方面姿态方面可能不太适应，就是‘男站位，女站位’的问题，‘男走姿，女走姿’的问题，肯定是不同的。是吧？能不能分得出来呢？能分得出来。那你把它冠以女性礼仪是否合适呢？这对我启发也挺大的，所以这里有一个公共性的领域，虽然这里全都是女子，如果我们现在给女生搞教育，那就变成女性了？”（I－P）

---

① 徐永初. 女校·女生［M］. 上海：上海教育出版社，2007：257－258.

② 同①：168.

（三）女生眼中的选修课和女性特色课程

1. 心理课“挺有用的”

“市三”开设的心理课让几个毕业生念念不忘。

首先，为学生们上心理课的教师给学生们留下了深刻印象：“那个（法语课）就是心理老师教的，很有派的吧？一个女的，姓沈的老师，又讲心理又讲法语，太厉害了。她还，她还说自己的特长是生物”（I-S-G-4）。

其次，学生们觉得心理课很有用，而这种有用性不仅表现为“它的教育对象特别特殊一点，所以当然它要考虑的东西就要比混校的多一点。尤其是女孩子嘛，多敏感啊，多多愁善感啊，更……更容……更容易变得忧郁一点。所以它设一个心理咨询室很有必要，而且它经常说你们有什么问题啊可以投信啊，可以去找啊，去找那两个老师”（I-S-G-4），还表现为“高一那年的心理课是跑到心理教室去上的，是一个年轻一点的女老师给我们上的，上的还是那种类似于心理测试呀那种比较好玩一点，但是到高三那一年的心理课时，这个老师到班级里面来上，讲的基本上就是一些嗯考前怎么缓解压力呀——更多的是排除心理焦虑的那一种，很有用，我觉得挺有用的”（I-S-G-4）。“心理课，那个时候我还是第一次接触到了那个职业心理，那时候做过那个职业心理的分析，对，还有做过那个什么胆汁质呀什么之类，就是没做全，我也不知道是哪一个质，我忘掉啦，但职业对我影响蛮大的，因为职业我做出来当中有一栏是教师，后来我所以还是真的去选了教师……其实有点跟职业……就业指导其实有点联系起来。”（I-S-G-1）

2. 女红课——“很多女孩子还是挺……挺想学会这些东西的”

女红课，有些女生也称之为编织课，是在女生们看来“很女孩子气的这种课”（I-S-G-4），也是“市三”女生们喜欢选修的一门课。在谈到这个课程时，一位毕业生说：“我觉得特别好，因为家里妈妈不教，妈妈外婆都会，但是都不教，觉得是浪费时间”。“一个看上去特别男孩子气的，就是又高又大又壮的那种女生竟然也选了这一个，对，其实很多女孩子还是挺……挺想学会这些东西的。”“一开始，因为老师会的东西特别多，她会编织，会那个，一个就是钩东西一个就是织东西，她问我们，你们想学什么？然后我们说织围巾吧，然后那会很快冬天啦，然后她说好，我就教你们织围巾，如果有时间再教你们织帽子。”（I－S－G－1）

3. “这算是我们一大特色——健美操”

“女中还有一个必修课，就是在体育课，除了基本的体育课以外，高中三年，我们三年都有一节叫健美课，就是上健美操。然后怎么说，踏板操，然后健美操，形体这些，就是每个女生都要学三年。”（I－S－G－2）“健美课老师好像可能会根据你的，就是现在女孩子喜欢什么，她可能选这段音乐然后编一段动作，大家一起跳一跳，而且我们早操不是也有是要做健美操的，健美操和广播体操轮换着做的，对，这算是我们一大特色，健美操。”（I－S－G－1）

实际上，健美课在初中阶段也在进行。“健美课上，我们现在在学健美，哎，爵士舞。说实话，大多数女孩子，虽然是女孩子但很少有人学过跳舞尤其是这种爵士舞，现代舞，很少有人去学。所以老师教了以后，接触了以后，考试的内容是这样，就是每个人需要别人，每个人需要编排四个八拍的内容。我们是组成了一个小组，编了大概有10个，10个八拍不到这样子的舞蹈内容进行，到最后进行考试。这一段时间，我觉得也是一个……对我们一个排舞的这种想象能力吧，或者是创造能力还有一个组织能力……是非常大的锻炼。”（I－S－J－5）

“而且它（健美操）就是这些动作嘛，它可能过几个月就会换一套，换一套，这些动作都是通过健美操，形体课这边就是做下去的。”（I－S－G－1）“第一个学期跳的是那个，那个时候正好流行啪啦啪啦，它正好是很时……流行的啪啦啪啦舞。那个其实就是走一走嘛，那个跳的不多。”（I－S－G－2）“我们做健美操，就是，而且健美操是都比较时尚的那种。……像我情愿做健美操也不想做那个广播体操。”（I－S－G－1）

二、女子中学的教学方法与女生发展

（一）探索女生群体的学习特点

学校教育的质量如何，最终还要面对社会教育质量评价系统的检验。

当前，中考升学率，尤其是高考升学率是社会大众衡量一个学校办学质量的非常重要的指标。更为重要的是，从学生自身发展来看，对于中国绝大多数学生来说，能在高考、中考中取得满意的成绩，是进入高一级校继续深造，完成事业追求的必备条件和必经之路。有研究指出："由于学习和学校生活是学生体验自我价值和对生活及其意义理解的主要方面，所以，学业成功和在校成功是女生形成自信心……的关键因素。学业成功可以产生愉悦的情感体验，快乐而成功的学校生活可以使女生产生继续求学的动机，并伴随着为实现愿望而付出努力。……怎样使女童在学校最大限度地去实现学业的成功，怎样有针对性地对女生进行教育教学，这方面的研究与实践探索将对性别平等与公平教育具有深刻意义。"①因此，对于"市三"的教师们来说，上述促进女生发展的诸多理念的贯彻和措施的实施，也是要以高质量的课堂教学和较高的升学率做保障的。

"市三"的教师们结合自身教学实践，通过调查研究和查阅已有研究资料认为，男女学生的学习特点是不同的。例如：在记忆力方面，女生一般偏重机械记忆和形象记忆，记忆面广，记忆量大，短时记忆较优，但也因此影响了长时记忆的效果；在注意力方面，女生的注意力多定位于人，对人际关系很敏感，并在这种关系发生变化时很快做出反应，所以她们听课时容易受到教师情感的影响，情绪波动幅度较大；男女生在思维品质上的差异最明显，女生由于有较强的形象记忆和机械记忆而偏向于形象思维类型，主要依靠表象间的类比和联想，富于想象力，但思维的灵活性不够，理解力差。

对于从小学到高中毕业，女生在学习上逐渐被男生超越的现象，"市三"的教师们有自己的立场：绝不是因为男性的智力水平天然地高于女性，而是因为我们的教育原则和教学方法都是以男性学习特点为依据的。在教育活动几千年的发展历史中，女性长期被排除在外，直至近一百年，女性才走进了过去完全属于男性的学校课堂。女生虽然平等地与男生一同坐在了课堂上，但是女生在学习认知上的特殊性、在接受知识上与男生的差异等，都没有得到应有的重视，其结果就是女生的学习成绩普遍差于男生。

① 强海燕，李闻戈，刘朝晖. 倾听"边缘"的声音，关注女生的成长［J］. 比较教育研究，2009（3）：66－71.

女子中学则因材施教，根据女生特殊的学习和思考问题的方式组织教育、教学活动，从而能够取得更好的学习效果。因此，应努力提高女生的自信心和成才意识，帮助她们掌握正确的学习方法。[①]

（二）探索女生的考试特点

“市三”的教师们还通过教研组研修形式研究试题。例如：“很多教研组发现，老师们整体教学能力很高，但是课堂提问的水平很差，它怎么办呢？它是教学命题入手的，整个教研组今年一年我们这个每个老师就命题请专家来。专家的细目如何确立，确立之后的框架下你怎么出问题，这个问题的题干就是你课堂当中就能发问的问题，你能不能问的这么严谨。老师上课问题很随意的，但是实际试题的题干是很严谨的，如果老师的问题都能够像试题这样表述，这样严谨的话，他就会促进学生的思维向正向发展。学生往往是在一种不严密的试题下，回答的也是很随意。所以有的教研组就是练这方面。这个学期就是练这方面。那么一个学期下来以后，老师通过命题，掌握命题的分布，命题的难度，命题方向细目要求下的试题的点的分布，然后就是题干怎么来拟。通过训练一批批的老师在成长，最后能做到的就是教的内容和通过考能显示出来。”（I－P）

而“市三”的女生们是如何体验上述这些教学方面的探索成效的呢？首先，与其他学校或者自己初中在其他学校学习的经历相对比，学生们在“市三”直接体验到的是比较“轻松”和“自由”，因为不用补课。其次，毕业生们通过自己的高考成绩体验到三年的高中学习取得这样的结果“挺好的”。“我们升学率也不低……不补课，就能够达到这个目标，很厉害。”（I－S－G－3）有效的方法是什么呢？总体来看，“我觉得秘诀应该是我们学校老师把握住了高考到底考的是什么，不是，不会去钻那些很偏很难的题目。就是把基础分拿到，对，就保证学生基础分会拿到，然后能力的适当提高。他不能保证每个同学都能把最难的那道题目做出来，但是他能保证同学就是说把最……基本……基本上最基本的题目都拿到手，那这样的话分数其实不会差”（I－S－G－1）。就具体科目而言，“语文老师相当相当

① 徐永初．女校·女生［M］．上海：上海教育出版社，2007：297．

的负责，我特别喜欢他……他应该是那个把知识要点都在平时给你讲了，不过，他会不断地重复……数学老师他也是一道例题，给你讲通了，变两下你自己搞会……英语学习，我觉得尤其是就是高三那一年……老师还是更注重那个口语交流，然后反正不怎么填鸭”（I-S-G-3）。

三、女子中学的学科与女生发展

传统的性别观念认为：女性是感性的，男性是理性的；女性擅长形象思维，男性擅长抽象思维。因而，根据这种思维特质，女性是不适合从事科学研究活动的，特别是理工科的研究学习活动。长期以来，女生在学校中的成绩表现似乎也证实了这一点：女生适合学习文科，男生适合在理工科方面发展。而号称“文科摇篮”的“市三”也在语言和文科方面拥有更大的优势和社会声誉。很多女生和学生家长之所以选择就读“市三”，很大一部分原因就是冲着“市三”在这些学科上的优势。从“市三”办学者恢复女中建制的初衷来看，“扬长补短”，拓展女生学科发展方向是一个重要目的。实际情况如何呢？

（一）文科与女生发展

在“市三”的教师们看来，即使是在人们认为的女生的优势科目上，女生的学习仍然存在不足，有进一步拓展的空间和领域。

外语组发现女生不太爱读报纸，特别是报刊中的科技文章，就以“提高学生英语报刊阅读能力”为研究主题，在教材中补充了指导学生读报的内容，通过指导读报，提高女生阅读英语时政新闻和科技文章的能力。

“市三”的外语更注重对学生语言交流能力的培养。外语教学很强调学生听力和口语表达能力的养成。怎样实现学生们大胆用外语交流呢？除了交流能力方面的训练之外，教师还要帮助学生祛除交流中的心理障碍。“老师的观念就是敢说，有什么不敢说的，就嘴开了你就说，说不出来再说，总会有一个方式能让你敢交流到的。不行，你实在不行就做手势，总会……总会有一个方式能让你交流的，那个时候我就觉得其实没有什么。”（I-S-G-2）而得益于“市三”英语教学方式，这位毕业生进入大学后，发现了自己可以大胆地与留学生用英语交流的优势："我们学校（现在就读的大学）刚办了一个桌游社，我是副社长……（桌游）是从欧美那边流行过来的——然后有些外国同学，然后就是我昨天就过去交流一下……有些人讲几句话就很紧张……要自信跟人家讲英语"。而她的这份自信正源于"（市三）就是这样训练的"（I-S-G-2）。

语文组教师发现，女生思维的不足主要表现为比较感性，缺少理性思考，善于描写抒情，不善于深刻地探究事物的原因和实质，所以女生擅长写散文随笔，但议论文就比较逊色。于是，当高考作文题偏于抒情时，"市三"女生的作文分数普遍较高，如果作文题偏于议论文，分数就较低。根据"长项长长点，短项补长点"的原则，教师在教学中既关注女生形象思维能力的发展，又关注女生抽象思维能力的培养，全方位提升女生的思维能力。具体做法是自编教材，对女生进行专项训练。

（二）理科与女生发展

1. 提升女生的科学素养

一般来说，在学科倾向上，存在着女性擅长文科，男性擅长理科的传统观念和印象，这种观念一定程度上限制了女生中学阶段学科的全面发展，也导致了女生进入大学深造后发展领域相对狭窄的问题。女性主义教育研究显示，在中学阶段，学科发展上的性别倾向观念，包括教师、家长、学生自身的，与女生理科发展不利有着密切的关系，因此，突破传统学科发展观念中的性别界限，拓宽女生学科发展领域，促进女生在传统的所谓"男性学科"上的发展，也是实现性别教育公平的重要举措。

近年来，为了拓宽女生的发展空间，"市三"特别重视女生理科方面的发展。这种发展不以考试成绩为评价体系，而是立足于培养女生的科学素养。"怎么来让我们的理科显得强大呢？不是考试，如果仅靠考试，我们肯定是……比如我们科技课程，我们都谈了，我们有相当的科技课程在里面。我们的科技总辅导员负责落实这些事情，然后我们尽量在一些大型的、市内的，就是市区里的大型的科技比赛活动中，我们让实力证明我们孩子厉害。所以这些年来我们刻意就打造这些方面，让你们看一看她的力量。机群，上海市家庭机群大赛，我们是克服各个名校，第一。……然后就是英语辩论赛，英语辩论赛几乎都是环保类的，和环境保护有关的，科技类的。我们环保辩论赛已经是连续三届第一，力克群雄，第一。……她有出色的英语口语和什么，不光是英语口语，还有什么，智慧，思维。……那么下一周……第四届科技节，这第四届科技节就是立足于怎么培养女生的科技意识、科技素养，它有几个层面来促进女生。第一个，我们要对过往刚刚列举的这么多的获奖同学大张旗鼓的在场面上表扬，给她们一种尊重和荣誉，这是一种刺激，这是显手段。第二个，我们专门请市里的科技专家集中来辅导怎么写小论文，交给你写论文的科学办法。然后再搞一场扔鸡蛋降落伞比赛……这些活动实际上都渗透在我们一个过程当中，想方设法通过各种活动促进女生她这种科技意识的形成和科技方法的掌握，科技兴趣的形成。”(I－P)

2. 理科教学与女生发展

以科技节带动的女生科技活动的开展和深入，则离不开理科课堂的引导和有针对性的教学。对此，学校的科技总辅导员认为：“我觉得物理，女生是必须要学学物理的，她最需要学习物理。……她有什么长处，老师要把她长处发扬出来……但是你在这一点上太突出了，特别对基础教育来说，你其他地方就荒废了，而荒废的那个地方恰好就是你将来发展的一个制约点，所以我跟……我就有个想法，就是说一定要把物理的基本的一些道理普及给学生……比如说我们这个鸡蛋比赛，我们的物理老师在上物理课的时候要花五分钟左右向同学们介绍这个比赛的规则，然后呢简单介绍原理，不能讲得太详细，让她们自己想办法，这就靠老师的鼓动。”对于在女生中开展科技活动，尤其是结合物理教学开展科技活动的难点，该教师认为：“我现在基本上可以，我自己可以肯定，就是说不在于表面上的兴趣的差异，而在于一个深入发展的差异。男生，男生会很自觉地不需要外界介入地进行深入的研究下去，女生就不行，她需要外界介入，她不会自发地往那个地方很深地去研究。其实我们学校学生普遍还是比较喜欢物理的，但是一遇到难题就不行了，就在这个地方……那是怎么回事呀，你知道吗，所以女生的一些前概念，就是以前已经接受的东西，很难去扭转，要反复地，反复地跟她讲，才能把她扭转过来。所以我现在头痛的就是初中，初中的物理对高中的学习有障碍的。人生第一步，好比她已经，就是现在那个教育理论叫那个同化和顺应，那个理论，她已经有个知识结构了嘛。它已经很坚固了。初中啊，反复练反复练，很坚固了，那么你高中进来以后，它就冲突了，就因为它很坚固，是个碉堡你攻克不了它呀。所以你要想办法把它撬掉，给它乱掉。乱掉了，然后呢，再把新的这个知识给弄进去，重新建立一个新的结构，女生在这方面是比较困难”。(I－T－WL－H)

此外，根据女生群体对于抽象事物敏感度不高，而对具体形象的事物比较容易接受和感知的特点，物理组教师通过强化实验教学先行的途径，帮助学生对物理事实获得具体、明确的认识，而这种认识是理解物理概念和规律的必要基础。学校通过新增实验与书本上原有实验的配合使用，丰富了物理实验教学，提高了女生对物理学习的兴趣和教学质量。2004 年、2005 年连续两年获得上海市 TI 物理实验竞赛团体三等奖。

（三）女生眼中的学科倾向与性别关系

在 17 位学生访谈对象（包括 4 位毕业生）中，具有文科学习优势和学习兴趣的占大多数，尤其是到高中阶段这个趋势更加明显。很多学生就是因为“市三”一贯的文科教学优势而投考的。关于自己对文科的选择，毕业生们由于已经完成了义务教育阶段的学习，似乎认识得更加清楚一些。

1. 影响女生学科选择的因素是多样的

首先，学生自身学科能力发展和学业成绩水平是影响女生学科选择的重要因素。

“我选文科不是因为‘市三’的关系，是因为从小的关系。本来从小，好像我从小学开始就是对理科……总有点……好像我抽象那种思维就不是，我觉得我理科大概就没学好，从小学开始我就没学好，所以我就根本就没有想过高考要考理科。”“我是数学不好……初二开始学物理，我第一次接触物理就是头晕，就什么电路，那些东西在我面前是完全看不懂，什么串并联，所以可能是初中那个时候就不喜欢，所以到高二不用学了我好开心。”“我喜欢文科。”(I－S－G－2)

“我是理科不好的……我每次（考试）都是怕数学……这个（女孩适合学文科）我还是比较认可的，当然了，我自己就是这个很典型的情况。”(I－S－G－3)

“很多选科我觉得是家长方面的因素比较大一点。”（I－S－G－1）这位毕业生对自己高考时选择了文科方向非常满意，在谈到这个选择过程时，她认为：“不是说女孩们语文可能好一点，然后英文好一点，男孩子们数学、物理更棒一些，包括我妈当时也就这么选的，给我弟弟选了理科，然后就给我选了文科。”“我觉得是挺好的。”因为“化学我很不好，从初中学的时候就没好过。物理其实是不差的，数学也是很好的，但是因为选文科的话，文科数学会比理科数学稍微简单一点点，那这样的话我在文科数学上呢会有一些优势。然后政治因为我记忆力比较好，因为以前学二胡嘛会背很长的曲子呀，记忆力比较好。”（I－S－G－1）可见，在她的逻辑里，传统的普遍观念是一回事，家长的建议是一回事，而自己的实际情况是另一回事，怎样让自己的学科发展优势在高考中充分体现出来是更为重要的考虑因素。

其次，学生兴趣发展与家长考虑的权衡——“学得好和喜欢是两回事情”——也会影响女生的学科选择。

在我们访谈的4位毕业生中，有一位在高中选择的是理科方向的物理班，大学考取的也是理科方面的统计专业，但是在学习了一个学年后就转到了学前教育专业。在谈到她的学科变化时，她说：“个人的兴趣也在文科这边”。至于当初在高考中为什么选择了理科方向的物理班，她是这样解释的：“父母（选）的，大家都说学理科出路好嘛，你也知道专业比较多，选择比较多，然后因为我的物理成绩也蛮好的嘛，我想那就选了。然后，其实我的历史成绩也是蛮好的，其实物理的话，嗯，我觉得还好吧，对我来讲的话我觉得还蛮适合的。但问题是我不是很喜欢这个专业，我觉得物理就是我有能力学好，但是我不想以后从事相关方面的……这种理科的相关方面的那种职业。”“学得好和喜欢是两回事情”，“喜欢比较文一点的那种，然后再加上我其实比较喜欢小孩子啦，反正我就觉得还是现在这个专业比较适合我，我觉得吧这个专业比较能发挥我的特长”。（I－S－G－4）她的例证说明，选择在文科专业发展的女生，并不是没能力或不擅长理科这个所谓的“男性擅长领域”。因此，作为教育工作者，要时时警惕，切勿用传统的、僵化的性别刻板印象指引学生学科发展的兴趣，限定学生的未来发展领域。

2. 女生学科发展的群体内差异——“我们学校确实有理科也特别优秀的女孩子”

虽然所访谈的4位毕业生中有3人的兴趣和特长在文科，但是在谈到女生群体与理科的关系时，她们并不赞同一概而论的说法。一位毕业生谈到了女生群体与个体在理科学习表现上的差异：“也有女孩子学理科学得很好，这是个别因素，大致情况来说还是比较符合这个的”，“（总体来看）较擅长一点的，男孩子攻工科的”。(I－S－G－3)

而另外一位毕业生不仅看到了女生群体内的个体差异，更注意到了女性思维品质方面的群体内差异。“‘市三’的话……很多女生她们都很理性，她们会有感性的一面，但是她们还是理性占了大部分，她们的思维是逻辑性(思维)，都很缜密，真的，所以这个在男女差别上不是很大，我也看到很多女生数学和物理都可以在市里面的比赛中拿很多奖回来，有很多。”(I－S－G－2)

而曾经在高中选择了理科方向并且物理成绩还不错的女生，更是在自己所在的物理班中亲身领略了自己和其他女同学在理科方面的能力。“其实我一直不相信，我以前在初中的时候，学物理的时候我从来不输，不输给男生，我也从来不认为我自己有任何地方比他们差或者是思维什么比较迟缓或者怎么样，我觉得我一点都不比他们差。就是我们那个物理班很多女生也绝对不比男生差。”“她们都是思维很……很灵活的。”“我们大学里面，我大学是学理的嘛，本来就（是学）统计的嘛，班级里面最好的都是女生。”“其实我觉得我们学校的女生跟别的学校的女生选理科的比例来讲也算蛮大的吧，我觉得别的学校的女生也不一定选理科的那么多，就选物理。当然你说总的比例来讲肯定还是选理科的多，因为有很多男生都来选理科，但别的学校的女生基本上选的都是政治呀，历史呀什么。但我觉得我们学校按比例来讲其实……其实选理科还算多的。”（I－S－G－4）在她们这一级，文理分科的比例是“一半一半”（I－S－G－3）。

在纯女生的学习生活环境中，在能力发展上，特别是学科能力发展上，学生们不仅体验到了女生群体文科优势大的特色，而且目睹了女生的理科也可以学得非常好的事实。从她们的观点中可以看到，影响学生个体文理科选择的因素不仅是多样的，而且是复杂的，每个个体对各方面因素的权衡标准也是多样的。此外，毕业生们在文理学科倾向与性别关系的理解中，非常重视区分群体内差异。

四、女子中学的体育与女生发展

（一）单一性别构成促进女生体育活动的开展

传统上人们总是认为，男性好动，竞争性强，喜欢体育运动；而女性是安静、文雅的，文静的女生与运动场上的挥汗如雨不相关，更多是体育运动的旁观者。但是在“市三”，体育是女生们喜欢的项目，运动场上女生们挥汗如雨，排球与篮球成为普及率超过90%的运动项目。究其原因，一位从教12年，同时负责“市三”初中和高中体育教学的教师认为：“就是说因为是女生，所以呢在这个全是女生的这样一个体育课的课堂上面就抛弃了这种性别上的差异。其实在体育方面，性别差异还是蛮大的，对，因为就是说有男生在的环境和（只）有女生在的环境是完全不同的，所以我们的女生就没有这个压力，也没有这个干扰，所以她就会很奔放的或者是释放自己的一些潜能，挖掘自己的潜能，释放自己的能力，所以在很多项目上面她们都能够掌握得很好。……极少数的同学如果跟不上的话，她也不大会产生自卑心理，因为有老师，有很多同学在帮助她、鼓励她，让她能够跟上大家的步伐。所以说这个女生的体育在我们这种纯女校里面，应该说是比在混中（男女合校）里面上起来要好些”。“就举一个篮球的例子。那么篮球呢其实对于女生来讲，因为（篮）球的体积比较大，然后呢在这个比赛当中它的对抗性也是很强的，同时它的技术性要求又很高，对身体素质的要求也非常高。那么，因为这些因素，有很多女孩子如果在混中里面就认为这个是男生的项目，所以说……而且在有限的场地里面能抢到篮板，就是说能抢到这块场地去打球的都是男生，几乎看不到女生，这是在混中里面的一个现象。但是在我们这里，女孩子如果说她喜欢这个篮球的话，她没有任何压力，她可以凑在一起，大家都非常喜欢，就可以开始打。可能她会有走步，她的动作会不好看，也可能她会有的时候就是说打的像橄榄球一样，但是她们会很乐在其中，非常享受这样一个过程。同时我们在课上又给她们这方面的练习，这方面的训练的话，她们就多少都会对这个不能说是很精，最起码皮毛她总会会的。比方说简单的运球、投篮、传接球。如果说有兴趣的同学可以在班级里面就能组织起比赛。”“包括这种嗯……觉得足球就是男性的运动，对吧？在……在尤其是我们中学生的眼里就感觉她非常喜欢足球，但是她从来没有踢过足球。但是在我们学校，我们的高中的女生从高二开始到高三她就会真的去踢足球了。然后她要学会运……带球，她要学会什么射门，然后有兴趣的我们也有、也会给她组织比赛。然后她们就会……可以说她们那是叫玩，就是玩得很开心，没有任何压力。……外校的老师都会讲这个是我们（外校的老师）在别的学校看不到的。”（I－T －TY）

（二）在女生中扩展体育活动的途径——体育与艺术的结合

女性的认知方式更多是倾向于感性的，情感丰富的，因而，人们更多地将艺术与女性相联系。在面向女生的教育中，长期以来“市三”也非常重视女生的艺术教育，学校有着非常浓厚的艺术教育传统和氛围，管乐队、弦乐队、舞蹈队更是“市三”艺术教育的特色和招牌。尤其是IACE办学思路明确以后，学校更将艺术教育上升到培养优雅女性的重要途径的高度。因此，学校不仅加强了对艺术特长生专业素养的提升，更增加了一些面向全体女生的艺术课程，如电脑美术、钢琴、街舞等，还探索了艺术教育的新形式。其中，通过艺术与体育的结合而开发的韵律健美课已经成为一项融音乐、舞蹈、体操、健美为一体的课程，面向全体女生开设。

（三）女生在体育课上的感悟

现在女性从事体育运动不是什么新鲜事，经过人们的长期努力，认为体育运动有害女性健康的观念早已为大多数人所抛弃，奥运会的绝大多数项目也对女性开放了。但是，在很多人的观念中，女性应该是娇弱的，至少也应该是不擅长体育活动的，这种性别刻板印象依然存在。因此，女生在体育课上的表现就成了“上体育课，我觉得上初中的时候，男生在那里打球，女生就坐着看”（I－S－G－2），一位初中在混合中学就读的毕业生这样回忆到。

在“市三”，女生的体育运动和体育活动不仅比较受重视，要求也比较严。为什么呢？正如一位毕业生认识到的："我觉得在这个上面做到平等是很有必要的，你说一个女的，你要独立能干关爱优雅，你最需要的本钱是什么，身体好对不对？"(I－S－G－4)

在"市三"，一项很有名的体育项目就是晨跑。"这个晨跑是每天都要进行，除了下雨，这……我觉得这个挺好的，因为女孩，'哎呦，娇娇弱弱的，我不想动啊'，这个没得话说，必须跑，除了有特别原因。"(I－S－G－4)"就是必须出操，对，然后还有就是要跑步，跑步时候经常有些同学为了偷懒嘛，冬……冬天的时候，就是鞋带故意松了，然后就在一边系鞋带。然后以后体育老师跑之前都会说你们每个人现在检查一下自己的鞋带，有没有松，再跑。"(I－S－G－1)

在体育课上，"第一节上课就说女生如果例假就是也不……就是基本上不允许请假，除非是特别特别不舒服。因为可能女生嘛例假如果真的想逃避体育课的话，理由很多，然后老师也没有办法组织教学工作"（I－S－G－1)。所以"'市三'体育课就是每个人都在那里，大家都动，要参与"(I－S－G－2)。"我篮球……高二时有篮球对不对？说什么一分钟还是两分钟哇一定要投进去三个才及格。我第一次没及格补考，高三的时候足球我补考了十次啊。""其实不是说我不及格是因为这个老师希望每个人都能得到一百分的标准，而且他认为这个一百分的标准是你们每个人都能做到的……（我）很认同他的做法。"(I－S－G－4)

此外，"市三"的体育活动也搞得很有气势，每学期的学生排球赛、教师排球赛已经成了学校的节日。"这个是'市三'大概……每学期最精彩的活动之一，学生排球赛和老师排球赛，学生排球赛不像以前大家（开的）运动会，大家就没什么事，那个时候去参加排球赛就……真的就是很……就是那种把你……我们班跟高二打，高一的时候跟高二、高三打，高三的时候就跟小师妹打，就是大家每个人都会去看，就哪怕是高三的时候，高三学生也要参加比赛。……高三中午你会（在）教室（里）看不到人，全部在排球场上看排球比赛。""排球赛，我当过替补，因为那个时候其实参加排球的主力是初中都在市三的女生，这个要练的，我们就刚刚开始学了一点点。其实不是很会，就大多数是啦啦队，但是其实也很快乐，就加油加油这样子，真的就像是叫的很猛那种。"(I－S－G－2)

五、女子学校显性课程的独特性及其对男女合校的教育启示

（一）女子中学的显性课程：弘扬女性优势，尊重性别差异，关注女生发展

大量的女性主义教育研究结果显示：课程是一把双刃剑，它既可以成为社会性别偏见与社会性别角色刻板化的复制者，也可以成为社会性别公平的促进者。之所以会有这样截然不同的作用和影响，关键就在于课程中的社会性别文化取向是传统的、二元对立的社会性别文化价值，还是开放的、多元的、公平的社会性别文化价值。

促进社会性别公平的课程，必须将性别视角纳入课程设计的理念，必须以平等的态度对待男女两性的经验、传统、价值及其在历史上的贡献，使课程真正成为促进男女儿童发展的材料，而不是传递性别偏见和强化性别刻板观念的工具。这已经是当前国际社会实现社会性别教育的基本共识，是重建社会性别公平的学校教育要遵循的基本原则之一。

“市三”的显性课程系统，鲜明地体现了社会性别公平的课程文化特征，即充分尊重和关注女生的差异与发展需求，弘扬女性的优势，认同女生的特点，满足她们的兴趣和要求。

“市三”对女生教学方法的探索，尤其是理科教学方法的探索，揭示了男女生在学习方式上之所以有差异，不仅仅是因为理科是“男性学科”，所对应的是未来的“男性职业”，因而女生在这个领域的学习中缺乏经验、信心和动力，还因为男女在学习方式、思维方式上有明显的差异，更为重要的是，这种差异并不意味着在传统的所谓“男性擅长的学科”上理所当然地是“男强女弱”，对于这种差异性的忽视会导致教育工作者以男性的思维方式或者学习方式要求女生，而以男性的思维方式为标准来判断学习能力的高低是不公平的。

诚然，我们并不是性别本质主义的拥护者，但不可否认的是，在一定程度上，社会性别文化区分了两性活动领域和方式，从而造就了两性差异性的经验和思维方式。正如吉利根在《不同的声音》中所言，女人，不仅是生理的，还是文化的。我们必须在具体的性别文化情境中发现女性经验

的价值和优势。“市三”对显性课程系统的探索，让我们更鲜活地感受到了女性思维方式的长处和特点，让我们更深刻地意识到，男女在思维方式和学习方式方面的差异及其意义仅仅在于“各有所长”。

因此，“市三”针对女生思维方式的教学和考试研究具有非常重要的性别公平意义，对促进女生的成功与发展发挥了关键作用，是从性别的视角真正地落实因材施教、体现校本课程理念的有益探索。

（二）女子中学的显性课程：教师性别公平意识是关键影响因素

从对于“市三”显性课程的研究结果可以看出，单一性别构成并不一定能够自然地产生性别公平教育。单一性别教育组织形式必须与学校的其他因素相配合，如教育工作者的性别公平意识、教学方法、无性别歧视的课程资源等，才能促进性别公平的学校教育环境建设，而教育工作者的性别公平意识尤为重要。

“市三”在体育课程方面的探索说明，单一性别构成仅仅是为学生突破固有的性别刻板观念提供了尝试的机会，而教师性别公平观念的引导才是帮助学生减轻性别观念刻板化程度，促进学生性别公平价值认同的关键影响因素。传统性别观念对女性形象应该文静、柔弱的界定，剥夺了女性发挥力量、活跃于运动场上的合理性，造就了男女合校中“男生运动，女生旁观”的现象，更导致了许多教育工作者对女生体育和体育活动空间被剥夺、被忽略的习以为常和无意识，这对女生的全面发展是不公平的。“市三”体育课程的成功，不仅是由于单一性别环境为女生创设了完整的体育活动空间，更在于教师们针对女生身心发展需要和特点，精心开发、设计和实施了一系列体育教育措施，并以女生乐于接受的教学方式，引导女生习得运动方法，接受运动观念，享受运动快乐。而只有内心真正认同了女生形象与体育运动的相容与共，女生们才可能在运动场上快乐地挥汗如雨。

“市三”体育课程的成功，并不是只能局限在单一性别学校，对于男女合校的教师来说，“市三”体育教师尊重学生现状、关注学生兴趣的课程开发与实施的思路和方法是值得借鉴的。此外，男女合校的教师也可以通过男女分班上体育课的形式及保证女生课外活动场地等具体措施来保证女生的体育发展。

参考文献

黄甫全. 课程与教学论［M］. 北京：高等教育出版社，2002.

强海燕，李闻戈，刘朝晖. 倾听“边缘”的声音，关注女生的成长［J］. 比较教育研究，2009（3）：66－71.

徐永初. 女校·女生［M］. 上海：上海教育出版社，2007.

第十一章

女子中学隐性课程与女生发展

本章是第十章的姊妹篇。由于课程由显性与隐性两部分构成，所以我们采用同样的质性访谈调查研究方法，进一步对同样的个案学校——上海市第三女子中学（以下简称“市三”）进行女子学校隐性课程的探索。我们将“一个教育系统或者教育机构中，学生在显在课程以外所获得所有学校教育的经验，不作为获取特定教育学历或资格证书的必备条件”①的活动、过程或影响称为隐性课程（hidden curriculum）。就其构成来看，隐性课程包括：物质性隐性课程，诸如学校建筑、校园人造自然环境等；制度性隐性课程，如学校教育工作者、学生在内的人际关系准则；心理性隐性课程，如师生的行为方式、价值观念等。

当我们怀着好奇的心情第一次踏进“市三”的校园时，立即感受到了一种与过往参观过的中学非常迥异的校园环境，一种非常浓厚的女性气息。正值学校的早操结束时间，放眼望去，三五成群身穿不同款式校服的女生们唧唧喳喳从我们身边走过，流向自己班级所在的教学楼。上课铃响后，校园恢复了安静，我们可以有机会从容地参观整个校园环境，一览作为学校隐性课程构成方面之一的学校建筑和校园自然与人文环境。学校的绿化非常好，初夏时节，绿树已然成荫。学校教学楼大都四五层高，但是，让我们留下深刻印象的是校园的布置——针对学校都是女生的单一性别构成，校园的张贴画从格言、标语到人物，尤其是人物，都彰显了鲜明的女性特

---

① 黄甫全. 课程与教学论［M］. 北京：高等教育出版社，2002：301.

色。在这些人物中，女性占据了绝对的数量优势，仔细看下来，这些女性大致分为三类：一是中外杰出女性，不仅有历史上的杰出女性，如居里夫人、吴健雄、林巧稚、谢希德等，更多的是现在活跃在社会各个领域的杰出女性，包括企业家、军人、学者、记者等；二是学校的杰出校友，如教育家俞庆棠，作家张爱玲，艺术家黄蜀芹，以及闻玉梅、黄量、陈亚珠三位院士和全国劳动模范吴尔愉等；三是学校评选出来的第九届“IACE 女孩”，她们是学生自己身边的明星。

研究女子学校的隐性课程，我们应该注意到，单一性别本身就构成了隐性课程的一个重要环境因素，其对女生发展的作用值得深入探讨。因此，本章的笔墨重点放在女子学校隐性课程中与单一性别直接关联的维度上，即单一性别构成下的同伴互动、师生关系、学生自主性活动以及这三个方面对女生发展的影响。

一、单一性别同伴互动与女生发展

在我国 20 世纪上半叶，女子学校，尤其是女子中学，也曾经盛极一时。1912 年，中华民国政府颁布的《中学令》中明确规定男女学校分别设立。到 1946 年，全国单设的女子初、高级中学共 338 所，其中，四川、上海两地尤盛。[①] 中华人民共和国成立后，政府以男女平等为原则，实行了普遍的男女合校同班制，大多数女子中学改为男女兼收，“文革”时期，作为歧视妇女的封建遗留产物的女子中学被全部改制。目前，男女混合的教育组织形式是我国基础教育的主流。改革开放后，恢复单一性别建制的女子学校在基础教育阶段数量非常小。因此，选择女子中学就读，在一定程度上也能够体现出家长及学生个人对女子学校这种单一性别教育组织形式的看法和期待。

通过访谈我们了解到，之所以选择到“市三”这所上海市唯一的女子中学读书，女生们大多有自己的考虑：第一类，也是大多数女生进入“市三”的原因，是学生就近入学政策。第二类是出于家人的推荐而对女子中

---

① 龙亚娌. 我国女子中学沉浮历程探析［D］. 桂林：广西师范大学，2004：4.

学心存向往。第三类是冲着“市三”的特色优势课程来的，如“市三”的乐队、英语及在高考中的文科优势等，尤其是英语。这类学生占据了学生中的大多数。在这类学生中，很多是在“市三”度过了7年岁月，而通过4年初中部的学习生活，她们觉得“市三”更适合自身发展。还有一些女生认为她们到“市三”读书，尤其是高中部的学生，纯粹是报考志愿时的因缘巧合。怀着各种各样的考虑，女孩进入了这所上海市唯一的单一性别学校，有的在这里度过了自己人生的7年岁月，有的在这里留下了4年或者3年的身影。[①] 这些普普通通的女生，来到了这所女子学校，在她们之间的互动中，建立了单一性别的同伴关系。

（一）单一性别同伴关系——顾虑的消除

除了那些在家人或者朋友推荐下进入“市三”的学生外，大多数学生在进入女中之前，和其他对女中怀有好奇心的人一样，对女中是存有一些顾虑的，主要是担心在纯女生的环境中，同学之间是否不好相处。具体而言，“没进去之前，都是女生嘛，我会觉得可能会攀比的风气比较重一点，对吧，然后唧唧歪歪的事情也比较多一点，八卦的事情也比较多一点，其他的我倒觉得还好，可能就啊……就是社会接触面会比较小一点”（I－S－G－3）。“顾虑的话其实……那个时候没有认识同学嘛，同学也没有在女中经历体验过的，没有认识初中……没有在那边读的，没有认识这样的同学。然后如果有的话其实也是听家长那边说出来的，家长可能说啊，以前我某一个同事的孩子在那边读，她们说里面怎么怎么样，其实会有些顾虑……就是可能觉得女孩子之间关系比较复杂，或者会有些钩心斗角的事情。”（I－S－G－1）“都是一帮小姑娘在一起，会觉得很奇怪，而且女生在，就那个时候觉得我怎么跟她相处呀。然后就想小姑娘在一起，像电视剧里演的，一堆女人在一起钩心斗角，还没有进去时就一直蛮忐忑的。……我妈那时候好像进了‘市三’女，一个脚就踏入大学了那种。对，我倒跟他们不

① 不同于我国大多数地方小学六年制的规定，在上海市，小学是五年制的。而基础教育第六学年目前称为预备班，在中学完成。因此，对于一些在“市三”就读的女生来说，如果她在这所学校至少完整地完成了一个学段，那么她可能会在“市三”完成三年高中、四年初中或者七年中学学业。

太……我就觉得有点不安，也没有想过进去怎么样。”（I－S－G－2）

然而，这些进入“市三”的女生们很快对单一性别同伴关系有了不一样的看法。“但是真的进去以后倒觉得还好，至少我们班是这样，我们班的风气还是不错的，我觉得，还有女孩子跟女孩子相处还是比较融洽的。”（I－S－G－3）“可能进去我觉得……可能半个学期就没有了，其实很快顾虑就消除了，而且是特别融洽的那种同学，而且你发现每个女孩子其实都很单纯。”（I－S－G－1）“大概就进去两个月以后，就觉得其实跟很多人想……就不……跟所有不在‘市三’女中的想法都不一样，就是都是……所有都是女生的环境下反而比有异性的环境下相处得更好。女生与女生之间更坦诚，没有那种芥蒂，都是很活泼开朗，就是说每个人还是会有每个人的个性，但是相处之下还是比较放得开的。”（I－S－G－2）“我进来以后真的发现这里不会，因为没有……没有……像我们老师说的，没有男生然后女生会比较放得开嘛，因为在男生面前很多女生会很害羞或者是怎么样，然后在这里就是大家平时都会说一些很……就是女生的话题，或者说只有女生和女生之间才会讨论的事情，就是可以说还蛮随便。”（I－S－H－3）

（二）女性形象的再认识——“女生之间相处更坦诚”

在“市三”，学生们谈到纯女生的环境时，使用较多的词汇是“随便”、“放得开”、“不顾忌”、“没有芥蒂”。怎样理解呢？

“因为都是女生嘛，所以大家思想都还蛮相近的，谁想说什么就说什么。然后就是开玩笑也不用顾忌什么的。”（I－S－H－1）“女生之间都毫无顾忌地讲话，你说你在男生面前嘛总会有的时候要……嗯，就是不能太随便，你说对吧，像在‘市三’的话就可以很随便。就举个例子……我们要上体育课换衣服，就在教室里面随便换，同学之间也会比较亲密一点，就是互相之间好像也不大会有顾忌，很多事情就是这样。但是有男生的话肯定就不一样了。这种事情就是，比较的随便。”（I－S－G－4）

“因为有男生，女生就……毕竟到了高中，青春期就会想说打扮得漂亮一点，然后就是……可能那个纯粹就是出于本性，就是要吸引异性的注意。但是因为‘市三’女中没有男生，你打扮得漂亮别人也纯粹是因为你爱美，不会因为你是想说吸引异性，纯粹是啊今天我穿了裙子，很好看啊，但是

不会说那个……说你很好看是因为有点讽刺的意思，就是你今天穿得很好看。”(I－S－G－2)

（三）单一性别构成与性别角色分工——“独立性锻炼到了”

社会劳动分工是人类从事各种劳动的社会划分及其专门化和独立化。在各种社会划分标准中，性别差异是社会劳动分工的主要依据之一。例如，传统的性别文化规范中，女性的形象大多是为人妻和为人母的角色，活跃在家庭中，因而，社会和父母大多会让女性为承担将来生活角色做准备而掌握某些技能。虽然时代的进步不再将女性仅仅局限在家庭中，但是人们还是自觉不自觉地将那些传统性别角色分工标准，在日常生活中与男孩或者女孩一一对应起来。例如：在家庭中，女孩会有较多机会跟母亲学习洗衣物、整理房间等清洁工作，男孩则有较多机会从事诸如搬运东西这些耗费较多体力的工作；在学校中，教师在较多情况下会安排女生从事擦桌子这样的轻体力劳动，而会较多地安排男生从事搬桌子这样的重体力劳动。这样的性别分工模式其实隐性地、潜移默化地告知了男孩和女孩自己适合做什么，不适合做什么。如果在孩子的成长经历中，这种性别分工模式界限没有任何变化，那么大多数情况下孩子就会自然而然地将这种性别分工模式内化为自己的观念。相对地，孩子也失去了在更多领域探索自己的机会。

但是，女生们进入“市三”之后发现：在纯女生的学习环境中，很多的日常生活小事必须要自己动手了，因为在这里性别分工是不存在的。而这种对跨越性别分工的初体验，让她们发现自己还可以更独立。“每学期新书到了，然后自己从体操房里面去搬书，但是如果是混合高中，都是……肯定那些都是男生的事情。这些就是我们女生要自己搬书，从那个地方搬过来。然后比如说做一个活动，抬桌子，搬椅子，什么全部都是我们女生自己干。这就是……就是觉得说这些事情就是应该我们自己做吧。自己的事情有可能就不会，像有些可能……其他可能比较依赖男生，就觉得说有一个会去帮，会有存在那样一群人会去帮助……女生做这些事情。但是我们会觉得说至少是自己的事情就自己干。……很大一部分是……也可能是环境，就是你不做你也得做，没有人帮助你做，但是习惯了以后你会觉得

这是应该我们自己做的。”（I－S－G－2）

而在学校外面的教育机构参加过补课的学生通过比较也认为：“女生什么事情都要自己来，比如说你要大扫除，你要拖地。有可能混校里面就是男生拖，然后到女中都是女生自己干，好像那时我就认识了一些女孩子，有一点点娇气。”再联系到自己，她发现：“我小学不是都是男女在一起的嘛，就有点害羞，不敢举手，然后到现在真的就是很……胆子很大的”。“性格也变掉了”，“外向多了”。（I－S－J－4）

（四）单一性别中的人际互动——得到更多的关注和理解

对于学生们来说，学校的生活内容绝不仅仅只是学习知识，还会遇到其他的困扰和麻烦。而对于青春期的女生来说，这些困扰不仅需要一种生理上的关注，更需要一种心理上的关怀。“（青春期女生）更多的是心理需求。”（I－S－G－3）这种心理上的关怀不仅来自教师，而且来自同伴。而在混合中学中，女生的这种需求似乎没有得到教师更多的关注，而男性同伴似乎给她们带来了更多的不安全感。“混校的老师，我初中……哎呀我初中太悲惨了。这个我觉得真的是感觉他可能会对你学习这一方面抓得特别（紧）啊，对你道德啊纪律啊这方面抓得特别紧，但是他不大会过多地去关心你那些呀。……而且我觉得在那个混校的时候，如果你有一点异样，不管是身体还是心理，你表现出来了，被男同学看到了，有的是很恶劣的，到处去宣传的那种。”（I－S－G－3）

相对于混合中学，在单一性别环境下，女生的这种心理需求可能得到教师更多的关心以及女性同伴更多的理解。“因为你想全是女生的环境，女孩子有什么心事呀，有什么烦……烦恼的事情，作为她的同伴更容易发现。而且如果班主任是女的话，也更容易发现，因为她教的就是一个全女生的班级，她会比那种混校的老师更加注意学生的那些。唯一的性别，就是这个样子的。……那你在一个同伴都是女生的环境里面，更多的是理解，对的，更多的是理解。‘哎，这个我知道的。’‘哎，想当初我也是这样的。’”（I－S－G－3）

这种关注和理解还表现在课堂学习上：“在教学方面的优点，就是说女生嘛她可能尤其是在理科方面，大家选同一个学科的时候……差不多。如果在有些……例如延安高级中学，老师讲的题目都很难，然后下面有特别聪明的学生，老师问你们这道题目会不会，然后有聪明的学生说会，好了，老师这道题目就不讲了，对。但是女中不会，老师会把每道题目都讲清楚，大家也没有什么不好意思问问题的。”（I－S－G－1）在纯女生的环境下，不仅教师会关注到女生课堂学习的需求，而且女生们在课堂上有了更多的独立思考空间。一位高一学生谈道：“像初中的那个时候，比如说上课老师提出一个问题，然后男生很快就说出来的，可是呢可能思考的时间或者什么，会短，就是已经讲出来的话就自己不大会去思考，按照他这个思路再……这里的话就是老师也会……就是开发……嗯，你主动去思考，就是上课方式可能也会有所不同。”（I－S－H－3）

（五）单一性别与领导力发展——“不会去接触的东西现在都接触了”

男女生理上的外在不同，是社会性别文化规范形成的重要基础。在两性外在生理差异基础上，社会文化赋予了两性不同的性别气质、性别举止和社会活动范畴。在我国传统的主流性别文化规范中，更多地确认了“男主女从”的两性关系模式，因而“男主女从”在现实生活中更容易被大多数人认为理所当然。

在女中，女生们在没有男生的环境中，似乎更容易突破传统的两性关系模式，自然而然地得到了比在混合学校更多的表现机会，而这些机会又促进了女生们探索和发现自身的能力。“我觉得在没有男生的情况下有的时候我们就是可以更好地发挥自己的能力，就是一些特质。因为男女混校的话其实很多事情都是男生包揽的，或者很多机会也是给男生，让……让他们那个什么的。但是都是女生的话我觉得好像更加有机会展示自己的才能呀什么，然后，嗯，平时我们的活动呀什么也都是自己搞的，包括什么唱歌比赛呀什么排球赛呀什么的，反正都蛮锻炼自己的能力的。”（I－S－G－4）

一位在学校学生会工作的学生深刻体验到了这种表现机会：“女中也有我们女中的快乐，就是他们外面，他们不知道女中是一件很快乐的事情。在混中吧，就是说到了高中吧，不是学生会什么的嘛，那些比较骨干的，都可能是男生吧，但是在这里都是女生。”（I－S－H－4）

“像很多老师都讲过，在别的混校大扫除呀擦窗呀这种体力活，或者是搬本呀什么的，肯定是让男同学去做，搬东西，搬本，运本子呀什么的，都是找男同学去做嘛，一般就不会让女孩子去干这种重活，重体力活。然后在女中没办法只好让女孩子去做，所以有可能是锻炼我们独立性的这一方面做得非常的好。然后我觉得，最近我感触很深就是我们要搞十四岁生日的那个活动，然后我们班级由自己自发搞。嗯，就是跟老师申请以后搞了一个舞台剧。相当于舞台剧。因为歌舞剧这样一个东西，所以搞得非常庞大。然后这个组织，我觉得锻炼了我的组织能力，写编剧呀组织大家排练呀，然后去唱歌跳舞，这些都不会去接触的东西现在都在去接触了。”（I－S－J－5）

（六）单一性别与青春期心理发展——“在女中受到的干扰会小一些”

从生理发育角度来看，女生的生理发育普遍早于男生，而两性生理发育的这种差异对于青春期女生来说带来了更多的困扰，其中就包括学生家长们较为担心的“早恋”。而纯女性的教育环境让女生们的这种青春期心理受到的影响更小，无论这种影响是来自女生自身因素还是外部同伴因素。“尤其是……如果女生真的是，真的是有那种什么情窦初开的话，她可能不想在自己喜欢的男生面前表现得好像特别的，不能说有些笨吧，可能是表现得能力不够，但（在女中）女生没有这些顾虑嘛。”（I－S－G－1）

而三位初中生则是更多地强调了外部同伴干扰因素的减少：“中学嘛女孩子们也都长大了，长成亭亭玉立（的姑娘了），男孩子们也开始有点反应了，这样有可能就算你真的很认真地在学习，难免受到一些干扰，就算你不理别人，别人也会来干扰你呀。”（I－S－J－2）“男女混中就可能因为青春期这个阶段，肯定有那种萌动心理，然后就会传开了呀什么的，同学就会很尴尬，或者就影响学习什么的。”（I－S－J－3）“男女混校就是看见男生这段时间好像会觉得，哦，有点隔阂还是不知道有点距离。”（I－S－J－5）对于这种青春期的萌动心理，女生们觉得：“不一定是什么喜欢，可能是别人乱传什么的，这样以后大家就会比较尴尬，会疏远”（I－S－J－3）。“也不一定是恋（爱）嘛，因为有时候男生女生之间真的问题还是比较多的，所以在中学大家都是女孩子，大家都……大家就算有差异，也不会很大。因为大家女孩子嘛，都基本上就会想到同样的事情，会有同样的想法，差不多这样，所以就是说就是志同道合一点。”（I－S－J－2）“女生之间就会觉得好像大家差异都很小。”（I－S－J－5）

二、单一性别环境下的师生关系与女生发展

“市三”的教师注重培养女生思想的活跃性，“培养女生独立思考的能力，不唯书、不唯师，只唯实”①，给学生一个属于自己的“思想的天空下”。在这个天空下，学生要有敢想、敢说、敢表达的能力和心态，学校认为，在这一点上，“是非判断”在第二，“说出”比“说对”更重要。营造让学生善于思考，勇于表达的思想天空，教师要扮演的是鼓励者、引导者的角色，而和谐平等的师生关系是这种角色得以贯彻的前提。学校要创设的是自由而宽松的空间，让学生学会自我管理，学会自我发展。

（一）师生人际关系——与学生平等沟通

在与“市三”教师的访谈中我们发现，教师在描述师生关系时，使用最多的字眼是：“学生不怕我”、“平等的”、“心平气和地去交流”、“与学生沟通很好”、“我奖励比较多”、“老师和同学像朋友一样”、“我们老师对她们很真诚，学生对我们也很真诚”、“走进她的心里”等。教师们更多地使用了鼓励性的、肯定性的词汇来描述自己的学生，如“女孩子都很敢讲的”、“心胸豁达”、“做事大方”、“很阳光”、“很要强”、“可爱”、“懂事”、“能力非常强”、“潜力很大”、“文学修养突出”、“活跃”等。

一位具有近十年教学经验并担任过高中年级班主任的男性教师体会到，在与自己的学生——这些不成熟的年轻女性的沟通中，自己的性别成为师生面对面交流的隔膜，因此，他更多地选择了网上聊天。“因为没有面对面，所以我发现我了解学生最多的是网上，再说现在学生她都好写点东西嘛，她有个人的博客……我们学校的女学生都一起看她们那个东西，因为

① 杨振国．女生群体发展研究［EB/OL］．［2009－10］．http：//www.ssnz.sh.cn/nsjy/3/kykt/2yzg.htm.

她们是开放的，她们也知道有些是能说的，有些是不能说的，她们能掌握这个分寸。她们写的那些东西里就可以反映出她们一些思想状况，了解了她，你跟她聊天就……你就很有把握了”。(I-T-WL-H)

而当自己所带科目的学生成绩不理想时，这位教师采用了学生自愿参加的座谈会形式与学生共同协商、沟通，师生共同寻求改进该科目学习的方法。在这次沟通中，师生都采纳了双方的一些建议，彼此都要在以后的学习中有所调整。“这里呢他所谓形成了一种氛围就是这样，实际上互相之间一种尊重，它是切切实实在这个文化圈里面是非常普遍的，彼此之间的一种尊重是内化在骨子里的，包括我们面对老师的、学生的管理，都是宽松式的。”(I-P)

(二) 师生教育关系之一——建立学生认可的工作方式

在学生的访谈研究中我们发现，学生们对自己的师生关系以及教师处理师生关系的方法等都给予了更多肯定和赞赏。在师生关系上，从初中生到毕业生，更多地使用了诸如“喜欢”、“亲密”、“融洽”、“敬爱”等词汇描述自己与大多数教师的关系。同时，在谈到师生关系时，学生们更多地列举和认同了教师处理师生关系的方法。

工作方法一：站在学生的立场上，而非站在教师或者其他因素的立场与学生进行沟通是让学生信服的重要原因。“我们班的班主任，就高一高二的班主任是物理老师，他是一个特别实在的人……我的物理实质上就是中等，不管卷子出什么难度（的题目），我就是中等，挺稳的……我们班主任特别实在。哎，你以后选文选理呀？我说选文的，肯定选文的。他说那你这物理成绩可以啦，他说多花点时间在语数外上面知道吗，语数外是文必考的对吧，选文的嘛你这个物理就可以啦……他不会因为他是班主任，你这个物理不行啊……我觉得这个老师他的这种……观念，怎么说理念，我觉得特别特别能接受。”(I-S-G-3)

工作方法二：基本上不批评学生。“如果是平时那些小的细节，他会提醒你，比如说迟到、校服没有穿、没有佩戴校徽这类行为规范方面，他还是提醒的比较多……老师可能他也不会当着全班讲，他可能是做早操的时候，走到你身边说，哎，记得明天穿一下校服哇，或者今天校服是不是洗

啦怎么，他会问一下，然后说明天要。”（I-S-G-1）

工作方法三：放手让学生做，给予学生更多的信任。一位初中就在女子中学就读的高一学生谈道：“我们学校都是比较自我放松型的那种教学。就是像其他学校，我们听说，是老师做了大部分的事情。就是说我们有些节日呀，或者说有些仪式呀，都是大部分他们……都是大部分由老师来决定来策划，然后布置工作的。而在我们学校大部分都是由我们自己来的，所有事情从开端发起到最终的承办都是由我们自己来的……会看一下我们过程中是否正确，我们的思想是否正确。”（I-S-H-1）

上述工作方式之所以得到了学生们的认同，在于其中更多地体现出了教师对学生的尊重和信任。这些工作方式并不必然囿于女子中学，而是所有教师在处理师生关系问题上都应该，并且都能够做到的。

（三）师生教育关系之二——善于引领与指导

在学校生活中，女生们对独立的体验并不是教师们的放任自流，而是在教师们的悉心指导下和放手让学生们去尝试。这种引导可能发生在课堂上：“在‘市三’女中，你会觉得我，老师会教我们怎么样独立地去思考，老师会引导你。在女中上课，比如说上比较主观一点的语文课，或者是英语课这种，老师就会觉得，老师会问一些比较很……不是很程式化的问题，就是很开放的那种。老师就会引导你们按照自己的思维去（做）。但是老师不会否定你任何一个，她会让你独立地去判断。”（I-S-G-2）

这种引导也可能发生在一些具体的班级事务上：“高一末的时候我们班为了竞选市先进集体，策划了很多主题班会，写了很多申请和对班级的介绍。那时我们的班主任于老师就把这些任务全权交给班干部和班级同学自己处理，只给我们一些建议……当时很惊讶，虽然一年来我们已经习惯了自己的事自己做，但那么大的事班主任竟然也只是‘宏观点拨’？……老师说，这是你们要评先进集体，又不是我评先进班主任，能不能评上，就看你们能不能干，如果你们不能靠自己的努力评上，说明你们能力不够，本就不该评上。……最后，我们成功了。全班同学那种成就感是发自内心的。现在想来，对事情有条理地处理能力就是那样一点一点地培养起来的。……於老师看似不闻不问，实际上是一种‘授人以鱼不如授人以渔’的做法。

她将‘大任’给了每个参与的同学……很大的发挥空间。”①

在女生探索自己的潜能时，教师们会不失时机地对女性进行独立意识的教育和提升。“我们老师就会觉得说，‘你觉得自己没有能力的试试看，他说你不努力就是说，怎么说呢，就觉得你努力了可能不一定有结果，但是你不努力一定就会没有，一定是没有结果的。所以他说没有什么女生和男生的差别，他说除非真的是一些专属男生干的，比如说什么体力特……叫你觉得完全超出你的能力范围。其实你觉得，哎以前没有尝试过，你的观念觉得自己不能做的，你可以做做看，说不定就可以做。”(I-S-G-2)

通过体验，女生们发现原来自己可以那么能干，同时也意识到了原有的性别分工观念对自己能力和潜力的挖掘造成了阻碍，因此要不断地突破这些观念上的限制。

(四) 师生管理关系——放手学生自我管理

在“市三”，一方面，很多学生要面对自己感兴趣的各类活动的吸引，而另一方面，学业的压力，尤其是高中生学业的压力也是无时不在的。如何处理好兴趣发展与学业发展的关系呢？学生们在参与活动中逐渐学会了自我管理。“我觉得这里其实大家管理还是很自主的，就是自己明确自己说我该做什么，我什么时候会做什么，所以我觉得这点倒是比较厉害的……我刚开始进来时完全不懂，我是一个学习习惯什么都不太好的人，但是进来之后一点一点我看她们这样子做的话，我自己也会一点一点被感染……我觉得其实街舞社第一还是比较锻炼身体，对，然后因为我知道我下午会有街舞社会弄得比较晚，然后我的作业什么都基本上放在就是午休时候做掉它，我一直是这样。”(I-S-H-2)“它就学习的话想给你一种就是你自己比较多的空间……我自己觉得这种方式比较适合我自己的特征。我比较喜欢学得自由一点，就是我可以安排自己的时间，我想做什么，我想复习什么就复习什么，而不是整天做老师布置的东西就已经忙不过来啦。就是我比较希望按照我自己的意愿来学习，我觉得蛮好的，蛮适合我的……它已经有点提前进入大学的那种感觉……学会支配自己的时间和自学能力。”

① 徐永初. 女校·女生［M］. 上海：上海教育出版社，2007：216.

(I－S－G－4)

一位高中才到"市三"就读的高一学生通过对比对学生的这种自主管理有了更深的体会："我刚进这个学校的时候我是觉得有点惊讶的，因为它这里的管理真的跟我以前的初中……这类的事就是相对松散，它这里给我们的应该是一个很自由的环境，像……像因为这里各种活动都很多嘛。但是以前在初中的时候我们老师就会跟我们说，啊你们要读书，然后这个活动不能参加，或者说那点事情你们不用管之类的。但是在这里就是老师就放手，放手让你去做，你自己觉得你自己去做事，你自己可以合理安排好时间的话，那你自己就去做好了。所以我觉得这个环境还是……我觉得我是比较喜欢这个环境的。"(I－S－H－2)

三、单一性别构成的学生自主性活动与女生发展

在长期积累下来的女生教育经验中，"市三"的教职员们总结到：心理封闭、性格内向、表现欲不强等现象在女生身上时有体现。[①]为了突破女生发展的这些不足，他们以学生自主性活动为载体，引导女生跳出书本知识，在开放的实践活动中拓展发展领域，促进性格与能力的发展。为了让学生在自己的天空自由翱翔，学校对学生用于兴趣、个性、能力发展上的时间给予了大力保障，一个具体表现就是"市三"从来不加课、不补课。"其他的学校加课加得很厉害，我们从来是不加课的，留给学生充分的时间……我们的观点是这样的，我们经过多年的实践，虽然没有给她放过这么多的时间去在那个练习堆当中去磨（炼），但她们个人的素质成长是很重要的，比如说多伦多大学，它是很名牌的学校，在这里招生一次就招走19个，这是任何学校不能比的……他们看到的'市三'女中的小孩，不光是一流的英语，更多是在谈吐当中所表现出来的她个人的素养，对社会的一种了解，对人生的一种认识，对事物的一种判断和她一种人生价值观。这在交流当中都可以体现出来。他当然喜欢这样的小孩，视野很宽，虽然我少做了两个小时的题，她所看到的是另外一个世界。"(I－P)

---

① 杨振国．女生群体发展研究［EB/OL］．［2009－10］．http：//www. ssnz. sh. cn/nsjy/3/kykt/2yzg. htm.

很多学校和教师出于对学生学习任务完成和学习成绩提高的担心，一般都会对学生参加各种活动进行干预和限制，另外还会通过补课等方式增加学生的上课时间。但是，所访谈的4位“市三”毕业生非常自豪的是，在她们的三年高中经历中，学校没有怎么补过课。“我初中不是‘市三’的……高中进去以后，听我们以前就是‘市三’上来的那一些同学嘛。说真的呀，我们初三啊三点半放学，哇，我那时候下巴都快掉下来了，我初三的时候真的每天都是将近六点钟回家，就是因为补课，今天这个老师明天那个老师。她说我们三点半放学，我觉得太不可思议了，她们这么轻松。然后到了我，我读高三的时候，我觉得我也没怎么晚回家，五点多也就回家了，还没有像我初中这么晚回家呢。”（I－S－G－4）“就是高三开学前，补过几天的课，但是跟同类的学校比是真的可以算没有补课啦，然后我还记得放的很早，下午三点半就放学了，同学就特别羡慕。”“我就觉得我们真的是高一高二特别轻松，没有那种别的同学特别紧张的那种感觉，然后高三就是比高一高二稍微……没那么宽松了，但还是比较的自由的，而且结果也挺好的。”（I－S－G－1）

“市三”的学生自主性活动非常活跃和丰富，大致归纳起来有明星女孩评选、女生社团组织、暑期社会实践和艺术节四大类，这些学生自主活动都由学生自己策划、自己组织、自己实施，其目的在于培养女生的领导能力和参与能力。

（一）领导力与参与能力的养成之一——“IACE女孩”评选及后续活动

在“市三”，每年都要举行一次“IACE女孩”评选。这个活动主要是由学生负责的。2008年，当我们参观该学校时，这个活动已经开展了9年。目前，“IACE女孩”评选分为两种：一种是全面体现IACE风采的评选，称为全能评选；另一种是体现IACE所倡导的某一个方面的风采，如“独立”特质的评选，称为IACE单项评选。哪些女孩可以参加“IACE女孩”评选呢？可以通过班级、教师的推荐，也可以毛遂自荐、评选过程通过推荐或者自荐、学生会面试等环节，最后在近200名学生中选出80名左右的“IACE女孩”，而这些入选的女孩宣传像将由学校组织布置在各个教学楼的走廊，为期一年，直至新一届“IACE 女孩”产生。

在“市三”学生的眼中，“IACE 女孩”评选要求的是综合素质。“既不是选美比赛……也不属于‘三好学生’那种，它是介于两者之间的。”（I－S－G－1）“参选的都不会把自己成绩作为主要的摆在上面，更多的是展示自己以前的一些社会经历，参加过的一些学校工作，我觉得还是比较重视能力这一方面的展示的……像我们班有两个当选的，就是这样子……副班长确实能力比较强一点，但是成绩真的是一般，但是她们还是能够当选的。”（I－S－G－3）

在评选过程中，“每个人都要做一张 PPT，就是说你要做这一张 PPT，上面突出你所有的卖点。然后在那个电视上面播放，每个班都有电视，然后让所有的人都会看到，然后开始投票嘛。那就是说其实难度还是蛮高的，一张 PPT 要浓缩你所有的那个亮点，她们挺不容易的”（I－S－G－3）。“要全面地展现你自己，就是……而且 PPT 放的时间挺短的，可能就是几秒钟的事情。”（I－S－G－1）

此外，对于当选的“IACE 女孩”，学校还会给她们安排一系列活动，如教务处“IACE 小助理”，高一新生军训“IACE 小辅导员”，“五个一活动”（要求 IACE 女生当选后，获得一次奖励、担任一项班级职务、组织一项学生活动、参加一次志愿者服务、进行一次述职。在述职活动中，所有高二 IACE 女生进高一班级述职，让高一的学妹近距离感受 IACE 女生风采）等。这些活动为“IACE 女孩”的进一步发展创造了平台和条件。

一位在“市三”高中部就读的学生记录了自己对“IACE 小辅导员”的印象：“这是我第一次近距离接触‘IACE 女孩’。十位学姐落落大方，待人有礼，给我留下了很深的印象。同时，她们在面对不合规定的同学时也体现了其严肃的一面。……面对老师，学姐们没有唯唯诺诺之态，而是用真诚沟通起师生之间的交流桥梁，我们有一些要求，不敢对老师讲，她们就会不断地站在我们一边去反映。如果老师一开始不同意，她们会据理力争，一些我们认为不可能采取的建议，在她们的努力下也办到了。这些都让我感到很新奇，因为这样‘勇敢’的女生在别的学校并不多见。我暗暗下了决心，一定要以IACE学姐们为榜样，拥有像学姐那样的IACE品格。”①

（二）领导力与参与能力的养成之二——学生社团活动

目前，“市三”有26个社团，就社团活动内容来看，涵盖了文化、科技、体育、经济等各个领域。如体育方面的网球社、街舞社、跆拳道社、极速F1社、篮球社、排球社、空手道社等，艺术方面有英语戏剧社、话剧社、动漫社、市三之音、We TV、女儿红、吉他社、配音社等，理论学习类的有天文社、心理社、环保社、辩论社、法学社、Jeans English Club、日语社等，其他还有淘金社、紫荆社、化妆社、欧风社、我行我绣等。② 其中，街舞社、英语戏剧社、话剧社等是“市三”的明星社团。

什么样的社团才能够组建起来？“（我们学校社团）门类非常多，就老师主要看这个无伤大雅的，不是那种特别不好的事情，基本上都是同意的。其实很宽松的，不一定要求你一定是那种学术性的，或者是研究型的那种。”（I-S-G-1）

谁来组建社团？谁来管理社团？“（社团）全部是学生发起，自己招募社员，然后自己做事情，然后大家还可以合起来，组织一些活动什么的。”（I-S-H-1）在女子中学，有些社团的组建是因为一些有共同兴趣的同学走到一起，为自己创造一个分享和深化兴趣的空间。“美术很好的一个小姑娘，然后就是感觉在美术方面的想法跟人，跟一般人特别不一样，于是，她就创办了一个行为艺术社。”（I-S-G-3）“我是吉他社的。吉他社社长。我们社的活动，一开始我们进来的时候是大部分的，90%以上的社员都是不会弹吉他的，所以我们只好从外面请一个老师，然后包括我们自己有些会弹的学生，一起来教学。然后大家就是对吉他感兴趣的同学能够有……对它有进一步的了解，和一些基本的演奏技巧的了解。至今基本保持一个礼拜有一到两次的活动，其实也是集合了一些对吉他感兴趣的同学，大家在这个地方有个发挥的天地，可以谈论自己喜欢的东西。”（I-S-H-1）

有的社团的组建则不仅源于社团创始人的兴趣，更主要的是创始人自身

---

① 徐永初．女校·女生［M］．上海：上海教育出版社，2007：203．

② 同①：220．

拥有现成的可利用的活动资源。“（组建社团）要动用自己的人脉，因为她要组织这一个社团，她必然要有相应的这个课程给你提供出来。”（I－S－G－3）“那个同学（化妆社发起人）其实也是很厉害，自己联系的老师，然后再联系的地方，然后再做了这个宣传，然后还真的有很多女生报名……她自己很喜欢，然后她姐姐嘛是东田造型的签约造型师，她自己平时……那个时候已经开始在外面帮人家化妆了，她其实是个半专业的。”（I－S－G－1）

此外，一些你意想不到的因素也可以成为女生创办社团、组织社团活动的资源。“轮滑社，经常在操场上面的，在那个篮球场那面的，经常是有轮滑社的活动，你知道教练是谁吗？以前啊，是我们体育老师的儿子，他，一个读小学的小孩，后面跟着一帮大姐姐，跟着他在那边滑。”（I－S－G－3）“（我参加的）网球社，去上过几堂课……她请的也是同学的家长，那个家长还是……派出所的呢，这个我知道，然后，我没想到原来警官也那么多才多艺，还能指导你打网球。”（I－S－G－3）

学生社团活动时间“一般现在都是在礼拜五下午，因为礼拜五下午基本上就两节课嘛，两节课以后你就可以参加社团了”（I－S－G－3）。

面对诸多社团，学生有着自由的选择余地：“那个时候我加入化妆社是因为觉得高中了应该学一下打扮，那个时候也是因为可能对于时尚开始有点感兴趣了，然后就……话剧社是因为本身比较……对表演比较感兴趣。”（I－S－G－2）

一些社团活动成果可能会给更多同学带来享受。“英语戏剧社，对吧，每次就拿个剧本排个戏。就这样。有的时候排得好嘛可以在学校那些活动上演出。”（I－S－G－3）“（话剧社表演的）倾城之恋——那个是我在这三年里面看到过的最精彩的，就是全部都是女生演的，男生也是女生客串的，女生演的范柳原，演的就真的是很棒，想象一下女生演的很温柔婉约的那种，那个时候是我印象最深刻的。”（I－S－G－2）

（三）领导力和参与能力养成之三——暑期社会实践活动

对于学校而言，暑假社会实践活动的立意何在呢？

“女生的视野一定要宽广，要导引她呢。小孩，女孩比较关注吃呀穿呀化妆呀，所以相对来讲，女校群体的整体，对于关注政治、科技这一方面的，她的一种愿望不是很强。学校，它的功能就是每年的寒暑假，组织同学必须参加这个自主研究活动，每四个人一组，到时候要拿出来一个相应的纸报告，之前要做一下培训，最后拿出来的报告很像样子。……我们在想，科学还包括社科……做社科方面的东西，这是一个方面，就是培养学生的一种自主研究能力，对吧，刚才说有一些独立呀的能力，就是自主研究能力。”（I－P）

学生们在社会实践活动中体验到什么呢？对于这一方面，我们从4个毕业生那里获得了一些信息。

高一暑期社会实践活动，是“市三”每个高一学生都必须参加的，是作为学生暑期作业的一个部分要求完成的。活动的组织形式是“自己组组，有兴趣的就在一起”（I－S－G－1）。在社会实践活动中，一个小组“（调查题目）自己立的，我们那个时候是三个人，基本上三四个人一个小组……像搞这种课题研究一样，就是自己设计问卷啊什么，自己建立一个课题搞一个研究什么的，然后再写一个报告出来。……（问卷）设计好以后然后再三个人到……到自己的区里面去发问卷……我们是那个调查高中生嘛，所以我就经常到那些就是什么补习的地方去发问卷。给学生……发问卷的话还蛮快的，就应该什么一两天什么就好解决了，因为这个问卷量也不是非常大。然后关键是后面总结还有这个统计要搞一会儿。统计的话也还好，嗯，反正我们应该最后后续工作弄了一个礼拜……（在调查活动中）有一种那个团队合作的那种工作——要比做那种笔头的作业好玩”（I－S－G－4）。

虽然并不是每一组同学都会认真对待这个活动，有些小组会草草了事，但是通过对学校评定的优秀作品的判断，学生还是觉得：“当时得奖的一个作品是关于……就是上海有一个什么红灯的时候你去摁某个按钮就可以让这个灯变，对，就是有个人去做关于这个的，然后就得的好像是一等奖。就是说得奖的其实还是跟事实比较联系的，比较紧密一些的……（选题）立意高一点”（I－S－G－1）。

对于暑期社会实践活动的目的，毕业生们认为：“它的初衷肯定是好的，培养你一些科研的能力”（I－S－G－3）。“必须要跟社会有交流啊接触啦，可能就是……学校也就是希望培养方向不一样。有可能她在接触中有收获呀，社会实践方面的。”（I－S－G－2）就个人的收获来说，有学生谈道：“我觉得最重要的是有个体验”（I－S－G－1）。“我到大学知道哦，原来其实我们学校是做课题，是要去做研究。”（I－S－G－2）

（四）领导力和参与能力养成之四——艺术节等其他自主性活动

除了上述活动外，“市三”每学年都会有社团节、艺术节、炫音比赛等，这些都是学生们踊跃参与的活动。

艺术节的组织活动是这样的：“应该是分两块，一块是学生会的事情，像学生会它会派外联部写请帖，然后宣传部装饰，海报，然后一系列的事情，然后组织部去通知各种事情，就是分工分下去。然后还有就是社团，社团就是负责出节目。差不多就是这个样子。然后，还会邀请一些其他学校的学生会的代表到我们学校来参观。”（I－S－H－1）

相对于社团节和艺术节，炫音比赛看起来可以让更多的女生用多种方式参与其中。喜欢唱歌的女生参赛炫音，在舞台上向同学们展现自己的歌喉，而她们的同桌、好友则会以其他方式参与其中，忙得不亦乐乎。“我的同桌参加过（炫音比赛），我是经纪人，就是负责一切打杂事务——她是在上面表演，我在下面要帮她那个定荧光棒。荧光棒就是那个敲……敲出来，带那个颜色的荧光棒。然后还有就是要拉很多人去拍那个VCR……每个等于进入决赛的选手都要拍一段VCR……放在外面的展示板，就是几个决赛选手的介绍嘛。那个上面还要写写字……自己做……正式比赛那一天嘛还要早一点过去抢位子。然后那个把班上的同学全拉上，一人发一个（荧光棒）。”（I－S－G－3）

四、女子中学隐性课程与女生发展分析

（一）单一性别构成与女生发展的保护性与挑战性

与混合学校相比，学生的单一性别构成本身就自然地构建了一种不同于其他学校的人际关系范畴的隐性课程。

单一性别的教学组织形式，结合当前性别偏见更多以隐性形式出现在教育教学过程中的特点来看，其存在为女生发展创建了一个具有保护性特征的学习生活环境，更有利于女生在课程实施中获取更多的机会，包括课堂表现以及学校活动参与、组织与领导等方面的机会，更有利于让女生得到教师更多的关注：关注教学方法的改进以促进女生获取更高的学业成绩，关注女生的心理特点以提供女生发展所需的支持和帮助，关注女生的发展趋势以提供更多的条件拓展女生的发展空间。

同时，在这种单一性别构成的人际关系范畴中，特别是同性的同伴关系中，学生们通过这些在混合学校比较难以获得的机会迎接了更多的对自我性别身份认同的挑战。正如学生们自己所体验到的，在单一性别的同伴构成环境中，过去在混合中学可能“不会去接触的东西现在都在去接触了”，如：担任班级学生管理工作、学生会的“一把手”；课堂学习表现更加“放得开”。其中有些机会还是自然地甚至是带有一些不得不为之的情绪，例如学校日常生活中一些通常被认为属于男生的活儿，像每天例行的打扫卫生活动中的提水、搬桌椅，每学期开学要自己搬书等劳动。在这样单一性别构成的环境中，社会传统的性别分工模式，很容易就被这些学生在学校生活中自然要做的事情打破了。因此，在单一性别的学校环境中，学生首先自然地体验到了与混合中学不同的对性别分工界限的跨越。

（二）单一性别环境的引领与女生社会性别观念的重构

虽然在单一性别的学校环境中，学生首先自然地体验到了与混合中学不同的对性别分工界限的跨越，但是对跨越性别界限这样的事实赋予什么样的意义和价值则不是自然而然的，对这样的事实的价值和意义建构既有赖于学生原有的性别观念，更有赖于课程所蕴含的性别价值观的方向性引导。

学校教师对这些事实的价值评判，对学生性别观念的形成有很大的影响，而这种影响不仅仅局限在性别观念层面，它会反映到学生的活动中，推动学生在行动上突破传统性别藩篱，去尝试传统上认为是“男性的”活动和“男性擅长”的学科，而单纯女生环境又反过来为她们的尝试创造并提供条件，在这样的观念与行动突破的相互作用中，学生更容易形成新的性别观念和性别身份认同。因此，女子中学女生发展的有效性不仅要依赖于自然的单一性别环境，更为重要的是要以这个自然条件为依托，构建利于女生内化性别公平观念的价值导向体系。

女子中学学生的性别形象认同呈现了这样的特点。

1. 拓宽了对女性形象特征的认识

在对“市三”学生的访谈中，研究者发现，在对自身形象进行描述时，学生们更多地使用了“独立”、“大胆”、“自信”等这些在性别刻板观念中属于男性形象特征的词汇。研究者还发现，“独立”是受访者使用频率最多的词汇，在女子中学，学生更容易将“独立”或者“独立自主”与学生单一性别构成联系在一起来说明自身的独立体验，如学校日常生活中的无性别分工与独立体验、学生自主性实践活动中的独立体验等。

当提及性别特征与职业取向时，结合自己的学校生活经历，学生们都谈到了独立，更确切一点，就是独立地拥有自己的职业或者兴趣对于维护自身人格独立的重要性。“我肯定还是要工作，这个我肯定，这个是底线，这个首先要能够独立养活自己。他（指未来的丈夫）工作再……他钱再多，肯定还是要保持自己的工作，要有自己的事业。”（I－S－G－2）因为“无论怎样，女生都……女性都应该……就是说家庭不应该是女性生活唯一的依靠，就是说你的生活中不应该只是你丈夫和你的孩子，你应该有一份事业。这份事业不是说一定要正正经经做，这份事业可能只是你的兴趣和爱好。怎么说，可能比如说你喜欢插花，就是类似于，这份事业，就是这种你必须要有一个你自己觉得可以说你人生的一个重点的那种东西。孩子和丈夫不是唯一的一个支点，这是老师说什么，女人应该有一个支点，家庭不应该是你唯一的支点，否则你会倒，我很认同这点”（I－S－G－2）。

此外，在女中学校教育引导下，一些女生更深刻地体认到了独立对女性的重要性。“独立对于女生来说更……要求更高。独立能干我觉得对于女生来说，因为首先男生，男性……从家庭培养来说，女生就是被培养（得）

娇滴滴啊，比较黏着父母。可是男生从小就……我觉得社会、家庭都会对男生说从小摔倒要自己爬起来。女生……这四个（指独立、能干、关爱、优雅）的确是整个社会每个人都应该，但是对于女生来说它要求更高。”（I－S－G－2）

2．突破了传统性别形象特征二元对立模式的界限

在女子中学这种单一性别学校建制下，学生们有更多机会突破男女混合学校存在的性别分工界限，获得更多的参与表现机会。因而，她们对于女性形象特征的认知也就更为丰富。

访谈研究发现，受访者对于群体间的性别差异认知，更多体现了对传统的二元对立性别特征模式的突破，“大气”、“执行力”、“强悍”等这些传统上形容男性形象特征的词汇出现在对女性的形象描述中。一位女学甚至对社会性别形象特征二元划分的思维模式提出了质疑。“我就觉得人，他在这个地方他要怎么样都可以，男的娘娘腔也无所谓，女的很男人也没有什么关系。就是在我想法当中就是都是正常的，就是马路上看到一个男人翘着兰花指我也不会有什么——我就是觉得只不过是一个社会当中可能翘兰花指的男人，这种男人数目比较少，那个比较娘娘腔的男人数目比较少一点，其实就没有什么所谓的正常不正常。我觉得他们普遍都存在，就是一个事实，应该接受。”（I－S－H－1）

对于性别与职业的关系问题，学生们则更多体现出了对传统性别与职业对应关系的突破。在她们看来，决定个体职业取向问题的更为重要的因素不是性别，而是兴趣。“每个人的工作都是要看自己的兴趣的，不能强加，所以说我觉得差异不在……不在他的性别不同，应该是在他个人……个人对这件事物的喜爱程度。”（I－S－H－4）

参考文献

黄甫全．课程与教学论［M］．北京．高等教育出版社，2002.

龙亚娌．我国好中学沉浮历程探析［D］．桂林：广西师范大学，2004.

徐永初．女校·女生［M］．上海：上海教育出版社，2007.

杨振国．女生群体发展研究［EB/OL］．［2009－10］．http：//www. ssnz. sh. cn/nsjy/3/kykt/2yzg. htm.

视野篇

第十二章

社会性别主流化研究
——以苏格兰学校性别平等清单为例

性别主流化，即把社会性别意识纳入社会发展和决策的主流，在所有行动计划中同时考虑对男性和女性的影响，“把女性和男性的关注、经历作为在各领域中设计、执行、跟踪、评估政策和项目计划的一部分来考虑，以使女性和男性平等受益”①，最终达到社会性别平等。这项战略提出后，世界各个国家和地区都加强了对性别问题的关注，性别主流化的开展取得了不菲的成绩。比如：我国 2005 年 8 月修订了《妇女权益保障法》，将性别平等正式作为基本国策；瑞典在 2005 年通过《全国性别平等行动计划》，提出要在领导、教育系统、学生福利等方面促进性别平等；英国修订了 1975 年的《反对性别歧视法》，并在 2006 年出台《平等法案》（*Equaity Act* 2006）和《性别平等义务》（*Gender Equality Duty*）以保障平等……性别主流化作为促进性别平等的有效手段和途径，成为国际发展的一般重要潮流。因此，在教育领域中引入性别主流化是促进性别平等的重要趋势和有效措施。而促进教育领域的性别平等，关键在于学校教育。

① 齐艳英. 关于完善我国社会性别平等的法律思考［J］. 理论界，2007（7）：95 –97.

众所周知，“性别是社会性和文化性的”[①]，学校是社会的缩影，有着独特的校园文化，学校教育经验必然影响个体社会性别意识的形成。发展心理学理论也指出，学校教育阶段是学生发展性别认同的重要时期。因此，学校性别工作的开展对于学生发展自我性别认同以及促进性别平等都有着至关重要的作用。所以，要促进教育领域的性别平等，其首要目标就是促进学校中的性别平等，而其中一个重要措施就是将性别主流化引入校园。

2007 年 8 月苏格兰行政院出台的《苏格兰学校性别平等清单》（Gender Equality – a Toolkit for Education Staff），是一个专门为中小学制定的检测性别主流化实施情况的自我评价体系，是性别主流化进入苏格兰校园的具体政策体现。它的出台指明了实施性别主流化的具体措施，引导着学校性别平等工作的开展，对于其他国家将性别主流化引入教育领域有着很重要的借鉴作用。

《苏格兰学校性别平等清单》是苏格兰行政院资助苏格兰平等机会委员会（EOC）制定的。平等机会委员会是一个致力于消除性别歧视并促进男女机会平等的公共机构，在政府制定政策的过程中，平等机会委员会对即将出台的政策，要从平等的角度系统地进行审查，并给出建议。因此，由平等机会委员会制定的清单必然是促进性别平等的。同时，这份文件由苏格兰行政院发布，就为其奠定了法律地位。苏格兰行政院[②]是英国政府将权力下放后负责管理苏格兰地区的行政机构，即国家下属的地方政府，有权独立处理英国政府放权的所有事宜，比如处理教育、经济发展、法律等事宜。这份文件是在 2006 年英国《平等法案》和《性别平等义务》的指导下制定的，是对法案中义务的履行——消除性别歧视和骚扰，促进男女性别平等。它的制定不违背国家法律，在苏格兰具有一定的法律地位。

一、清单简介

《苏格兰学校性别平等清单》，原名为 Gender Equality – a Toolkit for Edu-

① Forde C, et al. Strategies to Address Gender Inequalities in Scottish Schools: A Review of the Literature [EB/OL]. (2006 – 05). http://www.scotland.gov.uk/Publications/2006/05/03105933/0. Scotland: i.

② 苏格兰行政院在 2007 年 9 月改名为苏格兰政府；清单出台在 8 月，那时还称为苏格兰行政院。

cation Staff，即《性别平等——给教育工作者的工具箱》。它详细罗列了评价学校性别主流化的一系列指标，类似于一份清单；又因与性别平等有关，因此转译为《苏格兰学校性别平等清单》。

这份文件由四部分组成：导论、专业词汇术语、质量指标和附录。

导论首先介绍了清单出台的背景。苏格兰行政院在2006年3月研究学校教育时发现学校中仍然存在显著的性别不平等①，这引起了教育部门和苏格兰平等机会委员会的极大重视。而同年英国出台的《平等法案》和《性别平等义务》赋予学校两大责任：消除不合法的性别歧视和骚扰，促进性别平等。为了履行义务，解决性别不平等问题，苏格兰平等机会委员会制定了这份清单来指导性别主流化的开展。其次，导论点明了清单的执行者和目的。这份清单是专门为中小学制定的，执行者是学校教师，包括管理人员和教学人员。苏格兰平等机会委员会希望教师能够在执行过程中反思性别敏感问题，并以清单指标为例思考如何将性别主流化融入学校工作，这也是制定清单的目的。最后，导论介绍了质量指标的结构组成，这在下文中有详细叙述。

质量指标是清单的主要内容，通过对九个指标进行自我评定以监测校园内性别主流化的开展（表12－1）。

表12－1　质量指标结构表

质量指标	主要内容
1. 关键表现成果	学业表现的提升、法定义务的履行
2. 对学生的影响	学生经验的增长、家长和家庭的支持
3. 对教师的影响	教师的参与
4. 对社区的影响	学校对当地社区以及更大范围的社区的引导和发动
5. 教学过程	课程设置、性别敏感教学、师生互动、学习需求的满足、学业评定、期望、教师和家长的关系、教师自我评价、全纳与关怀

① Scottish Executive. Gender Equality – a Toolkit for Education Staff [EB/OL]. (2007). http：//www.scotland.gov.uk/Resourrce/Doc/196713/0052704.pdf. Edinburgh：Introduction.

续表

质量指标	主要内容
6. 政策发展和计划	政策制定、发展
7. 教师的管理和支持	教师队伍的稳定、安排和发展
8. 合作伙伴关系和资源	合作伙伴关系、学习经费管理、校园环境和资源、信息管理
9. 领导	学校目标与方向、领导力与管理团队的发展

注：以上内容为笔者对清单指标的归纳总结，不一定与具体指标一一对应。

根据导论所述，前四个质量指标主要是鼓励性指标，在苏格兰先前的政策文件中已被多次强调，因此内容较为精简。后五个指标从学校工作领域论述性别主流化——教学过程、政策发展和计划、教师的管理和支持、合作伙伴关系和资源、领导，这些是苏格兰平等机会委员会希望教师思考如何在学校中推进性别主流化的出发点和关键领域。学校正是通过对这九个指标的评定来考察性别主流化的开展的。所以从另一角度来看，清单文本体现的是实施性别主流化的具体措施，是一份社会性别公平计划，是对学校各领域工作进行社会性别分析后所制定的政策和措施，旨在促进校园内的性别平等。

附录包括四个部分。附录 A 是“性别平等主流化进入课程的实例及一些特定网站和网上资源的链接”，列举了性别主流化进入艺术、科学、英语等学科的具体措施，以指导课程设置中性别主流化的开展。附录 B 是“进入优秀课程资源的平等主流化清单”，明确提出性别主流化的四个目标：包容、尊重和尊敬所有学生；加强学生对性别歧视的理解；培养学生挑战性别歧视的能力；为学生提供反对歧视的行动机会。附录 C 和 D 罗列了清单的参考资料以及相关组织机构的联系方式，让读者可以通过链接了解更多有关信息。

二、性别主流化的作用：从参与和受益人群角度分析

《苏格兰学校性别平等清单》是性别主流化进入学校的具体政策体现，其作用首先体现为促进学校发展，其次体现为确保教师和学生的性别平等。

清单还保护了 LGBT 人群[①]的合法权利，这也是清单的特色。从参与者的角度看，教师、家长、社区以及性别平等机构是开展性别主流化的重要力量。

（一）对学校的作用

《苏格兰学校性别平等清单》是专门为中小学制定的性别主流化评价指标，它的出台对学校有重要的意义。

首先，文件的出台有助于学校履行法定义务。1975 年英国通过《反对性别歧视法》和《平等机会法》，明文规定有关教育机构和教育机构中的个人不得存在性别歧视，以法律形式保障女性的受教育权利。2006 年，英国修订了《反对性别歧视法》和 1970 年的《平等支付法》，出台了新的《平等法案》。在法案中，英国规定地方当局公共部门要消除不合法的性别歧视和骚扰，并促进男女平等。这点在《性别平等义务》中再次得到强调。作为教育机构，学校有责任履行国家法定义务，这也是文件出台的直接原因之一。清单以质量指标监测校园内性别主流化的实施情况，指导性别平等工作的开展，有助于学校解决性别不平等问题。因此，清单的出台有助于学校履行两大义务。

其次，清单的出台有助于学校重新正视和解决性别问题。有学者在追踪苏格兰教育政策的历史时指出，无论是国家法律还是地方政策，虽然都承认存在性别因素，但都没有使之问题化。[②] 国家、政府对性别问题的忽视，使得过去的十多年里，苏格兰学校淡化了性别问题。然而，苏格兰行政院近期调查发现，学校中仍然存在着显著的性别不平等，比如学业表现的性别差异、学科选择的性别模式、师生交流过程中的性别敏感、教师期望的性别刻板印象等。[③] 这些引起了苏格兰政府的极大重视，才有了清单的

---

① LGBT 人群包括女同性恋（lesbian）、男同性恋（gay）、双性恋（bisexual）、跨性别者（transgender）。

② Forde C，et al. Strategies to Address Gender Inequalities in Scottish Schools：A Review of the Literature［EB/OL］．（2006 - 05）．http：//www. scotland. gov. uk/Publications/2006/05/03105933/0. Scotland：2.

③ Scottish Executive. Gender Equality - a Toolkit for Education Staff［EB/OL］.（2007）. http：//www. scotland. gov. uk/Resource/Doc/196713/0052704. pdf. Edinburgh：2 -9.

出台。清单中的指标正是针对这些问题提出的，它迫使学校在使用过程中重新正视校园内的性别问题，有助于学校清除性别不平等，尤其是减少学业表现上的性别差异。近些年来苏格兰教育领域性别平等工作的重心主要放在处理男生学业不良问题上，清单针对此问题提出要在教学方法、评价模式、教师期望等方面警觉性别敏感问题，并把学业表现差异的缩小作为性别主流化实施的关键表现成果之一。

最后，清单的出台保障了学校性别平等工作的顺利开展。清单明确要求学校政策必须规定性别平等，把“消除性别不平等、性别歧视和同性恋恐惧”写入学校目标，在政策层面提供保障。文件作为监测性别主流化的有效工具，确保了教师群体和学生群体的性别平等，并在实施过程中提高校内人员的性别平等意识，以促使他们理解和支持学校性别平等计划。在政策保障和师生支持下，学校性别工作得以顺利有效地开展。同时，清单作为社会性别计划，系统地阐述了学校开展性别主流化的具体领域和表现形式，有助于指导性别平等工作的开展。

（二）对教师的作用

清单对于教师有双重意义。首先，教师是学校的主要工作人员，是清单的受益者，文件保障了教师群体的性别平等，使教师能够安心工作。有研究表明目前苏格兰学校中，女教师占据优势，然而在管理层和传统男性领域比如科学课中，女性所占比例小。[①] 而且女性的薪酬比同样职位的男性少 12%，在兼职工作中这一差距更是达到了 38%。[②] 针对这些情况，清单提出学校要保证“在不同年级或学科上聘任、提拔、调动教师时不受性别因素的影响”，并要求学校领导“为男女教师提供平等的机会分享领导权”，以保证教师群体的性别平等。在基本权利得到保障后，教师才能安心工作，发挥最大的效力。而且在平等氛围中，教师亲身感受、体会平等，才能更

① Forde C, et al. Strategies to Address Gender Inequalities in Scottish Schools: A Review of the Literature [EB/OL]. (2006 - 05). http://www.scotland.gov.uk/Publications/2006/05/03105933/0. Scotland: 30.

② Scottish Executive. Gender Equality - a Toolkit for Education Staff [EB/OL]. (2007). http://www.scotland.gov.uk/Resource/Doc/196713/0052704.pdf. Edinburgh: 1.

积极地支持和推动学校性别平等计划的开展。

其次，教师是清单的执行者，清单是教师进行反思和推进性别平等的工具与出发点。通过对指标的评价了解学校性别主流化的进程，并不意味着性别工作的结束，而是标志着一个起点——教师应当以此思考推进性别平等的具体措施。一方面，教师作为学校管理人员，需要在政策制定、领导、合作伙伴关系、资源方面推进性别主流化；另一方面，教师作为教学人员，要在教学过程中思考性别问题，课程设置、教师期望、课堂互动、师生关系、评价方式是关键领域。而纵观清单指标，尤其是质量指标 4 到指标 9，都是促进性别平等的有效措施。教师在执行过程中就可以利用这些指标反思学校性别问题，并思考如何将性别主流化融入学校工作。可以说，清单是教师可资借鉴的有效资源。

（三）对学生的作用

学生是清单出台最主要的受益者，它保证了学生群体的性别平等。

首先，清单保证了男女生享有同等的教育机会。联合国教科文组织在 2003—2004 年全民教育全球监测报告《性别与全民教育：跃向平等》中提出，对教育领域性别平等的监测评估包括四个方面，即男女两性应该：（1）获得同样的入学机遇；（2）享受同样的教育方法；（3）学习同样的教学课程；（4）无性别比例的学习方向。[①] 英国早在 1870 年就颁布了《初等教育法》，强制规定学区内所有 5—12 岁的儿童入学接受义务教育；“目前有 93% 的学生进入公办学校享受政府提供的 11 年免费义务教育”[②]，其余进入私立贵族学校学习。英国已基本实现了入学机会的平等，所以清单并没有对此进行阐述，但对后三个方面则多次强调。在教育方法上，清单要求教师采用多种教学方式以适应学生不同的学习风格，不能根据性别简单地限制学生在“适合男生”和“适合女生”的教学方法下学习，要让所有学生接受同样的教育方法；在课程上，清单提出要扩大基础课程的范围，让男女生学习同

① 贾云竹．中国教育领域的性别平等与妇女发展状况评估［J］．妇女研究论丛，2006（12）：87.

② 中国驻英国大使馆教育处．英国初等中等教育动态［J］．基础教育参考，2007（11）：23.

样的教学内容，并鼓励他们学习那些挑战性别刻板印象的学科；在学习方向上，清单要求学校在学科选择和职业选择上充分尊重学生的兴趣和意愿，性别因素不应对学生的学习机会带来阻碍。通过对这三方面的保障，清单保证了男女生享有同等的教育机会，力求使他们在学习中获得同等的学习成绩，最终能够获得相同的职业资格和机会。

其次，清单有助于教育目标的实现。在2004年英国教育讨论中，课程评估组提出教育的目的是把学生培养成自信的个体、成功的学习者、有责任心的公民、有效的贡献者。[①] 清单作为一个优秀的课程资源，在评估性别主流化过程中包容和尊重所有学生，加强学生性别平等意识，培养学生挑战性别歧视的能力，为学生提供反对歧视的行动机会，有助于培养学生的自信心、学习能力和责任心，实现教育目标。

最后，清单保证了性别平等的校园环境，有利于学生安心学习和获得成功。性别歧视事件在学校中屡见不鲜，比如：有42%的16—20岁的青年称他们所认识的一些女生曾遭到男朋友的殴打[②]；教室墙壁上出现性别歧视的涂鸦等。清单要求学校严肃处理性别歧视事件，监督可能发生歧视的场所；制定政策，设置标志，表明学校支持性别平等，为学生营造无性别歧视的校园环境，以使他们安心学习。

（四）对LGBT群体的作用

LGBT群体是指性别取向少数群体，包括同性恋、双性恋和跨性别者。清单额外关注这部分群体，要求学校重视和尊重那些父母或亲戚是LGBT人群的儿童、青少年以及他们的家庭，并且保证他们的合法权利。这是清单的亮点和特色。之前国际社会忽视甚至歧视LGBT群体，直到1998年丹麦国会通过世界上第一部《家庭伴侣法》，肯定同性伴侣后，近些年来有些国家才逐渐开始承认同性恋人群的合法权利。英国在2005年通过一项法案允

---

① GED Scottish Pre-16 Education Guidance [EB/OL]. [2007－11－14]. http://www.equalityhumanrights.com/en/publicationsandrecources/gender/pages/gender.aspx：15.

② Scottish Executive. Gender Equality－a Toolkit for Education Staff [EB/OL]. (2007). http://www.scotland.gov.uk/Resourrce/Doc/196713/0052704.pdf. Edinburgh：Introduction：1.

许同性通过法律程序、注册成为具有民事关系的伴侣，成为第五个承认同性婚姻的国家。虽然这部分人群逐渐获得权利，但不可忽视的是他们仍然受到歧视，而且他们的孩子也更容易遭受不平等对待。英国继《平等法案》后又出台了《平等法案（性取向）2007 年规定》［The Equality Act（Sexual Orientation）Regulations 2007］，提出在为人们提供教育、培训和福利时要满足人们基于性取向的特殊需要。[①] 鉴于此，清单要求学校包容和全纳所有人，“无论他们的性别、性别表达如何，都能得到学校的重视和支持”；学生、家长和教师不会因为性别表达、性取向问题而遭受不平等对待，能够享受和其他人同等的权利；学校保证坚决处理同性恋恐惧行为。清单对 LGBT 群体的关注，正是对性别主流化内涵的最好诠释——“社会性别主流化主张所有人，不论男女……享有平等的权利、义务、责任、机会、资源、待遇和评价”[②]。

（五）家长、社区以及性别平等机构的参与

从参与者的角度看，家长、社区、性别平等机构是推进性别主流化的重要力量，也是学校的利益相关者。

家长与子女就读的学校有密切联系，他们的理解和支持有助于监督和推动学校性别平等计划的开展，进而确保学生的性别平等。清单要求教师注重与家长的联系，让他们理解学校性别平等的目标，支持平等行动；鼓励家长参与学校工作，成为学生的伙伴，并且监督和评价性别主流化的实施情况。同时，学校也有责任向家长汇报性别平等计划，使之了解性别主流化的进程，并与之探讨性别问题，共同保证学生的性别平等。

社区和性别平等机构拥有许多优秀资源，是学校重要的合作伙伴。清单要求学校积极与社区、性别平等机构交流，并从中学习优秀经验以充实平等活动：与社区中的个人、团队商讨学校政策和行动制定；寻找社区中积极的男性和女性形象，挑战性别刻板印象；和性别平等机构合作，支持

---

① The Equality Act（Sexual Orientation）Regulations 2007［EB/OL］.［2008－02－17］. http://www.opsi.gov.uk/si/si2007/uksi_20071263_en_1#11g13.

② 齐艳英. 关于完善我国社会性别平等的法律思考［J］. 理论界，2007（7）：96.

弱势和边缘群体；邀请社区和性别平等机构共同推动和评价学校性别平等活动的开展。

三、性别主流化的领域和表现形式：从学校工作角度分析

性别主流化进入学校的一个重要方面就是学校工作，主要包括教学过程、政策发展、教师支持与管理、校园文化与资源、领导与合作五个领域，体现为在这些领域思考性别问题，探讨政策、行动对男性和女性的不同影响，并将性别意识纳入决策过程中。下面具体分析性别主流化在学校工作中的表现形式。

（一）教学过程

教学是学校的主要工作，性别主流化要求在教学中融入性别平等思想，包括在课程设置、教学方法、评估方式、师生互动、职业教育中考虑性别问题，并采取行动促进性别平等。

从课程设置看，性别主流化体现为把性别平等作为课程设计的理论基础，寻找机会在各个课程和各个阶段中传播性别平等思想，即在课程中促进性别平等。比如，探究和质疑艺术作品中对女性和男性形象的描绘，让学生创造出非性别刻板印象的复杂戏剧角色等。学校还要开展螺旋式课程重温性别平等问题，开设专门课程学习主流化知识及传授反对性别歧视的方法，拓展学生的性别平等知识并提高他们挑战歧视的能力。

在教学方法上，性别主流化体现为思考不同的教学风格对男女生的影响。苏格兰行政院 2003 年的学生学业成绩统计指出，在所有学科和阶段的学生达标比率上，女生远高于男生。究其原因，有两个解释：一是女生和男生发展的是不同的学习风格，这需要不同的教学方式；二是女生更容易

在学校评价中取得成功。[①] 因此，性别主流化要求教师在教学过程中采取多种教学方式满足男生和女生不同的需求，让学生熟悉各种学习模式并找到适合自己的学习风格。不能简单地把学生按照性别分类，刻板地限制他们在“适合男生”和“适合女生”的教学方法下学习。也许性别差距不会因此而减少，但学生的学习机会能够由此而改善。

与此相应，评价模式应多样化，让学生有机会展现自己最好的表现，比如采用小组合作、口头回答、书面测试等评价方法。女生更容易在学校评价中成功，可能是因为评价方式更符合女生的学习风格和行为方式。而采取多样化的评价模式，就是在评价中考虑性别因素，让男生和女生都可以找到适合自己的评价方式，使教师认同他们的努力和成功。教师还要采取社会性别分析方法分析学生的成绩，关注女生和男生的学业成绩是否得到提升，差距是否缩小，以检测评价标准是否有所偏袒，从而加以修正。在开展学校性别平等活动时，学校还要从性别平等知识、挑战性别歧视的能力以及参与反对性别歧视行动的意愿三个方面评价学生，鼓励学生支持性别平等。

在师生互动方面，性别敏感问题尤其值得关注。国际上对性别和课堂互动模式做了广泛研究，发现课堂上容易造成男生优势、女生沉默的局面，而且教师在正式课程或是课下互动时无意中会导致性别刻板印象的增强。[②] 所以，性别主流化要求教师具有性别敏感意识，要与学生一起学习性别平等规章，鼓励和支持他们研究性别问题，并及时纠正学生的性别歧视行为；要时刻注意觉察自己在与学生交流中下意识产生的偏见和差别，采取行动促进教学过程中的公正，比如对男女生都抱有高期望或用偶然因素分配任务。性别差异模式通常是教师和学生对性别刻板印象的理解以及已经形成的习惯和行为的共同结果，教师对差异模式的觉察将为学生带来更平等的学习经验。

---

① Forde C, et al. Strategies to Address Gender Inequalities in Scottish Schools: A Review of the Literature [EB/OL]. (2006-05). http://www.scotland.gov.uk/Publications/2006/05/03105933/0. Scotland: 5.

② 同①: 17.

职业教育中的性别差异也值得关注。苏格兰学校毕业生调查（SSLS）发现，青少年毕业后仍然选择刻板定型的职业道路：有三分之一的女性选择文书类的职业，而多于五分之二的男性选择操作类的理工科职业。导致这一差异的因素包括就业指导、学校选择指导、同伴压力、社会刻板印象、家长意见、学生偏好等①。因此，性别主流化要求学校不得限制学生的兴趣，要开发多样的课程以供选择，并鼓励学生选择那些挑战性别刻板印象的学科；向学生提供多样的职业信息和指导，展现积极的女性和男性职业形象，尤其是那些选择非传统职业的女性和男性形象；鼓励家长支持学校挑战性别刻板印象的学科选择和职业选择。

（二）政策发展

政策指引着学校前进的方向，性别主流化融入学校政策领域首先体现为政策上对性别平等的保证。清单规定学校要明确提出性别平等，为平等计划有关活动提供保障，确保活动在校园内得以顺利开展。其次，在政策制定中融入性别思想，考虑政策对男性和女性的不同影响，即对政策进行性别影响评估（Gender Impact Assessment，简称 GIA）。GIA 是政策制定的一个关键阶段，主要询问这样的问题：这个政策解决了性别平等问题吗？加强了性别刻板印象吗？有没有证据表明女性和男性对这方面的政策有不同的需要、经验、关注或优先权？这个政策会不会无意中对男性或女性或是变性人不利？② 通过评估可以帮助学校确认政策对男性和女性是否有消极影响，以避免无意识的歧视行为，并且帮助学校确认促进平等的行动领域。决策过程中一个关键性步骤是教师和其他利益相关者对性别、平等和全纳教育的重要性进行辩论商讨③，因此主流化还强调政策制定时要听取多视角的意见，满足多样人群的需求。最后，保证政策服从《平等法案》和《性

---

① Forde C，et al. Strategies to Address Gender Inequalities in Scottish Schools：A Review of the Literature［EB/OL］.（2006 -05）. http：//www. scotland. gov. uk/Publications/2006/05/03105933/0. Scotland：33 -34.

② Scottish Executive. Gender Equality - a Toolkit for Education Staff［EB/OL］.（2007）. http：//www. scotland. gov. uk/Resource/Doc/196713/0052704. pdf. Edinburgh：11.

③ 同①：28.

别平等义务》的规定并且与时俱进。

（三）教师支持和管理

教师作为执行者，是学校开展性别主流化的重要力量。对教师的支持和管理，可以促使教师更加积极地拥护学校平等政策并投身于平等活动中。首先，性别主流化要求在教师队伍结构中确保性别平等。学校性别失衡的一个领域涉及教师群体，如前所述，日益增加的女性在教师职业中占据优势，男性比例小；但在管理层和领导队伍中男性又占绝大比例，缺乏女性角色榜样。针对这种情况，性别主流化要求领导为男女教师提供平等的机会分享领导权，以保证管理层人员的性别平等；学校保证教师的聘任、提拔或调动不受性别的影响，使教师能够充分施展才能；在教师的就职仪式中包含平等和反歧视因素，体现学校对性别平等的重视。其次，在平等工作中支持教师。严肃处理针对教师的性别歧视现象，支持遭遇不平等的教师，褒奖为学校性别平等工作做出贡献的教师。最后，在教师发展中加强性别平等。教师的性别平等意识影响着他们对学校性别工作的支持。社会性别培训是性别主流化的一个重要实施方式，清单要求平等工作小组定期与教师会面以支持平等行动；学校要组织职业发展会议以培训教师具有挑战性别歧视的能力，并开发交流系统使教师了解性别平等资源和行动计划，增强他们的性别平等意识。

（四）校园文化和资源

在性别平等的校园环境中，人们才会自发地支持和维护性别平等，可以说，无歧视的校园文化是开展性别平等活动的重要支持性背景，包括校园环境和性别文化的建设。首先，性别主流化要求建设无性别歧视的校园环境，从硬件设施上体现性别平等。比如，清除带有辱骂性的涂鸦，设置反对性别歧视行为的标志，监督和管理可能发生歧视行为的场所。其次，性别主流化要求建设平等的性别文化，加强校内人员的性别平等意识。通过讲座、海报、宣传栏、专门课程、讨论会、同伴教育等在师生中传播性别平等思想，提供性别平等资源，让他们了解《平等法案》和《性别平等义务》，熟知国家、地区和学校处理性别不平等问题的政策和程序，监督校园内的性别平等。而且，为了发展性别平等，学校要每年拨出固定预算专门支持性别平等计划，比如购买图书资源、筹备校园事务、支持教师发展等，即学校要制定社会性别预算，它是性别平等措施实施的重要保障，也是开展性别主流化的一个重要途径。此外，学校还要采用性别视角监督和分析学校工作，及时了解性别问题并加以解决。由于性别因素能够被其他社会因素所调和，比如阶级、种族，所以在用性别视角分析政策和学生发展时还要考虑不同因素之间的联系和相互影响。

（五）领导与合作

领导对于在学校中引起和维持变革是至关重要的。要将性别主流化引入校园，必然需要依靠领导对性别主流化的支持，而这正是由领导的性别平等意识直接决定的。所以，性别主流化要求领导首先对性别平等有深刻的理解，关注国家和当地性别平等工作的开展，熟知相关法律条令和处理程序。其次，领导者要将性别平等引入学校工作，比如实施社会教育计划以引起学生对性别问题的关注，建设无性别歧视的校园环境，领导教师研究校园性别问题等。再次，领导者要与愿意为性别平等工作的教师、学生、家长、专家和社区团体形成合作伙伴关系。这不仅可以获得支持以保证平等计划的顺利开展，还可以从与社区、性别平等协会的交流中获得优秀资源，促进平等活动的发展。比如，邀请社区中的个人或团队参与学校活动，为学生展现多样的女性和男性的积极形象，监督学校性别平等工作的开展等。最后，领导有责任定期向教师、学生、家长、社区等利益相关者报告性别平等活动的进展情况以及采取的措施，获得他们的支持和理解。

四、对我国的启示

《苏格兰学校性别平等清单》是性别主流化融入学校的体现，对促进学校性别平等有重要作用，很值得我国借鉴。2005 年 8 月，十届全国人大常委会通过了新修订的《妇女权益保障法》，将“实行男女平等是国家的基本国策”写入“总则”，为性别平等奠定了坚实的法律基础。近年来，我国教育部与联合国儿童基金会合作开展了“中国爱生学校”项目，确定了爱生学校的总目标是“让所有儿童入校就读，鼓励儿童参与学习并表达自我，尊重差异性和多样性，平等对待，消除性别歧视；为所有儿童提供有质量的教育，确保每个儿童得到全面发展”①，再次强调了性别平等。国家对性别平等越来越重视，而教育又是确保平等的重要方式，在此背景下，我国学校引入性别主流化，并效仿苏格兰制定一份性别平等清单以确保校园内性别主流化的开展，可以说是促进性别平等的一个切实可行的措施。

（一）对我国学校引入性别主流化的启示

笔者从《苏格兰学校性别平等清单》中分析出性别主流化进入校园的几个实施途径，这是我们应当学习借鉴之处。

首先，明确而坚定的政策保障。这是实现性别主流化的前提条件。苏格兰学校明确规定性别平等，将“消除性别歧视，促进男女平等”写入学校目标，并以英国《平等法案》和《性别平等义务》为指导制定校内政策，从根本上保证性别平等，确保了性别主流化在校园内的顺利实施。这就启发我们将性别主流化引入学校时，首要措施就是从政策上保证性别平等。两性平等已经成为我国的基本国策，学校有责任也有义务贯彻性别平等，因此，在开展性别主流化过程中学校要将性别平等内容纳入具体规章和政策中，落实对性别平等的承诺，这才能保证性别主流化的有效实施。

其次，加强学校人员的性别平等意识。学生、教师的性别平等意识是至关重要的，因为只有提高认识，才能理解学校为何促进性别平等，也才能在行动中自发地纳入社会性别意识，这是创造无歧视的校园文化的重要途径。苏格兰学校非常注重对性别意识的培养，清单的许多指标都指向拓展性别平等知识和培养挑战歧视的能力，比如开展性别平等课程，传授反对歧视的方法，参加教师发展会议等。因此，我国在引入性别主流化时也要注重对学校人员性别意识的培养。

---

① 教育部－联合国儿童基金会全纳和爱生学校研讨会在京召开[EB/OL]．[2008－04－29]．http：//www. moe. edu. cn/edoas/website18/info22314. htm.

再次，社会性别分析。“社会性别分析是一个包含识别和理解社会性别不平等原因的过程，目的在于找出影响妇女不利地位的社会、政治、文化等结构性原因，以利于制定有针对性的政策和措施，从根本上改变性别不平等的状况”。[①]《苏格兰学校性别平等清单》中的社会性别分析主要体现为：对政策进行性别影响评估；以社会性别视角监督和分析学校工作；用社会性别分析方法分析学生成绩、学科选择等。而且，学校工作领域——政策制定、教师发展、教学过程、校园文化和资源、领导与合作中的指标，也正是在社会性别分析的基础上考虑性别不平等问题而提出的，是社会性别分析的一个体现。

最后，社会性别预算和社会性别计划。为了发展性别平等，苏格兰要求学校每年拨出固定预算专门支持性别平等计划，即社会性别预算，它是性别平等措施实施的重要保障。如果没有将性别平等资金纳入预算中，那么再好的性别主流化政策、措施、计划都只能是一纸空文。这就提示我们在开展性别主流化工作时一定要确保性别平等资金到位。“社会性别计划是在社会性别分析的基础上，全面制定有针对性的政策和措施，以促进现实中的社会性别平等。”[②]苏格兰在清单中提出要在学校中开展社会教育计划以引起学生对性别问题的关注，而且清单本身就是一个社会性别计划，它是在社会性别分析的基础上针对校园内的性别不平等问题提出的。

（二）对我国制定性别平等清单的启示

制定性别平等清单，首先需要为其建构一个基本框架，这点可以借鉴苏格兰的经验。《苏格兰学校性别平等清单》由两个框架组成（图 12 –1）。

---

①②　“在 3 +1 机制中提高社会性别主流化能力”全国妇联课题组．怎样实现社会性别主流化［J］．中国妇运，2005（9）．

框架 1：参与和受益群体

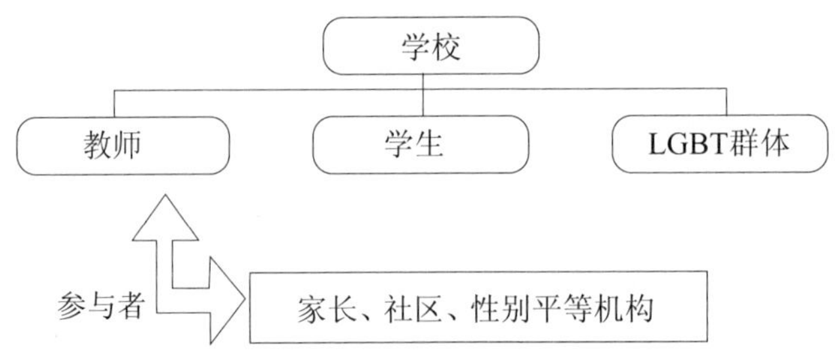

框架 2：学校工作

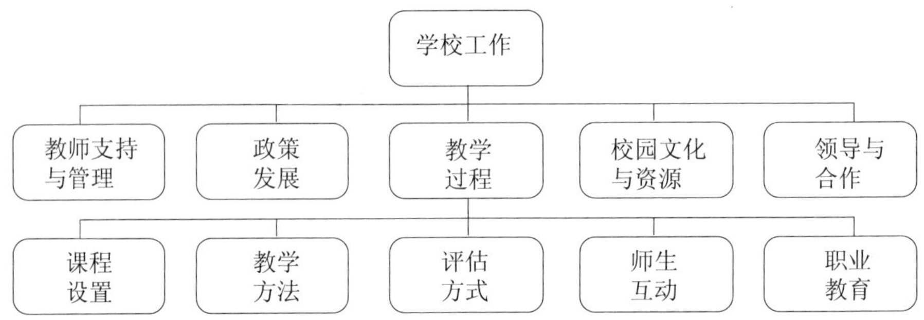

图 12－1 《苏格兰学校性别平等清单》框架

这两个框架就是上文分析性别主流化的两个角度，对于我国同样适用。我国在制定性别平等清单时应当结合两者，以学校工作框架为本，在五个工作领域中思考开展性别主流化的具体措施。创设指标时要从参与者和受益人群两个角度出发，思考如何利用教师、家长、社区、性别平等机构的力量在校园中保证学校人员的性别平等。对于学校中的主要人员——学生和教师，还可以单独罗列两个指标加以叙述，以示学校对他们的重视。

以此为基础，在各个领域中开展性别主流化还可以以下述四个方面为抓手。

第一，使学生、教师等有关人员从态度上支持性别平等。这与确保校园内的性别平等紧密相关：包容、尊重和重视所有人；保证性别、性别表达和性取向不会影响他们参与活动和获得成功；提倡平等和公正，严肃处理性别歧视现象等。让他们体会性别平等，从而支持和拥护学校的平等行动。

第二，拓展性别平等知识。学校可以采取多种方式提高学生、教师和家长的性别平等意识，比如：通过专门课程、同伴教育、教师学习活动、举办讲座等途径传播性别平等知识；鼓励他们探讨性别不平等的原因和性别刻板印象，褒奖自己的性别表达等。

第三，培养学生、教师挑战性别歧视的能力。学校可以设置专门课程或是开展社会教育计划，传授反对性别歧视的方法，教导他们如何识别和抵制性别歧视，并设置申诉程序帮助他们解决性别不平等问题，支持他们挑战性别歧视。

第四，为他们提供挑战性别歧视的行动机会。从态度、知识和能力三方面开展性别主流化教育，使学生、教师和家长具有挑战性别歧视的意愿和能力，他们就能从行动上推进性别主流化。学校可以鼓励学生采取行动抵抗与性别相关的同伴压力；鼓励家长参与学校活动，成为孩子学习的伙伴；要求教师警觉性别敏感问题，以性别视角看待和分析学校工作等。

这四个方面也是构成《苏格兰学校性别平等清单》的潜在框架，我们可以加以借鉴。以参与和受益人群框架及学校工作框架为基础，从态度、知识、能力、行动四方面开展性别主流化，这就构成了清单的基本结构。在此基础上，根据我国的实际情况充实内容。

首先，考虑我国学校中存在和可能存在的性别问题。对于现实存在的问题，要着重思考原因，为指标的制定提供依据。对于可能存在的问题，以预防为主，使清单内容更加全面。我国的性别问题如若在苏格兰同样存在，我们就可以借鉴相应的指标。苏格兰的清单也可以促使我们全面地思考性别问题。

其次，针对性别问题设置指标。比如，教师更容易在其主导的讨论中选择男生来回应，这点在理科课堂上体现尤为明显。针对这个问题，我们就可以制定这样的指标："教师要对男女生提同样难度、同种类型的问题"，以此保证课堂互动的性别平等。

复次，制定指标时要注意明确性。对于笼统的指标，要给出具体的例子加以明确。如苏格兰的清单要求"在学习上采用同伴教育传递性别平等思想"，这里的同伴教育较为宽泛，清单又补充到，"例如：五/六年级和一年级学生一起在教师的指导下开展性别平等会议，比如采用击鼓传花的游戏"，这就使指标具体化，增强了师生实施时的目的性。因此，我们制定清单时也要注意指标的明确性，以保证性别主流化的顺利开展。

再次，设置性别敏感指标。苏格兰的清单中并没有体现出性别敏感指标，这就使得有些指标不具可操作性。例如，“为男女教师提供平等的机会分享领导权”，这是保证领导层性别平等的一个措施。但因其缺乏具体指标，学校在实施过程中就会感到无所适从：怎样体现领导权的性别平等呢？若添上性别敏感指标，如“领导层中某一性别的比例不得少于30%”之类的结果指标，就更具操作性。性别敏感指标可以“有效地规范和测量每一项工作/行动在社会性别平等方面的预期成果和影响，便于评估和检查”①。因此，我国在制定清单时就要特别注意性别敏感指标的设立。

最后，可以设置行动优先权。优先权的设置并不意味着放弃某些群体的利益，而只是优先关注弱势群体，性别主流化的最终目的始终是促进所有人的性别平等。如苏格兰近年来一直关注男生的学业不良问题，其清单把男生作为优先目标，提出“要特别鼓励和支持父亲和男性监护人参与学校活动并成为孩子学习的伙伴”，为男生提供角色榜样。我国同样可以设置行动优先权，优先关注弱势群体，优先强调某些领域的权利，比如女童教育。2005年的统计数据显示，我国男女入学率性别差异缩小到0.02个百分点②，已基本实现男女入学率相同；而且义务教育“两免一补”政策实行后，我国女童的义务教育状况更是有了很大的改进，但是少数民族以及边远地区的女童教育仍然不容乐观。有数据显示“我国西部偏远农村仍有300万适龄儿童没有入学，其中4/5是女童”③。因此，我国在制定清单时就要特别重视女生的权利，尤其要强调偏远贫困地区女生的权利，这就是为女生设置行动优先权。

综上所述，我国制定学校性别平等清单时，既要参考吸收苏格兰清单中的优秀指标，又要结合我国国情，制定出符合我国实际的学校性别平等清单。

---

① “在3+1机制中提高社会性别主流化能力”全国妇联课题组. 怎样实现社会性别主流化［J］. 中国妇运，2005（9）.

② 袁海军. 弱势群体义务教育的强力推进［J］. 现代教育科学：小学校长，2008（2）：8.

③ 参见：中国爱生学校标准初稿第一次研讨会议资料.

参考文献

贾云竹. 中国教育领域的性别平等与妇女发展状况评估［J］. 妇女研究论丛，2006（12）：87－92.

齐艳英. 关于完善我国社会性别平等的法律思考［J］. 理论界，2007（7）：95－97.

袁海军. 弱势群体义务教育的强力推进［J］. 现代教育科学：小学校长，2008（2）：7－9.

“在3＋1机制中提高社会性别主流化能力”全国妇联课题组. 怎样实现社会性别主流化［J］. 中国妇运，2005（9）.

中国驻英国大使馆教育处. 英国初等中等教育动态［J］. 基础教育参考，2007（11）：23

Scottish Executive. Gender Equality – a Toolkit for Education Staff. Scottish Executive［EB/OL］.（2007）. http：//www. scotland. gov. uk/Resource/Doc/196713/0052704. pdf.

GED Scottish Pre-16 Education Guidance［EB/OL］.［2007－11－14］. http：//www. equalityhumanrights. com/en/publicationsandrecources/gender/pages/gender. aspx.

Forde C，et al. Strategies to Address Gender Inequalities in Scottish Schools：A Review of the Literature. Scottish Executive Social Research［EB/OL］.（2006－05）. http：//www. scotland. gov. uk/Publications/2006/05/03105933/0.

The Equality Act（Sexual Orientation）Regulations 2007［EB/OL］.［2008－02－17］. http：//www. opsi. gov. uk/si/si2007/uksi_ 20071263_ en_ 1#11g13.

第十三章

东南亚发展中国家女童教育概述

接受教育是女童的基本权利，是女童生存与发展的需要。此外，女童教育还有许多重要的附加价值，例如能够提高国家国民生产总值，提高人均预期寿命，降低婴儿死亡率，降低出生率等。因此，发展女童教育具有重要的社会意义，受到全球范围的关注。从性别平等的角度来透视教育，主要有两个大的议题：教育平等与教育公平。前者指两性教育机会均等，后者指在学校教育中对男女学生的公平化教育。发达国家当前主要涉及在校女生的教育公平问题，入学机会平等已经实现；而发展中国家基础教育同时涉及教育平等与教育公平两大议题。

东南亚是一个拥有5亿多人口的地区①，其中大部分国家是“二战”后摆脱了殖民统治的发展中国家，女童教育始终是其基础教育的重要问题。在20世纪中期以来的60多年间，东南亚女童教育既取得了突出的进展，又面临着艰巨的任务。东南亚是中国的南邻，与中国在政治、经济、文化和教育上都有着密切的关系。对东南亚女童教育的了解，可以帮助我们更好地认识和探讨我国的性别教育公平问题，也有助于彼此吸取教训，相互借鉴经验。

参考联合国教科文组织倡导的教育性别平等的四层次框架，即入学机会平等（equality of access）、学习过程平等（equality in the learning

① 东南亚地区共有11个国家，分别是：越南、老挝、柬埔寨、泰国、缅甸、马来西亚、新加坡、印度尼西亚、文莱、菲律宾、东帝汶。

process)、教育结果平等（equality of educational outcomes)、教育外部结果平等（equality of external results），本章在介绍东南亚基础教育发展概况的基础上，对东南亚女童教育的分析从以下三个层面展开：入学机会平等、教育过程公平、教育结果公平。

一、东南亚基础教育发展概况

从“二战”结束到21世纪初，东南亚经历了一段基础教育发展的黄金时期。

独立后的东南亚国家的基础教育发展是从教育立法开始的。自20世纪五六十年代起，各国都先后出台了一系列的教育法令。其中比较有影响力的是各国的义务教育法和基础教育改革法案。印度尼西亚于1950年率先颁布了《基础教育法》，旨在实行六年制义务教育；马来西亚也分别于1962年和1966年在全国范围内两次推行小学六年义务教育。随后其他东南亚国家纷纷效仿，实行义务教育制度。菲律宾独立后，于1972年颁布了对初等教育具有深远影响的《初等教育改革法令》。[①]东南亚基础教育的义务教育年限逐渐递增，目前各国义务教育年限多数维持在6—11年。

随着经济建设逐渐步入正轨，东南亚各国政府在教育上的经费支出也不断增多。特别是在独立初期，为配合经济建设需要，基础教育经费所占比重较大。菲律宾20世纪50年代教育经费为基本预算的23%—25%，60年代则达28%—29%，增长了近5个百分点。随后的1970—1974年，国家教育经费的年平均增长率基本维持在7%。[②]同样，文莱、新加坡、泰国、越南等国的基础教育经费也在原有基础上呈现出递增趋势。有了相对充裕的资金来源，各国基础教育各阶段的入学率均得到了较大幅度的提升。2000年以后，各国教育经费支出基本保持稳定或略有增长，基础教育经费相应增加。东南亚教育部长组织2006年的一项统计表明：当前东南亚区域内各国教育经费支出占国家GDP的平均比例大约为3.2%，但是各国教育经费支

① 冯增俊，卢晓中. 战后东盟教育研究［M］. 南昌：江西教育出版社，1995：137.

② 杨林，蔡昌卓. 东盟教育［M］. 桂林：广西师范大学出版社，2009：245.

出差异显著。其中，文莱、马来西亚、越南三国高于5%，基本保持在5.4%—5.9%；新加坡、泰国次之，约为3.9%；柬埔寨、老挝、菲律宾处于第三级水平，教育经费支出占到GDP的2.5%左右；而印度尼西亚、缅甸支出最少，约为1.3%。[①] 然而，教育经费的支出并没有与当前的教育质量成正比。

入学率和学校数目的显著增加是独立后东南亚地区基础教育迅速发展的又一表现。尤其是在极度贫穷落后的柬埔寨、老挝等国家，这种现象表现得更为明显，甚至出现增长率超过100%的现象。1955年以前，柬埔寨只有2481所小学，但此后的十年间增加至3612所，增长了45.6%。与此同时，中学数净增长1400%，在校学生净增长2107.5%。[②]而截至1974年年底，老挝解放区普通教育学校的学生人数达到85400人，50%的适龄儿童已经入学。[③]在此值得一提的是，在基础教育迅速发展时期，宗教也起了积极的作用。例如，在泰国等信奉佛教的东南亚国家，寺庙学校成为基础教育的一个组成部分，同时承担培养部分教师的任务，僧侣成为教师，弥补了教师资源的严重不足。经过半个多世纪的发展，到21世纪初，东南亚各国基础教育各阶段的入学率较之以前都有了大幅度提高，个别国家甚至已经普及了基础教育。

在此需要说明的是，“不平衡”是该地区经济发展的显著特征。经济发展的不平衡对东南亚各国的基础教育以及女童教育发展影响很大。东南亚各国经济发展水平大体可以描述为“北穷南富”，具体分为四个层次：第一层次是发达国家新加坡和石油富国文莱；第二层次是加紧向新型工业化国家迈进的马来西亚、泰国、菲律宾和印度尼西亚；第三层次是处于革新发展中的越南；第四层次是发展程度较低的柬埔寨、老挝、缅甸和东帝汶。[④]东南亚女童教育问题具有普遍性，处在第二至第四个经济发展层次的国家都不同程度地存在女童教育问题，比较严重的女童教育问题主要反映在处

---

① SEAMEO. Eduation Statisitics [EB/OL]. [2009 - 10 - 09]. http://seameo. org/index. php? option = com_ content & view = category & id = 96.

② 杨林，蔡昌卓. 东盟教育 [M]. 桂林：广西师范大学出版社，2009：60 - 61.

③ 张良民. 老挝的教育概况 [J]. 东南亚纵横，1993 (4)：54 - 58.

④ 刘稚. 东南亚概述 [M]. 昆明：云南大学出版社，2007：16 - 19.

于第四层次上。

二、东南亚女童的入学机会分析

关于东南亚女童教育的入学机会，我们主要对能够获得初等教育入学率、失学率、晚入学率以及中等教育的入学率数据的国家进行分析。

(一) 初等教育入学机会

1. 入学率

表 13-1　2000—2008 年东南亚国家初等教育女童毛入学率

(单位:%)

国家	2000	2001	2002	2003	2004	2005	2006	2007	2008
印度尼西亚	110.77	113.97	115.4	116.43	117.19	116.26	115.58	118.3	—
缅甸	102.52	102.27	104.21	108.29	110.87	112.82	113.41	—	—
老挝	101.93	99.78	100.78	101.63	101.46	101.17	101.36	102.77	106.22
马来西亚	97.06	96.55	95.28	96.29	99.23	100.23	97.67	—	—
柬埔寨	95.07	103.53	116.99	120.09	121.35	120.44	117.53	115.21	112.03
菲律宾	—	109.43	108.33	108.41	107.96	108.03	106.68	107.35	—
东帝汶	—	—	—	—	103.34	95.95	—	90.43	103.2
文莱	109.93	106.43	106.37	108.86	107.92	106.79	106.77	107.15	106.58

数据来源：UNESCO Institute for Statistics (USI).

毛入学率是一个较难分析的指标，因为它一般包含高于或低于入学年龄的入学学童，也包括留级生。包含的大龄学生和留级生的比例越高，意味着学龄儿童的入学率越低。大龄学生的比例说明前一年或前几年的入学率问题或教育机会均等问题，但也可以说明当年教育当局对大龄未入学儿童采取的补救措施。而留级生比率则反映了学校的教育质量问题。因此，我们要对毛入学率和净入学率进行比较，才能相对清楚地知道当年学龄儿童入学的情况。

表 13－2　2000—2008 年部分东南亚国家初等教育女童净入学率

（单位:%）

国家	2000	2001	2002	2003	2004	2005	2006	2007	2008
印度尼西亚	92.64	94.39	94.83	93.76	93.35	93.89	93.71	—	—
马来西亚	96.86	96.35	95.27	96.08	98.96	—	97.34	—	—
柬埔寨	83.48	81.2	83.67	—	—	—	88.83	87.78	86.73
老挝	75.21	74.61	75.24	76.72	76.22	75.78	75.64	77.76	80.67
文莱	—	—	—	—	—	93.85	93.89	92.77	93.25
菲律宾	—	90.84	91.45	91.83	91.96	91.87	90.78	91.47	—
东帝汶	—	—	—	—	—	67.38	—	63.37	74.35

数据来源：UNESCO Institute for Statistics（USI）.

2000 年以来，这些东南亚国家的小学入学率虽有起伏，但总的来看呈现出稳步上升的趋势。根据 2008 年的数据，柬埔寨、老挝和东帝汶的女童初等教育净入学率最低，分别为 86.73%、80.67% 和 74.35。

2. 失学率

依据各国官方对入学年龄的规定，失学率指的是未能进入学校读书的小学学龄儿童占小学学龄儿童总数的比率。从这个指标可以比较清晰地看出缺乏初等教育入学机会的男女儿童比例情况。表 13－3 和表 13－4 反映了部分东南亚发展中国家儿童缺乏入学机会的问题。

表 13－3　2000—2008 年部分东南亚国家女童失学率

（单位:%）

国家	2000	2001	2002	2003	2004	2005	2006	2007	2008
老挝	24.79	25.39	24.76	23.28	23.78	24.22	24.36	22.24	19.33
柬埔寨	16.31	18.59	16.12	—	—	—	11.17	12.22	13.27
缅甸	3.14	3.65	4.73	3.92	1.04	—	2.66	—	—
文莱	—	—	—	—	—	2.37	2.28	3.11	2.68
菲律宾	—	9.01	8.01	7.60	7.52	7.62	8.59	8.09	—
东帝汶	—	—	—	—	—	32.57	—	35.30	24.33

数据来源：UNESCO Institute for Statistics（USI）.

表 13－4　2000—2008 年部分东南亚国家男童失学率

（单位：%）

国家	2000	2001	2002	2003	2004	2005	2006	2007	2008
老挝	18.07	19.08	18.44	17.15	18.89	19.82	19.85	18.19	15.90
柬埔寨	8.68	12.38	10.71	—	—	—	9.29	8.31	9.63
马来西亚	3.31	3.70	4.58	3.62	0.74	—	2.36	—	—
文莱	—	—	—	—	—	3.75	2.94	3.84	2.79
菲律宾	—	10.30	10.20	9.32	9.57	9.80	10.78	10.23	—
东帝汶	—	—	—	—	—	29.60	—	32.94	21.18

数据来源：UNESCO Institute for Statistics（USI）.

从表 13－3 和表 13－4 可以看出，自 2000 年以来，这些东南亚国家儿童的失学率，在有波动的情况下逐步而缓慢地下降。除了石油富国文莱之外，其他几个发展中国家仍旧存在着严重的失学问题。其中老挝、柬埔寨和东帝汶三个国家的男女童失学率都很高，但是女童的失学率明显超过男童，从 2008 年的数据来看，三个国家女童失学率分别高出男童 3.43、3.64、3.15 个百分点。女童失学问题比男童严重，这些东南亚国家的小学入学机会方面存在明显的性别不平衡问题。此外，由于种种原因，在一个国家内部的不同区域也存在着入学率的性别不平衡问题。地理隔离、贫困、文化偏见、残障和国内战争等诸多因素，使一些东南亚国家的女童在教育上仍然处于非常不利的境况之中。只有关注和帮助这些被边缘化、被忽视的群体，才能使更多的儿童获得入学机会并顺利完成基础教育。

3. 晚入学率

从毛入学率高于净入学率的情况可以推测出晚入学率问题。部分国家失学率较高的原因在于一些儿童入学太晚。

表 13－5　2000—2008 年部分东南亚国家超龄女童入学率

（单位：%）

国家	2000	2001	2002	2003	2004	2005	2006	2007	2008
文莱	—	—	—	—	—	3.71	3.38	3.88	2.68
柬埔寨	—	—	33.18	—	—	—	28.71	27.43	25.29

续表

国家	2000	2001	2002	2003	2004	2005	2006	2007	2008
印度尼西亚	5.99	6.40	6.29	8.23	8.65	8.32	3.70	3.79	—
老挝	26.72	25.17	25.54	24.91	25.24	25.38	25.72	25.01	25.28
菲律宾	—	18.42	16.74	16.40	15.86	16.03	15.80	15.77	—
东帝汶	—	—	—	—	—	26.42	—	22.97	24.08

数据来源：UNESCO Institute for Statistics（USI）.

表 13－6　2000—2008 年部分东南亚国家超龄儿童入学

（单位：%）

国家	2000	2001	2002	2003	2004	2005	2006	2007	2008
文莱	—	—	—	—	—	4.62	4.16	4.72	3.10
柬埔寨	—	—	37.20	—	—	—	32.19	29.92	27.33
印度尼西亚	5.72	6.86	6.68	8.27	8.46	8.47	3.76	3.87	—
老挝	32.24	30.24	30.41	29.54	29.85	30.08	30.06	29.04	29.17
菲律宾	—	19.16	18.40	18.01	17.68	17.75	17.65	17.69	—
东帝汶	—	—	—	—	—	29.04	—	24.80	26.07

数据来源：UNESCO Institute for Statistics（USI）.

从表 13－5 和表 13－6 中数据比较完整的 2007 年的情况来看，文莱与印度尼西亚的情况最好，超龄女童入学率和超龄儿童入学率都很低。而柬埔寨、老挝和东帝汶三个国家的超龄儿童入学率很高，分别为 29.92%、29.04% 和 24.80%（表 13－6），其中绝大部分为超龄女童，其超龄女童入学率分别为 27.43%、25.01% 和 22.97%（表 13－5），分别占该国超龄儿童入学总数的 87%、93% 和 92%。菲律宾的超龄女童入学率虽然没有这三个国家高（15.77%），但超龄入学女童人数占超龄入学儿童总数的百分比仍旧非常高，达 89%。超龄入学现象所反映的女童不能按时入学问题，可能与学校距离、交通以及家庭经济状况有很大的关系。

（二）中等教育入学机会

在基础教育各阶段的入学率较以前有了大幅度提高之后，现在的东南亚国家更加关注基础教育各阶段入学的连续性。根据东南亚教育部长组织2006年的一项统计报告（表13－7），基础教育连续性在东南亚国家存在着很大的差异，目前大致分为三种情况：新加坡、马来西亚和泰国的中小学入学连续性明显强于其他国家，处于领先地位；文莱、印度尼西亚、缅甸、菲律宾中学入学人数相对减半；柬埔寨、老挝、东帝汶等国则从初中开始出现大规模的入学断层现象，这主要是由于小学完学率低、中学升学率低和中途辍学，其中有相当一部分为女童。

表13－7　2006年东南亚国家学前、初等、中等教育入学情况

（单位：人）

国家	学前教育	初等教育	中等教育	总计
文莱	11984	46012	23384	81380
柬埔寨	75677	2695372	708454	3479503
印度尼西亚	2178875	25997445	13119769	41296089
老挝	42422	891181	388044	1321647
马来西亚	324872	3032197	2058623	5415692
缅甸	—	4948198	2589312	—
菲律宾	845748	13049134	6440312	20335194
新加坡	—	282793	200358	—
泰国	1625933	5974615	4718065	12318613
越南	3024662	9435390	7321739	19781791
东帝汶	2011	96994	24493	123498

数据来源：SEAMEO. Eduation Statisitics [EB/OL]. [2009－10－09]. http://seameo.org/index. php? option＝com_ content & view＝category & id＝96.

1. 毛入学率

表13－8　2000—2008年部分东南亚国家中等教育女童毛入学率

（单位:%）

国家	2000	2001	2002	2003	2004	2005	2006	2007	2008
文莱	88. 19	90. 56	92. 32	93. 72	96. 26	97. 79	100. 28	98. 79	97. 98
柬埔寨	12. 67	14. 06	17. 03	20. 50	24. 04	—	33. 02	36. 20	—

续表

国家	2000	2001	2002	2003	2004	2005	2006	2007	2008
印度尼西亚	54.77	57.78	59.40	62.55	64.97	63.79	67.88	75.99	—
老挝	28.38	30.32	33.08	35.95	38.04	38.78	38.55	38.73	39.08
马来西亚	67.59	67.61	68.60	75.39	76.55	72.29	—	—	—
缅甸	39.44	38.26	39.59	40.25	43.31	45.70	48.40	49.48	—
菲律宾	—	78.81	83.78	85.98	88.10	87.73	85.83	85.37	—

数据来源：UNESCO Institute for Statistics（USI）.

根据这七个国家2000—2008年的发展情况来看，中等教育女童毛入学率有了稳步而明显的上升。但是根据信息较全且接近现在的2007年的数据来看，有三个国家的女童中等教育毛入学率仍旧很低，甚至没有达到50%：缅甸49.48%；老挝38.73%；柬埔寨36.20%。其中，有的国家（例如缅甸）现在只是实施五年小学义务教育，而有的国家则反映了义务教育实施中的严重问题（例如老挝，该国实施九年义务教育）。从毛入学率看来，东南亚女童接受中等教育的整体状况并不乐观。

2. 净入学率

表13－9　2000—2008年部分东南亚国家中等教育女童净入学率

（单位:%）

国家	2000	2001	2002	2003	2004	2005	2006	2007	2008
文莱	—	—	—	—	—	89.76	92.28	90.85	89.92
柬埔寨	11.65	12.85	16.57	19.86	21.90	21.91	28.23	31.82	—
印度尼西亚	48.41	—	—	55.61	57.66	58.91	62.40	69.86	—
老挝	24.32	26.13	27.26	30.78	32.76	33.33	32.76	33.46	—
马来西亚	67.52	67.43	68.31	75.20	76.31	71.98	—	—	—
缅甸	35.13	36.15	35.54	36.10	40.71	42.21	45.07	46.42	—
菲律宾	—	55.66	60.28	62.94	65.02	64.61	64.79	65.53	—

数据来源：UNESCO Institute for Statistics（USI）.

东南亚发展中国家女童中等教育净入学率的总体趋势与毛入学率一样。可以看出，东南亚在降低中等教育中的性别不均等和增加女童中等教育升学机会方面做出了持续性的努力，取得了进步，但是远远未达到令人满意的状态。因此，在中等教育的入学机会上体现了明显的性别不平衡。

2007 年，东南亚失学青少年中 10% 的人处于初中学龄段，而 15% 处于初中学龄段的青少年还在读小学。教育花费、家校距离、劳动力市场的需求等都限制了女童顺利地从小学升入初中。因此，全面关注小学到初中的升学情况已进入许多东南亚国家教育发展的议事日程之中。①

有质量的初等教育有助于儿童成功完成小学教育并顺利进入中学阶段，因此中等教育的参与程度可以很好地折射出初等教育的质量。从当前整体状况看来，东南亚女子初等教育的质量并不高，女童初等教育的完成情况还有问题。后面我们将会讨论能够反映学校教育结果与质量的女童初等教育完学率和辍学问题。

三、东南亚女童的教育过程分析

政府制定的政策、法律、法规对实现教育的性别平等一般都具有强制和监督作用。东南亚的一些国家通过政策法规等措施，监控学校的教育过程，确保其实现过程平等。老挝于 2000 年通过全民免费基础教育法案，并指定了专门的从属部门来监测教育中的性别平等与公平。印度尼西亚成立了以实现教育性别平等与公平为目标的策划和监督机制。东南亚国家在为实现受教育机会性别平等而付出艰巨努力的同时，已经开始吹响了学校教育性别公平的前进号角，重视学校教育过程的性别平等问题，所做出的有效努力一是大力改善学校环境，二是严格审视与修改学校课程载体——教材中的性别偏差。

（一）学校环境

1．学校设施

学校环境的改善首先是学校设施的改善。贫困、资源短缺以及缺乏良好的学习环境是女童参加学校学习的主要障碍之一。好的学校环境逐渐被

① UNESCO. Education for All Monitoring Report 2010：Regional Overview：East Asia and the Pacific［R］. UNESCO，2009：4.

认为是影响女童在学校学业表现的重要因素之一。许多国家都存在着学校环境不利于女童学习生活的问题。

建立更多学校或扩大学校规模，完善学校学习设施设备以便为女童的学习提供便利，扩大受教育机会等，都可以为实现性别平衡和公平扫除障碍，也是提高入学率和完学率的有效策略。柬埔寨为扩大教育机会兴建学校。印度尼西亚在边远地区大力修建幼儿园，为过分拥挤的学校疏散和重新安置学生，为贫困和边远地区寻找其他解决教育难题的路径，以学校和社会合作的方式为可能因家庭贫困而辍学的学生提供资助。

东南亚发展中国家正在逐渐改善学校的设施，提供足够的水资源和卫生条件。柬埔寨为在农村及边远地区的新建学校和原有学校修建女厕所，提供水源。柬埔寨、老挝等国家的一些学校虽然基础设施极少，但仍在为满足最基本的女童就学设施需要而努力改善环境。①

2. 身心安全

身心安全除了指注意保护学生在上学和放学路上的人身安全外，更指在学校教育过程中采取措施来保护女童免于遭受性骚扰、虐待以及各种基于性别的暴力行为。例如，女童在课堂上受到教师不友善的对待，被男教师或男同学性骚扰等。一个小范围内的调查发现，在一些学校存在着基于性别的暴力行为或针对女孩的虐待行为。为了女童的身心安全，有些国家启动了面向教师和管理者的性别敏感培训来应对这些问题，并更有力地对性虐待和性骚扰进行制裁，例如，制定法律，依靠法律强制禁止等。

3. 女教师

2000 年以后，新的教育变革对基础教育师资提出了更高要求。近十年来，东南亚基础教育师资围绕数量和质量两个重心进行整改和提高。在教师质量上，各国都已基本形成一套完整的师资培养体系，每年培养一定数量的合格教师，过去大范围内的专业师资匮乏的现象已经得到很大改善，较为明显地扩充了对女童教育具有重要意义的女教师队伍。

在女童教育发展上，女教师的影响尤其关键。女教师不但是女童成长

---

① UNGEI. Towards gender equality in education: progress and challenges in the Asia-Pacific region [EB/OL]. [2009 - 10 - 09]. http://www.ungei.org/resources/files/Towards_Gender_Equality_in_Education_051809.pdf.

中重要而优秀的性别角色榜样，为女童提供了职业愿景，而且减轻了学生家长对女童在学校安全问题的担忧。从这些角度看，女教师的比例是性别公平进展的又一重要指标。经过几十年的努力，东南亚各国中小学女教师比例明显增长。所有国家的学前教育机构的绝大多数教师都是女性，小学阶段教师性别构成中，除了柬埔寨、老挝、东帝汶之外，都是女教师占大多数。初中阶段的女教师数量不断增长，至少在5个国家中女教师数量已经超过50%。在女教师数量这个性别公平指标上，东南亚国家取得了显著的成就。

表13－10　2000—2008年部分东南亚国家小学女教师比例

（单位:%）

国家	2000	2001	2002	2003	2004	2005	2006	2007	2008
文莱	67.36	69.47	70.53	72.53	73.75	71.17	73.36	73.84	74.52
柬埔寨	38.53	39.19	39.36	40.41	40.88	41.39	41.99	42.89	43.94
印度尼西亚	53.68	52.24	52.04	54.08	52.30	61.02	—	57.58	—
老挝	43.40	43.75	44.19	44.41	44.69	45.44	46.45	47.20	48.87
马来西亚	66.22	66.90	67.54	66.29	66.92	65.69	67.82	—	—
缅甸	74.69	73.96	77.33	76.78	79.86	80.85	81.85	82.63	—
菲律宾	—	87.25	87.25	89.02	89.36	87.25	87.25	87.27	—
新加坡	—	—	—	—	—	—	—	80.71	81.03
泰国	63.65	—	57.91	57.91	—	—	59.74	59.68	59.98
东帝汶	—	30.01	30.01	—	29.22	31.26	—	31.99	32.77
越南	77.90	78.31	77.83	77.97	78.33	78.03	78.11	77.66	77.33

数据来源：UNESCO Institute for Statistics（USI）.

表13－11　2000—2008年部分东南亚国家初中阶段女教师比例

（单位:%）

国家	2000	2001	2002	2003	2004	2005	2006	2007	2008
文莱	50.06	51.72	52.50	54.60	55.79	57.73	—	—	—
柬埔寨	28.01	30.19	31.23	32.52	33.21	33.09	32.78	33.70	35.04
印度尼西亚	44.07	41.57	40.91	42.32	40.91	43.17	—	48.40	—
老挝	40.84	41.40	41.43	41.97	42.45	41.17	42.41	—	43.53

续表

国家	2000	2001	2002	2003	2004	2005	2006	2007	2008
马来西亚	61.98	63.31	64.23	63.78	64.44	—	—	—	—
缅甸	77.42	78.30	78.90	78.86	79.67	83.59	83.64	84.31	—
菲律宾	—	76.37	76.24	76.68	75.77	76.24	76.26	76.08	—
新加坡	—	—	—	—	—	—	—	65.27	67.11
泰国	—	55.98	55.98	55.98	—	—	56.31	55.40	56.31
东帝汶	—	—	—	—	24.52	25.58	—	23.57	22.81
越南	69.46	69.49	69.60	68.89	68.15	68.13	67.57	67.30	67.39

数据来源：UNESCO Institute for Statistics（USI）.

但是，女性在学校行政管理人员中的比例与男性仍存在很大差异。① 2005年柬埔寨教育部数据显示，学校校长中仅有7%是女性，副校长中仅有9%是女性。越南的情况与柬埔寨相似，学前教育机构负责人100%是女性，到了小学阶段这一比例便只有34%，中学阶段仅21%。随着教育阶段的升高，女性在教育管理中的地位呈下降趋势。为了使学校环境更加具有性别敏感性，在领导班子中增加女性管理者的比重，应该是性别教育公平的一项重要举措。

（二）课程与教材

为了消除课程与教学过程中的性别偏见，联合国教科文组对课程与教材制定提出了一些性别公平的准则，如从学术水平上和教育教学原理上确保课程与教材的质量，为女童呈现正面、积极、丰富多彩的人物形象，并向普遍存在的性别刻板形象提出挑战。从性别教育公平的角度来评价，有些国家原先制定的课程已经过时，所发现的问题有：课程和教材呈现出更多有利于男性发展的成人榜样等，缺失性别公平这一评价课程的关键准则。

在性别公平的视角下重置、修订课程与教材内容，已被一些东南亚国

①②UNGEI. Towards gender equality in education: progress and challenges in the Asia-Pacific region [EB/OL]. [2009-10-09]. http://www.ungei.org/resources/files/Towards_Gender_Equality_in_Education_051809.pdf.

家提上议事日程。课程与教材内容正在根据性别公平的原则进行修改，同时这也是柬埔寨、印度尼西亚等国近年来进行课程改革所追求的目标。有些国家对教材进行“性别审查”，删去那些体现性别刻板形象的插图和文字。2007 年泰国对中学生教材进行全面而细致的审查，除去了当中那些女性角色缺失或不全面，以及可能对女学生造成消极影响的内容，并且注入了更多非传统领域的可以为女生提供榜样的女性角色。柬埔寨重置、修订了低年级的课程和教材内容以增加性别敏感度。老挝在 2001 年修订课本内容和教师教学指南，把新的材料增补到课程中，使得教学材料和教学方式更多元化。

在教与学的过程中，性别不公平仍是一个严重问题，这要求教师、学生以及家长具有性别平等与性别公平意识。传统社会文化造成的人们性别观念的偏差或歧视，也会影响到学校中的教育工作者，进而对学生性别刻板观念和性别角色带来潜移默化的影响。因此，要改变教师在课堂上对女学生的行为、态度和看法上的性别偏差和偏见，改变教学方式和评价方式等。在这个方面的性别公平努力也是需要时间的。东南亚国家性别公平教育的努力尚未广泛地涉及这个方面，这应该是今后女童教育公平需要进一步推进和给予重视的方面，因为教与学的过程直接与女童的学业成功和教育结果相联系。

四、东南亚女童的教育结果分析

根据联合国教科文组织对于性别教育分析的框架，平等的教育结果主要指，男女生基于他们的才能和努力具有同样的机会获得学业成功，因此在校学习年限和毕业率不应该有性别差别。因此，平等的教育结果主要反映在两个方面：一是完成学业的教育层次，二是女童在校某些学业成绩的改善与提高。例如，为女童设置数学和科学夏令营来提高她们的学业成绩，就是关注教育结果性别公平的实际而有效的举措。

目前，东南亚已经有一些发展中国家，如柬埔寨，制定出了促进国家教育结果公平的性别平等教育模式，确保教育质量的策略已投入使用并在某些地区提供应用标准。但是，在女童学业成功与提高学习成绩方面的教育公平努力，在东南亚发展中国家还未受到应有的和普遍的重视。因此，本章关于东南亚国家女童基础教育阶段的教育结果分析，主要基于完学率和辍学情况。

表 13－12　2000—2007 年部分东南亚国家初等教育女童完学率

（单位:%）

国家	2000	2001	2002	2003	2004	2005	2006	2007
越南	85. 37	87. 91	86. 47	—	—	—	—	—
缅甸	55. 16	60. 54	65. 61	68. 56	—	—	—	—
老挝	53. 89	62. 72	64. 72	63. 12	62. 32	61. 66	61. 13	67. 68
柬埔寨	52. 95	61. 97	55. 86	54. 66	58. 32	56. 72	55. 75	57. 32
文莱	—	—	—	96. 00	99. 17	98. 62	99. 27	98. 29
印度尼西亚	—	88. 72	87. 05	—	82. 81	81. 40	—	—
马来西亚	—	—	97. 33	—	—	89. 61	—	—
菲律宾	—	79. 85	78. 50	77. 28	77. 44	75. 44	78. 43	—

数据来源：UNESCO Institute for Statistics（USI）.

东南亚大多数发展中国家初等教育的女童完学率都在有年度波动的情况下呈上升趋势，但状况远不尽如人意，个别国家的女童完学率在下降。30%—40%的女童在升入小学教育最后一学年之前就辍学了，女童完学率最差的国家仍旧是经济发展水平最低的国家。针对以上状况，几乎所有国家都采取了各不相同的优惠政策来确保儿童，尤其是女童能够完成规定的小学教育年限，提升完学率。

从完学率可以折射出辍学情况。辍学儿童中女童所占的比例很高。值得关注的是，辍学女童的数量总体上呈现出增加而不是减少的趋势。① 虽然入学人数增加了，但事实上许多儿童并没有完成规定的最低教育年限，有的甚至连小学一年级都没读完就辍学了。这一现象主要出现在几个辍学率高的国家里。在东南亚，有 5 个国家有超过 10% 的儿童在小学未毕业前辍

① UNESCO. Education for All Global Monitoring Report 2008［R］. UNESCO，2007：10.

学。在柬埔寨、老挝、缅甸和菲律宾，只有54%—73%的儿童坚持读完小学的最后一个年级。更为严重的是，在这4个国家中有9%—14%的小学生在一年级就辍学了。柬埔寨和老挝小学低年级的留级率非常高，2006年，当整个亚太地区的平均留级率为1%时，这两个国家的留级率分别高达21%和31%。留级率比较高的国家还有印度尼西亚、泰国、东帝汶。①

女童辍学是个非常复杂的教育问题。一些社会因素影响女童继续上学，例如文化习俗、早婚现象等。比较普遍的研究发现是，绝大多数辍学儿童都来自贫困家庭，那些用来买校服、书本、文具等的学杂费会加重家庭经济负担。当资源非常有限、经济能力与生活需求相矛盾时，父母更倾向于给男孩进行教育投资，同时还要让女孩分担家务或参与家庭经济生产以维持家庭生活。婚姻习俗会使家长认为，让女儿接受教育不划算，女儿一出嫁便成为婆家的生产力，娘家投资，婆家受益，因此家长会对女孩接受教育的得失进行权衡。东南亚许多国家的政府、非政府组织以及对这个地区进行教育援助的国际组织，都意识到经济贫困是辍学的重要影响因素，因此采取了积极的经济措施来解决女童完学率问题。例如，柬埔寨在2002—2005年进行了由日本资助的消除贫困试点项目（Japan Fund for Poverty Reduction Pilot Project），受益最大的是中学7—9年级的初中女生。以注册入学、坚持出勤及考试分数及格为条件，这些女生就有机会获得45美元经费资助。这项行动使柬埔寨试点地区的初中女生在校率提升了31.3%。柬埔寨的成果显示，经济上的奖励措施补充了女童在初中读书的物质条件。2005年以来的一项教育资助项目（Education Sector Support Project - Scholarships for the Poor Programme）针对的群体是已读完小学六年级，但很可能因为贫困、性别和种族地位被迫辍学的儿童，此项目使儿童特别是女童的出勤率提升了25%。② 印度尼西亚在1998—2005年开展了名为“社会安全网”（Jaring Pengamanan Sosial，Social Safety Net）的奖学金基金项目，小学和中

① UNESCO. Education for All Global Monitoring Report 2010: Regional Overview: East Asia and the Pacific [R]. UNESCO, 2009: 2-4.

② UNESCO. EFA Global Monitoring Report 2010: Reading the Marginalized [R]. UNESCO, 2011: 308.

学最贫困的学生受益最大，其中有50%是女生。该项目按学校的等级（例如小学、初中、高中）发放奖学金，学生得到的奖学金足够覆盖他们在学校的所有花费。此项活动在最贫穷的山村使初中辍学率降低了。①资金援助在实现性别公平上能起到重要的推动和缓解作用。

然而，辍学问题不仅仅受外部因素的影响，它与学校教育的质量和公平有很大的关系。如果父母看到女孩所受教育质量糟糕，学习成绩也不好，或者课程内容与女孩未来生活缺乏关联，家长宁愿让女儿中断教育，外出打工或帮忙养家糊口。世界银行等国际组织的研究报告指出，家长是女童是否上学、是否坚持上学的决策者。其实，这些研究忽略了女童自身的因素，在辍学问题上，是家长或女童单独决策或者家长与女童共同决策的。根据笔者所掌握的中国辍学女童调查资料，女童自己决定辍学的主要原因往往来自学校内部，来自她们对学校生活的负面体验。学业失败，即女童所在学校的教育质量问题是女童辍学自主决策的关键因素。可见，在辍学问题的对策上，东南亚发展中国家还需要从学校教育质量与外部经济因素两方面同时入手，才能从根本上解决问题，以真正实现教育结果的平等。

五、结论与思考

东南亚国家女童的入学机会在近几十年中得到了很大的发展，但是仍旧存在着晚入学率和失学率高，入学率和完学率低的问题，主要反映在与中国边境相邻的老挝、柬埔寨、缅甸等几个经济发展水平低的国家。而新中国成立60多年来，我国女童教育取得了令人鼓舞的成就。改革开放30多年来，女性在教育的起点上又有了更为显著的发展。女性享有与男性平等的法定教育权利，受教育总人数和比例不断扩大，义务教育阶段男女生入学率和巩固率大体持平，性别差异基本消除。因此，中国成功的女童教育经验、政策和模式可以进行教育输出，以供其他发展中国家借鉴并推进其

---

① UNESCO. EFA Global Monitoring Report 2010: Reading the Marginalized [R]. UNESCO, 2011: 308.

女童教育发展。

虽然我国人口受教育程度的性别差距在明显缩小，但男性受教育程度依然高于女性，反映了在教育发展中男女获益不完全相等的问题。就全国总体而言，女童教育的发展仍滞后于男童教育，女童教育发展的地区差异十分显著。在经济不发达或贫困地区，仍存在教育发展的性别不平衡问题，尤其是义务教育阶段女童的失学问题。在这方面，我们与东南亚发展中国家的问题是相似的，因此东南亚国家的有关教育政策、解决问题的成功方案等都值得我们关注。

《中国儿童发展纲要（2001—2010 年）》提出了 2001—2010 年的目标、策略和措施，在儿童与教育和儿童与环境方面的国家宏观政策上，提出：关注女童和处于特殊困境的儿童，保证其获得健康成长和平等发展的机会；切实保障女童受教育的权利，消除阻碍女童入学的障碍；将性别平等意识纳入教育内容。可见，我们有很好的国家宏观政策，但是在教育过程性别公平方面，我们还缺乏保障与监督机制。一些东南亚国家在这方面的经验值得我国借鉴。

在教育的性别公平方面，与东南亚国家相比，中国已有的研究成果和正在进行的研究都非常丰富，例如，学校教育性别公平指标，教材性别公平分析，学校教学过程的性别问题调查，少数民族女童教育公平调查，女子学校在女生发展上的成功经验及其对男女混校女生教育的借鉴研究，辍学问题调查，女童教育质性研究等。但是，已有的研究成果对学校教育性别公平的引领作用尚不明显，主要是缺乏转换与操作环节，也就是说，学术方面的努力未能产生实践层面的变化。现在国家非常重视教育公平，这是个很好的社会发展契机，学校教育中的性别公平问题和女生教育质量问题应该受到更为普遍的重视。

参考文献

冯增俊，卢晓中．战后东盟教育研究［M］．南昌：江西教育出版社，1995.

刘稚．东南亚概述［M］．昆明：云南大学出版社，2007.

杨林，蔡昌卓．东盟教育［M］．桂林：广西师范大学出版社，2009.

张良民. 老挝的教育概况 [J]. 东南亚纵横, 1993 (4): 54 -58.

SEAMEO. Education Statistics [EB/OL]. [2009 - 10 - 09]. http: //seameo. org/index. php? option = com_ content&view = category&id = 96.

UNESCO. Education for All Global Monitoring Report 2008 [R] . UNESCO, 2007: 10.

UNESCO. Education for All Monitoring Report 2010: Regional Overview: East Asia and the Pacific [R]. UNESCO, 2009: 4.

UNESCO. EFA Global Monitoring Report 2010: Reading the Marginalized [R]. UNESCO, 2011: 308.

UNGEI. Towards gender equality in education: progress and challenges in the Asia-Pacific region [OB/OL] . [2009 - 10 - 09]. http: //www. ungei. org/resources/files/Towards_ Gender_ Equality_ in_ Education_ 051809. pdf.

第十四章

越南女童教育机会发展状况分析

教育机会均等是实现教育公平的基本要求。当前，保障女性享有与男性同等的受教育机会，仍然是许多发展中国家亟待解决的问题。

越南，这个地处东南亚的发展中国家，自 1986 年的革新开放以来，在提升女童教育机会方面取得了突出成绩，明显地改善了教育上的性别不平等状况。总结越南在促进女童受教育权益方面的成功经验，对于其他发展中国家具有一定的启示和借鉴作用。本章主要从经济发展、教育发展与教育投入、社会性别观念转变等三个方面分析越南女童教育机会的发展。

一、越南女童教育机会发展现状

衡量女童教育机会的主要指标有净入学率、毛入学率和在校中女生比例。净入学率和毛入学率主要体现在入学门槛上的教育机会，而在校生中女生比例既可以在一定程度上反映女童的入学机会，也可说明女童在校接受教育的巩固情况。但越南的净入学率数据难以获得，因此，这里我们仅使用毛入学率和在校生中女生比例两个目标。本章的考察对象包括就读于小学、初中和高中阶段的适龄女童。

（一）女童毛入学率上升，性别差异缩小

2001 年以来，女童的毛入学率逐步上升。

从中小学总体来看，2001 年男生的毛入学率比女生高出近 6 个百分点，

之后这一差距逐步缩小，2009 年女生的毛入学率开始高于男生，2010 年女生的毛入学率高出男生约 1.7 个百分点。小学的毛入学率男生一直高于女生，但在 2001—2009 年这一差距有所缩小，2010 年差距有一定程度的扩大。初中女生的毛入学率由 2001 年的 77.76% 上升至 2010 年的 89.89%，2001 年男生毛入学率比女生高出 7 个百分点，但在 2010 年女生比男生高 3.37 个百分点。高中女生的毛入学率 2001 年为 43.66%，此时男生的毛入学率为 47.64%，高于女生，但在 2005 年女生毛入学率就超过了男生，到 2010 年女生的毛入学率达到了 70.65%，而此时男生毛入学率为 60.40%，比女生低 10 个百分点。从毛入学率来看，女童入学机会少于男童的状况基本改变。（表 14－1）

表 14－1　越南小学和中学的毛入学率　（单位:%）

		2001	2002	2003	2004	2005	2006	2007	2008	2009	2010
中小学	女生	79.95	80.15	80.82	81.95	83.59	84.59	86.00	—	86.54	88.69
	男生	85.90	85.80	86.37	86.59	86.89	86.61	86.69	—	85.52	86.90
小学	女生	102.47	99.09	96.71	95.74	95.68	97.78	99.87	—	102.14	102.81
	男生	108.35	105.21	102.69	102.29	101.53	101.92	104.42	—	105.97	109.48
初中	女生	77.76	82.14	84.40	86.43	87.35	85.67	85.87	85.84	85.85	89.89
	男生	84.80	87.82	90.93	91.17	91.60	88.88	88.15	86.54	87.42	86.52
高中	女生	43.66	45.20	49.89	54.42	61.05	65.59	68.92	70.67	69.25	70.65
	男生	47.64	49.55	53.00	55.66	59.13	63.04	62.57	61.94	59.47	60.40

资料来源：UNESCO Institute for Statistics.

（二）在校生中女生比例上升

首先，中小学总体的女生比例 2004 年为 48.9%，2011 年达到 49.4%，上升了 0.5 个百分点。在小学中，这一比例由 47.67% 上升至 2011 年的 48.55%，初中学校女生的比例由 2004 年的 48.27% 上升至 2011 年的 48.48%。高中学校女生比例的增长幅度最大，2004 年高中学校女生的比例为 48.86%，2007 年开始超过 50%，到 2011 年这一比例达到 53.23%，表明有更多的适龄女童享有了更长年限的学校教育机会。（表 14－2）

表 14－2　越南中小学在校生中女生比例　　（单位：%）

	2004	2005	2006	2007	2008	2009	2010	2011
中小学	48.09	48.57	48.52	48.89	49.15	49.20	49.38	49.40
小学	47.67	48.24	48.48	47.87	47.99	48.09	48.16	48.55
初中	48.27	48.57	48.20	48.77	48.66	48.71	48.87	48.48
高中	48.86	49.38	49.26	51.52	52.70	52.80	53.34	53.23

数据来源：根据 2004—2011 年《越南统计年鉴》（Statistical Yearbook of Vietnam）计算而得。

其次，在校生中女生比例的区域差异减小。2004 年，存在一定的地区差异。在红河三角洲，在校生中女生的比例最高达到 48.8%，其次是中北部地区和中部海岸，为 48.55%，北部内陆地区和山区的比例最低，为 46.31%，女生比例最高地区与最低地区的差距为 2.5 个百分点。到 2011 年，在北部内陆地区和山区，在校生中女生比例上升至 50.58%，超过全国平均水平，而女生比例最高地区与最低地区的差距则缩小至 0.61 个百分点。

表 14－3　2004—2011 年越南各地区中小学在校生中女生比例

（单位：%）

	2004	2005	2006	2007	2008	2009	2010	2011
全国	48.09	48.57	48.52	48.89	49.15	49.20	49.38	49.40
红河三角洲	48.80	48.41	49.23	49.05	49.34	49.05	49.16	48.97
北部内陆地区和山区	46.31	47.37	47.50	47.82	47.90	48.05	48.52	50.58
中北部地区和中部海岸	48.55	49.20	48.83	49.58	49.59	49.96	49.98	49.35
中部高原	48.28	49.34	48.12	49.91	50.08	49.83	50.07	49.90
东南地区	48.44	49.04	48.96	48.60	49.14	49.13	48.96	48.98
湄公河三角洲	47.75	48.14	47.86	48.41	48.84	49.00	49.50	49.22

数据来源：根据 2004—2011 年《越南统计年鉴》（Statistical Yearbook of Vietnam）计算而得。

国际经验表明，经济发展、促进性别平等的教育政策与公共教育投入以及社会性别观念的转变是提升女童受教育机会的重要途径，而越南正是在这几个方面取得了长足的进步，才使得中小学女童教育机会得到明显的提升。

二、越南女童教育机会发展的经济因素分析

1986年12月召开的越共六大是越南全面革新开放的起点，此后，越南对内实行“社会主义定向的市场经济”，对外推行“全方位的外交路线”。在一系列改革政策的推动下，越南经济快速发展，名义GDP由2005年的8392110亿盾上升至2011年的2535008亿盾，增长了2倍。越南的外向型经济政策也促使其进出口规模迅速扩大，2011年商品和劳务的进出口规模都达到了2005年的3倍以上。GDP的实际增长率2005—2007年都在8%以上，之后虽然由于全球经济危机的影响，增长率有所下滑，但仍然在5%以上。

表14-4　2005—2011年越南的宏观经济指标

	2005	2006	2007	2008	2009	2010	2011
GDP（10亿盾）	839211	974266	1143715	1485038	1658389	1980914	2535008
商品和劳务出口（10亿盾）	579339	717109	879461	1157178	1132688	1535816	2205858
商品和劳务进口（10亿盾）	614427	761547	1060763	1383005	1304350	1739363	2312711
GDP年实际增长率（%）	8.44	8.23	8.46	6.31	5.32	6.78	5.89

数据来源：2005—2011年《越南统计年鉴》（Statistical Yearbook of Vietnam）。

（一）居民收入提高，保障了家庭对女童的教育投入

经济发展促进了居民收入的提高。2002年，越南全国居民的月平均收入为356千盾，2010年达到1387千盾，城市居民由622千盾上升至2130千盾，农村居民由275千盾上升至1071千盾。[①] 贫困人口比重也逐步下降。2002年，处于贫困线以下的居民比重是28.9%，到2011年下降至12.6%。城市贫困人口比重由2002年的6.6%下降至2011年的5.1%，农村贫困人口比重则由2002年的35.6%大幅降至2011年的15.9%。[②]

革新开放后，作为改革的一部分，越南的公共教育开始实行收费制，家庭也要承担一部分公共教育成本。以1993年为例，在小学教育阶段，家庭要

① 居民收入数据来源于越南统计局网站（http://en.moet.gov.vn/）。

② 贫困数据来源于越南统计局网站（http://en.moet.gov.vn/）。

承担一半以上的成本。[①] 在中学教育阶段，家庭要承担67%的初中教育成本，72%的高中教育成本。[②] 收费制给贫困家庭带来相当大的教育支出压力。在教育收费制前提下，越南居民收入的提高无疑会对其子女的教育投资决策产生重要影响。经济发展带动的居民收入提高，使得家庭有了富余的资金支付女童的教育费用，因此，男女童在入学机会方面的差距逐步缩小。

（二）女性就业机会增加，提高了女童教育的预期收益

经济的发展，使得劳动力需求总量增加，行业门类也逐步增加，女性劳动力的就业机会相应增加，劳动参与率的性别差距逐渐缩小。15岁以上的女性劳动力由2005年的2141万人增至2010年的2450万人，在全部15岁以上劳动力中所占份额由2005年的47.7%上升至2010年的48.6%。[③] 如图14－5所示：2001年女性劳动参与率与男性劳动参与率的比值为89.8%，而2010年这一比值上升至90.1%。数据说明，经济发展为越南女性提供了更多的就业机会，进而提高了女性受教育的预期收益，促进了家庭对女童的学校教育投资。

表14－5　2001—2010年越南男性和女性劳动参与率[④]

（单位:%）

	2001	2002	2003	2004	2005	2006	2007	2008	2009	2010
女性劳动参与率	74.1	74.0	73.9	73.7	73.5	73.4	73.2	73.1	73.0	73.1
男性劳动参与率	82.5	82.3	82.1	81.9	81.7	81.4	81.2	81.0	81.0	81.1
女性与男性劳动参与率比值	89.8	89.9	90.0	90.0	90.0	90.2	90.1	90.2	90.1	90.1

数据来源：World Bank. Gender Statistic［R］.［2012－12－10］. http://data.worldbank.org/data－catalog/gender－statistics.

---

① Bray M. Counting the Full Cost Parental and Community Financing of Education in East Asia［R］. Washington, D. C.: The World Bank, 1996: 33.

② Danie'le Be'langer, Jianye Liu. Social policy reforms and daughters' schooling in Vietnam［J］. International Journal of Educational Development, 2004 (24): 23－38.

③ Vietnam. Statistical Yearbook of Vietnam 2011［R］.［2012－12－20］. http://bbs.pinggu.org/thread－2393168－1－1.htm.

④ World Bank. Gender Statistic［R］.［2012－12－10］. http://data.worldbank.org/data－catalog/gender－statistics.

三、越南女童教育机会发展的教育因素分析

（一）促进教育公平的政策

1. 提升总体入学率的政策

进入21世纪以后，提升总体入学率成为越南发展教育的一个重要目标。

2000年，越南制定了《2001—2010教育发展战略报告》，对中小学入学率的提升提出了明确的目标：在小学阶段，入学率要由2000年的95%提升至2005年的97%和2010年的99%；2005年全国将实现初中教育普及，初中入学率要由2000年的74%提高至2005年的80%和2010年的90%；高中入学率要由2000年的38%，提升至2005年的45%和2010年的50%。为实现以上入学率的目标，该战略报告提出了具体的改革措施，包括推进课程改革，加速教育社会化，改革师资培养模式，通过健全基础设施及提供教育设备、教材来提高教师教学能力，通过编新教科书、教材手册及教材配套练习来改进教学方法和课程改革。①

2008年颁布的《2009—2020年教育发展战略草案》进一步提出了各级各类教育的发展目标：到2020年，15岁以上的人群中识字率达到98%，有99%的5岁儿童可以接受为期一年的学前教育；100%的城市、省达到适龄儿童9年教育普及标准，80%的青年在同龄人的年龄段内达到普通中学学业水平。②

总体入学率进一步提升的教育发展目标指向，其最大受益者就是女童，因为对于提高总体入学率而言，女童入学率提升的空间要比男童更大。之后，在努力实现总体入学率目标的进程中，女童入学率有了较大幅度的提升，入学率的性别差异逐步缩小。

2. 推进“全民教育”的政策

2000年以来，越南实施的一系列推进“全民教育”的政策促进了女童

---

① 强海燕. 东南亚教育改革与发展（2000—2010）［M］. 广州：广东高等教育出版社，2010：258－267.

② 尚紫薇. 21世纪越南教育政策的特点与趋势［J］. 东南亚纵横，2011（10）：9－12.

入学机会的提升。

由越南教育培训部制定并于2003年由越南总理审批通过的《2003—2015年全民教育计划》中提出，要在中央、地方政府、国外援助者的共同努力下，共同发展越南学前教育、初等教育、非正规教育和初级中等教育。具体目标主要有：至2010年，70%的辍学儿童重新注册入学，2015年，增至95%；2003年以后，所有小学教师将接受每年30天的在职教育，至2015年实现所有小学教师达到合格水平；落后地区的学生都能够免费获得教科书，至2015年全国各地区将获得免费教科书；所有自然灾害常发地区的临时教室都将改建成固定结构教室；至2015年在全国所有小学推行全日制；至2015，将小学年教学课时提升至900小时。①

2005年颁布的《教育法》规定："为了达成教育的社会公平，越南政府为少数民族学生、符合国家规定资格的贫困生、经济社会条件困难地区的学生都提供相应的诸如减免学费、奖学金资助、教育补助等特殊政策扶持，用以保证他们平等接受教育的权利。"②

为帮助越南弱势群体完成完整的初等教育，2006年，由越南政府、世界银行、英国国际发展署、挪威发展合作署、加拿大国际发展署以及澳大利亚国际开发署等共同出资实施的"2006—2009弱势儿童初等教育发展计划"（Primary Education for Disadvantaged Children，PEDC），旨在为弱势儿童提供平等的初等教育受教育权利及公平的初等教育受教育机会，减少教育发展区域间、群体间的平衡。弱势儿童一般泛指达到入学年龄而没有入学或无法完成初等教育学业的儿童，没有享受到标准的教育质量的入学儿童，生活中存在学习、发展障碍的儿童及流浪儿童，移民儿童，少数民族地区的女童等。③

2008年颁布的《2009—2020年教育发展战略草案》提出：发展教育是国家政策以人为本的体现，教育必须考虑各个阶层人民的需求，给每个公

① 强海燕. 东南亚教育改革与发展（2000—2010）[M]. 广州：广东高等教育出版社，2010：258－259.

② 尚紫薇. 21世纪越南教育政策的特点与趋势[J]. 东南亚纵横，2011（10）：9－12.

③ 同①：260.

民创造条件，特别是少数民族学生、经济发展落后地区的学生、残障学生以及困难家庭的学生，满足他们平等接受高质量教育的要求。①

针对越南少数民族以及贫困人口教育的扶助政策，对于促进越南女童入学率的总体上升具有重要作用。首先，相对于人口数量最多的京族，几个重要少数民族在教育上的性别不平等程度更严重，根据越南1999年人口和住房普查数据（表14－6），京族男女平均受教育年数比值为1.09，全国的这一比值是1.10，人口数量较多的几个少数民族，如泰族、依族、高棉族、瑶族和赫蒙族的男女平均受教育年数比值分别为1.36、1.14、1.23、1.41和2.61，所以对于少数民族教育的倾斜政策有助于提升少数民族女童的受教育机会。其次，对于贫困人口的扶持政策也降低了这部分人群的受教育成本，为女童入学率的上升创造了条件。

表14－6　越南男女平均受教育年数

民族	男性（年）	女性（年）	男性/女性
全国（Vietnam）	8.27	7.49	1.10
京族（Kinh）	8.6	7.86	1.09
泰族（Thai）	6.45	4.73	1.36
华族（Hoa）	7.48	6.89	1.09
侬族（Nung）	6.89	6.03	1.14
高棉族（Kho-me）	5.42	4.41	1.23
瑶族（Dao）	4.42	3.14	1.41
赫蒙族（Hmong）	2.87	1.1	2.61

（二）教育投入增大与教育条件改善

在一系列旨在促进“全民教育”的政策推动下，越南政府加大了对公共教育的投入力度。

① 欧以克．越南21世纪教育发展的新战略：理念、目标及策略［J］．外国教育研究，2011（11）：13－17．

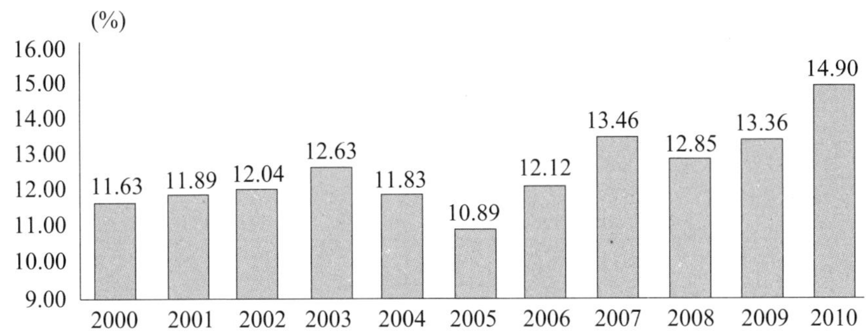

图 14-1　2000—2010 年教育培训支出在越南政府支出中的比重

数据来源：根据 2000—2010 年《越南统计年鉴》（Statistical Yearbook of Vietnam）计算而得。

如图 14-1 所示，2000 年，教育培训支出在越南政府支出中的比重为 11.63%，到 2010 年达到了 14.90%，虽然在 2004—2006 年出现了一定程度的下降，但总体趋势是上升的。同时，世界银行的数据显示，越南 2004 年教育支出在 GDP 中的比重为 4.4%，2008—2010 年均为 5.3%①，增长幅度较大，同时也达到了较高的水平，高于相当一部分发展中国家。政府教育投入的增加，改善了中小学教育条件，主要表现在以下几个方面。

1. 增加学校数量

政府大力投入建设新的中小学校，以利于学生就近入学。如表 14-7 所示，2004/2005 学年度，越南中小学校数量为 26817 所，在其后的几年内一直稳步增加，到 2011/2012 学年度达到了 28803 所，增加了 1986 所。其中，小学由 14518 所增加到 15337 所，初中由 9041 所增加到 10243 所，高中的增幅也较大，由 1828 所增加到 2350 所。就近入学，消除了女童远距离上学带来的交通费用、人身安全等种种不便，促进了女童入学机会的提升。

① World Bank. World Development Indicators 2011 [Z]. Washington, D. C.: World Bank, 2011.

表 14-7 2004/2005—2011/2012 学年度越南中小学校数量

（单位：所）

	2004/2005	2005/2006	2006/2007	2007/2008	2008/2009	2009/2010	2010/2011	2011/2012
总数	26817	27227	27593	27898	28114	28408	28593	28803
小学	14518	14688	14834	14933	15051	15172	15242	15337
初中	9041	9383	9635	9781	9902	10064	10143	10243
高中	1828	1952	2044	2149	2192	2267	2288	2350
小学及初中综合学校	1034	889	773	727	674	611	601	554
初中及高中综合学校	396	315	307	308	295	294	319	319

数据来源：越南统计局网站（http：//en. moet. gov. vn/）。

2. 提升教师数量和质量

在加大教育设施投入的同时，越南政府也进行了一系列的教育改革，加强师资队伍的建设。改革之后，越南教师教育的制度更趋于合理，教师教育的培训体系基本形成，教师教育的国际合作力度也不断加大，教师的数量和质量都有了大幅度提升。

如表 14-8 所示，2000 年以来，随着教师的数量持续上升，生师比持续下降。尤其是小学至高中生师比下降幅度较大，2000 年小学生师比为 27.37，至 2011 年下降到 19.4，初中由 2000 年的 25.08 下降至 2011 年的 15.9，而高中的这一比值也由 2000 年的 30.6 降至 2011 年的 18.35。生师比的迅速下降，改善了中小学校的教学条件，让学生在教学过程中可以得到更多的受教育机会。

表 14-8 2000—2011 年越南各教育阶段生师比

年度	学前教育	小学	初中	高中	大学
2000	21.41	27.37	25.08	30.16	27.80
2001	20.92	25.88	24.63	28.73	27.10
2002	20.67	24.28	23.66	27.70	26.39
2003	20.37	22.79	22.62	26.21	28.29
2004	20.65	21.37	21.87	26.02	27.72

续表

年度	学前教育	小学	初中	高中	大学
2005	20.70	20.59	20.54	25.76	28.58
2006	20.54	20.11	19.54	24.56	31.22
2007	19.89	19.67	18.28	22.48	28.57
2008	20.09	19.25	17.25	20.88	28.35
2009	20.13	19.45	16.28	19.42	28.11
2010	19.43	19.25	15.64	18.83	28.99
2011	19.08	19.40	15.79	18.35	26.23

注：表中的教师是指教学一线的教师。

数据来源：根据 2000—2011 年《越南统计年鉴》（Statistical Yearbook of Vietnam）计算而得。

图 14－2 反映了近十年来越南受过培训的小学教师比例。受过培训的教师比例由 1998 年的 77% 上升至 2008 年的 98.6%，2008—2010 年一直稳定在 98% 以上。这反映了越南政府在提高教师质量，增强学校教育吸引力方面的不懈努力。

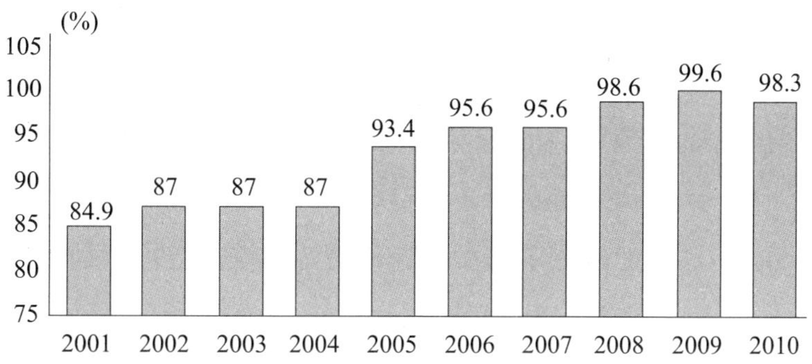

图 14－2　2001—2010 年越南小学中受过培训的教师比例

数据来源：World Bank. World Development Indicators [Z]. 2002－2011 Washington, D. C.: World Bank, 2002－2011.

3. 增加女教师数量

表 14－9 数据显示，2004—2011 年，越南中小学女教师比例稳定地保持在 70% 以上。在小学和初中阶段，女教师比例稳定，分别保持在 77% 和

67%以上；高中阶段女教师比例的增长幅度最大，由2004年的56.22%上升至2011年的61.16%，上升了近5个百分点。女教师数量的增加有利于提升中小学女生在学校的安全程度，同时，女教师更容易理解女生的心理状况，也更便于与女生进行沟通，因此女教师数量的增加有利于女生在学校专注于学习并提高学习成绩①，从而有助于女生入学机会的提高。

表 14-9　2004—2011 年越南中小学女教师比例

（单位:%）

	2004	2005	2006	2007	2008	2009	2010	2011
中小学	70.85	70.49	70.57	70.50	70.46	70.73	71.01	70.90
小学	77.86	77.89	77.81	78.10	78.10	77.61	77.63	77.41
初中	67.59	67.29	67.90	67.71	67.30	68.33	68.20	67.95
高中	56.22	56.39	57.07	57.35	58.57	59.23	60.71	61.16

数据来源：根据2004—2011年《越南统计年鉴》（Statistical Yearbook of Vietnam）计算而得。

四、越南女童教育机会发展的社会性别观念因素分析

社会性别观念的转变，需要长期的宣传、教育以及相应的文化建设，政府有针对性的法规和政策措施是推动社会观念转变的关键。自革新开放以来，越南政府通过制定法律法规并推进法规的执行来推动社会观念的转变，促进女性的平等权益，这对于越南女性社会地位的提高起了重要作用。

（一）在法律上确立了男女平等和对妇女权益进行特别保护的原则

根据社会主义的政治理念，越南于1946年颁布了第一部《宪法》，之后对《宪法》进行了四次修改。1992年通过的新《宪法》规定，“男女公民在政治、经济、文化、社会等方面有平等的权利，禁止一切侵害妇女权益的行为”，“男女同工同酬”。《宪法》从根本上保证了国家制定一切法令、

① 强海燕．东亚发展中国家的妇女教育与发展［J］．陕西师范大学学报：哲学社会科学版，1996（9）：144-151.

法规、决议、决定都确保妇女有机会和权利上的平等。[①] 越南于 1995 年开始实施的《劳动法》在第 10 章“对女劳动者的特殊规定”中详尽规定了保障女性平等权利、防止对女性的歧视和消除对女性偏见的多方面措施。[②] 1995 年的《民法》和 2000 年的《婚姻和家庭法》都规定，妇女与其丈夫一样有权在需要登记的财产所有证上署名。2003 年修订的《土地法》第 48 条规定，如果土地使用权是夫妻的共同财产，则土地使用证必须列有夫妻双方的姓名。[③] 越南国会 2006 年通过并于 2007 年开始施行的《性别平等法》进一步设定了社会和家庭中性别平等的基本原则，制定了实现性别平等的措施，规定了相关机构、组织、家庭以及个人在推进性别平等方面所应负的责任。至此，越南对于妇女权益的保护已经形成了完整的法律体系。

（二）通过多方面的行动计划推进性别平等政策和法律的执行

1979 年，越南政府批准了联合国通过的《反对歧视妇女公约》，制定了“为了妇女的进步事业”的发展战略与提高妇女地位、能力及保护其权益的发展战略。这些发展战略在劳动、就业、接受教育的机会和环境等方面规定了男女平等的权利，对于提高妇女的认知水平，改善妇女健康水平，促进妇女参加经济活动，提升妇女的经济能力都有着重要的推动作用。

在上述发展战略的基础上，越南各部委、各省制定了具体的行动计划，主要包括三个方面：农户土地使用证须对夫妻双方的姓名进行登记；减少农村妇女无收入的家庭劳动时间，使得妇女参与到社会经济发展的主流中来；增加妇女在政治、经济、文化等方面的参与机会。

在增加妇女参与政治、经济、文化的机会方面，越南政府于 1997 年制定的《到 2000 年越南妇女进步的全国行动计划》提出：加强妇女在领导机制和决策过程中的地位和作用。2002 年 1 月，越南政府又通过了《全国性别战略与 2001—2005 年促进妇女行动计划》，要求各相关部门必须准备性别战略与实施行动计划。该计划进一步提出了六项目标和行动，包括妇女的就业和经济地位、教育与培训、健康、领导权与决策、妇女权利、强化构

---

① 余富兆，谢群芳. 越南当代家庭及妇女地位的变迁［J］. 东南亚研究，2008（3）：78－82.

② 吕亚军. 经济转型时期越南收入差距的性别分析［J］. 中华女子学院学报，2011（5）：89－93.

③ 吕亚军，金国兴. 革新开放以来越南妇女地位的变化［J］. 商丘师范学院学报，2010（5）：60－65.

架机器几个方面。[①]

一系列性别平等法规、政策措施的推行，对越南妇女社会地位的提高起了积极的作用，随着女性社会地位的提高及社会观念的转变，女童实现自我发展的社会条件不断改善，促进了女童受教育机会的不断提升，推动了越南教育机会发展的性别平等。

参考文献

吕亚军，金国兴．革新开放以来越南妇女地位的变化［J］．商丘师范学院学报，2010（5）：60－65．

吕亚军．经济转型时期越南收入差距的性别分析［J］．中华女子学院学报，2011（5）：89－93．

欧以克．越南21世纪教育发展的新战略：理念、目标及策略［J］．外国教育研究，2011（11）：13－17．

强海燕．东亚发展中国家的妇女教育与发展［J］．陕西师范大学学报：哲学社会科学版，1996（9）：144－151．

强海燕．东南亚教育改革与发展（2000—2010）［M］．广州：广东高等教育出版社，2010．

尚紫薇．21世纪初越南教育政策的特点与趋势［J］．东南亚纵横，2011（10）：9－12．

余富兆，谢群芳．越南当代家庭及妇女地位的变迁［J］．东南亚研究，2008（3）：78－82．

Bray M. Counting the Full Cost Parental and Community Financing of Education in East Asia［R］. Washington，D. C.：The World Bank，1996：33.

Danie'le Be'langer，Jianye Liu. Social policy reforms and daughters' schooling in Vietnam［J］. International Journal of Educational Development，2004（24）：23－28.

Vietnam. Statistical Yearbook of Vietnam 2011［R］.［2012－12－20］. http：//bbs. pinggu. org/thread－2393168－1－1. htm.

World Bank. Gender Statistic［R］.［2012－12－10］. http：//data. worldbank. org/data-catalog/gender-statistics.

World Bank. World Development Indicators 2011［Z］. Washington，D. C.：World Bank，2011.

---

①吕亚军．经济转型时期越南收入差距的性别分析［J］．中华女子学院学报，2011（5）：89－93．

附录

苏格兰学校性别平等清单

性别平等——给教育工作者的工具箱（简要版）

目　录

导　论

根据新出台的2006年《平等法案》及《性别平等义务》的规定，学校有责任消除不合法的性别歧视和骚扰，促进男女平等。本清单旨在帮助教育工作者反思性别问题，并将促进两性平等落实到学校工作的方方面面。近年来，教育领域性别工作的重心落在处理学业表现上，尤其是男生的学业问题。此外，人们还特别关注男生和女生在学习科目和考试科目选择上的差异。提高学生在课程的所有领域的学业能力固然是件重要的事，但人们还需进一步关注性别和不平等现象。研究表明，青少年毕业之后仍然选择刻板定型的职业方向（Careers Scotland，2004）；对女性施加暴力的现象也继续存在，有42%的16—20岁的年轻人称他们所认识的一些女生曾遭到男朋友的殴打（End Vioence Against Women，2006）。尽管女生在学校表现普遍不错，但绝大多数女生参加工作时薪酬上仍然与男性有差距：她们在全职工作中获得的薪水比男性少12%，在兼职工作中这一差距更是达到了38%。（Scottish Equal Opportunities Commission Scotland，2006）在过去十年里，苏格兰及其他地方的学校都淡化了这些问题，这也许是因为教师和教育学家认为性别问题已得到了较好的解决。

2006年，苏格兰行政院全面回顾了解决苏格兰学校中性别不平等现象的策略，得出如下结论。

◎ 苏格兰学校中存在着显著的性别不平等。例如，全国有效统计数据表明，女生在所有方面都比男生表现出色。

◎ 在苏格兰学校，地方当局关于性别平等的政策主要包含在与社会公正和包容有关的上位政策中，缺少专门的政策法令，因此在日常工作中就可能产生性别缺失或者扭曲。学校和地方当局有责任确认这种现象是否存在，如有可能，对学习与教学中出现的性别问题要特别给予关注。

◎ 很难找到对性别平等有明文规定的学校。学校必须讨论导致这一现象的原因，并推动政策发展以解决性别敏感问题。

◎ 性别平等方面做得十分成功的例子最先出现在幼儿园和小学中。学校应当分享这些优秀实践经验，并将其贯彻到基层实践中。

◎ 如果在学校之间分享性别行动的发展和成就，那么性别行动就会有更好的发展机会并且持续发展。要鼓励小学、初中与国家或地方当局通过政策制定和教师发展的途径进行合作，共同制定解决性别不平等问题的策略。

◎ 最有效的方法是吸引所有利益相关者参与性别行动，特别是家长/监护人。学校应与社区一起，讨论如何让家长/监护人和其他利益相关者参与到策略的计划、发展和执行中去，以解决苏格兰学校中的性别不平等问题。

◎ 如果教师发展是最有效的途径，那么就要确保教师具有一定程度的自主权，并能从实践中得到指导和建议。学校和地方当局应该鼓励和促进教师开展性别活动。而提供教师发展的机构，如有关当局和大学，应该支持这种活动顺利开展。

如回顾所示，并不是所有的苏格兰学校都成功地解决了性别不平等、不公正问题。但是，学校也不能因此就简单地将男女生分类，并制定偏向男生或者偏向女生的行动计划。每个男生和女生都带着他们特有的生活经验就学，这些生活经验影响着他们，影响着他们思考的方式和行为等。对于性别的讨论，离不开围绕社会阶级、文化、宗教、对男性气质和女性气质观念的辩论，还涉及社会公正和社会认同的其他方面。为了有效地推动平等和反歧视活动，学校有必要考虑造成不平等现象的不同方面之间的联系。例如，虽然性别义务没有包括性取向问题，但是整个清单是基于这样的理解之上的：为了有效地实现性别平等，有必要解决同性恋恐惧和性别歧视问题。

制定这份清单的目的和意图并不仅仅是解决上述问题，或是为那些想要更加深入地了解性别问题的教师提供帮助。人们只是希望，这份清单的制定能够作为一个出发点，让教师可以利用清单从个人和集体两个角度思考在苏格兰学校中如何广泛地推进性别平等。

为了全面、有效地落实法律条款的要求，为了改变学校和教育思想中的文化与结构，教师必须在思想上有更深的理解。清单附录 D 为教师发展提供了参考书目，以帮助参与该过程的教师及其他教职员工。

清单的格式来源于《学校种族平等核查：自我评价资源》（Race Equality Audit for Schools：A Self-evaluation Resource），后者已经通过试行阶段，开始在全国推行。同时，清单根据衡量学校好坏的质量指标（2007）构建和设计，让中小学在阅读清单时可以自由选择其中一部分阅读。人们期望学校能够落实清单指标内容或大多数建议，能够从中探寻一种方法来改进现存策略的影响或者研讨出一些新想法。其最终目标是让每所学校都能在各个关键领域的第 5 或第 6 水平上得到实践验证。

质量指标 1—4 普遍都是鼓励性指标，并且已经被强调过了，如质量指标 1. 2 推动了清单的实施。学校的主要工作是教学，这在质量指标 5 中有详细的论述，这正是教师希望推进性别平等工作的起点，附录 A 中包含了把性别平等推广到课程中的实际案例。在质量指标 5. 1 中，还提到了进入优秀课程资源的平等主流化清单（附录 B）。此外，还可以从网上得到更多的支持、信息以及教与学的建议和资源，作者专门提供了一个访问这份清单的关键内容的网站清单（附录 C）。

对于学校管理者来说，质量指标 9 或许是工作的起点。在学校工作的许多方面，领导力至关重要，例如在推动改革、提出创新和在学校教师中推广好的实践经验等方面都需要领导。只有一个受到学校支持和委托的领导团队，才能确保性别平等工作得以严肃地开展和实施。同时也正是学校管理者的责任心，使教师意识到他们的法律责任，建立机制推广优秀经验并将其应用到学校工作的方方面面，以及与利益相关者建立合作伙伴关系。在质量指标 5. 9 和质量指标 6—8 中，清单还建议管理者和教师通过制定政策、培训和合作来改良学校氛围。

这份清单是作为优秀课程资源而制定的，优秀课程已经成为苏格兰学校发展的关键点。性别平等，对待女生和男生的积极态度，以及关于性别问题的教育，对于孩子成长为自信的个体、成功的学习者、有责任心的公民以及有效的贡献者是至关重要的。学校开设优秀课程，就有机会系统地将性别平等运动和社会公平的其他形式相结合。清单由苏格兰平等机会委员会制定，苏格兰行政院资助。作者是朱迪丝·麦金利（Judith Mackinlay）和劳拉·米切尔（Laura Mitchell）。作者希望人们承认在性别领域已取得的成就，同时衷心感谢人们阅读这一草案并提出建议。我们要特别感谢朱迪丝·麦金利和劳拉·米切尔为这份清单所做的工作。我们听取了许多有用的建议，也尝试在可能的地方使之具体化。我们希望这份清单对教师推动学校性别平等工作有所帮助。

专业术语

社会性别

个人的社会性别很复杂，包含许多方面的特征，如表现、说话、活动，而这些特征都不仅仅局限于个人的生理性别。我们对男性气质和女性气质的观念，即我们对社会性别的理解，来自被社会公认的女性和男性的角色、态度、表现、价值观和行为。

性别表达

通过表现、说话、活动、行为等来表达个人对男性气质或女性气质的理解。

性别认同

对自身成为男性或女性的内在认同、理解。

性别刻板印象

我们头脑中关于每个性别应该怎么看、怎么穿和怎么表现等的模式。

同性恋恐惧

对假想是女同性恋、男同性恋或双性恋的人的无觉察的恐惧或憎恨。

这种偏见和歧视的根源是个人的性取向。

双性人

双性人指那些生来带有与男性或女性标准不符的性染色体、外生殖器或内部生殖系统的人。

LGBT

这个缩写是用于称呼女同性恋、男同性恋、双性恋和跨性别者的保护性词汇。

主流化

苏格兰行政院为了促进平等所提倡的一项策略：“是平等视角的系统结合……这项策略解决了由生理结构、行为表现和态度而导致或遭受不平等和歧视的问题。”

生理性别

对人们是男性或女性的分类。我们在婴儿出生时，综合婴儿各项身体特征为婴儿指定性别，身体特征包括染色体、荷尔蒙、内部生殖系统和外生殖器。

性别歧视

基于性别的偏见或歧视。和其他“主义”一样，性别歧视可以是个人层面的，如某人由于对方是女性而在讲笑话或做回应时有意贬低她；也可以是文化层面的，如有些人接受性别歧视的观点，并且不对其进行纠正，仅仅是因为他们认为这些观点“没有冒犯之意”，或是在单位里女性和男性同劳不同酬、女性比男性更缺少晋升机会。

跨性别者

专指那些在性别认同或性别表现上与社会规范期望相对立的人。

变性人

变性人认为自己的性别与他们出生时基于身体特征而被认定的性别相反。“变性人”经常被用来描绘那些想要、正在或是过去已经经历过性别再认知或性别再定性过程的人（有可能涉及荷尔蒙治疗和外科手术）。在2006年《平等法案》的“就业法”下变性人得到了保护。

变性恐惧

对跨性别者的无觉察的恐惧或憎恨。这种偏见和歧视的根源是个人的性别表达或认同。

以上专业术语借鉴并参考了下列网站中的定义：

http://ww. gpac. org/gpac/glossary. html

http://www. equality-network. org/

http://en. wikipedia. org/wiki/Gender

http://www. culturalpartnerships. org/productspubs/glossary. asp

质量指标

质量指标1：关键表现成果

1.1 学业表现的提升

◎ 女生和男生的学业成绩正在不断提升或是一直保持良好状态。

◎ 以“哪些男生？哪些女生”的方式来解决学生学业成绩不良的问题：不能简单地把男女生按性别做同质性分类（参考质量指标8.4信息管理）。

◎ 男女生的学业成绩在各个学科上的差距都可以缩小，成绩也是可以比较的。

◎ 在中学，性别与课程选择之间的关联正在逐渐减弱。

◎ 学校改进计划中的性别平等活动对于全面提高学生的成绩、能力、幸福感以及促进学校工作都有重要作用。

1.2　法定义务的履行

◎ 学校要充分考虑国家颁布的有关性别平等的政策方针以及地方当局的性别平等计划，确保在学校中的所有规定和实践都与之一致，符合相应的法律要求。

◎ 所有采办和订约都要服从 2006 年《平等法案》的指导（参考质量指标 8.2 学习资金的管理）。

质量指标 2：对学生的影响

2.1　学生经验的增长

◎ 支持和鼓励所有儿童和青少年：

- 反映他们和其他人遭遇到的性别不平等；
- 考虑在学校和社会中该如何解决性别不平等问题；
- 支持和推动学校性别平等活动的发展、传播和评价。

◎ 学生在识别、讨论和解决性别歧视问题上感受到极大的信心。

◎ 所有儿童和青少年都能体会到学校是一个支持性和全纳性的场所：他们的品质、兴趣和行为没有因为性别而被硬性限定。

2.2 家长、监护人和家庭的支持

◎ 家长、监护人和家庭能够很好地理解学校关于性别平等的目标、价值观和行动。

◎ 学校为家长、监护人和家庭提供促进学校性别平等活动的发展、传播和评价的机会。

◎ 支持和鼓励男性或女性家长和监护人参与学校工作，使他们对有机会帮助孩子学习和发展感到满意。

质量指标 3：对教师的影响

3.1　教师在学校生活和工作中的参与

◎ 所有教师都能理解、分享学校关于性别平等的目标、价值观并且投身于性别平等行动中。

◎ 学校要对教师有清楚的指导：行为、政策和对策的标准如何被用来确保平等和反歧视思想（包括性别平等）能够渗透到学校工作中。

◎ 所有教师都知道他们该怎么促进学校平等和反歧视工作，并且受到学校的期待。

◎ 男女性教师都能感到受重视、受支持并且得到指导，尤其是在那些职员性别比例不平衡的场所，例如：

照看、清洁和供应伙食的工作绝大部分乃至全部都是由女性承担；

学校的管理和领导队伍的组成中，男性更加具有优势乃至全部是男性；

保育室和托儿所的教师都是女性。

质量指标 4：对社区的影响

4.1 学校对当地社区的发动和引导

◎ 当地社区居民能够很好地理解学校关于性别平等的目标、价值观和行动。

◎ 邀请当地个人、团队和项目支持并推动学校性别平等活动的发展、传播和评价。

◎ 学校在社区中寻求多样人群的视角来看待问题，包括少数民族和边缘群体的视角。

4.2 学校对更大范围的社区的发动和引导

◎ 学校与当地、国家或国际的旨在解决歧视和不平等问题的团队与组织进行交流并从中学习。

◎ 学校性别平等工作是以对当前研究的认识、理解以及成功的实践为基础的。

- 苏格兰学校处理性别不平等现象的对策：文献综述（2006 年 3 月）
  http://www.scotland.gov.uk/Publications/2006/05/03105933/0
- 苏格兰平等机会委员会：教育
  http://www.eoc.org.uk/Default.aspx?page=14812
- DFES 关于教育中性别问题研究的摘要
  http://www.standards.dfes.gov.uk/research/themes/gender/

质量指标 5：教学过程

网上链接提供了关于质量指标 5 的观点和实践资料，请参考附录 C。

5.1　课程

课程的理论基础和设计

◎ 在各个课程、各个阶段中寻找机会并且计划传播平等和反歧视（包括性别平等）的思想、经验和知识，即在课程中将平等和反歧视思想主流化。

◎ 性别平等主流化有四个关键目标，与优秀课程的四大功能相关联：

- 确保所有学生都被包容、被重视和受到尊重，无论他们的性别表达如何（成为自信的个体）；
- 提高对性别歧视和性别不平等的认识与理解（成为成功的学生）；
- 发展挑战针对他们和其他人的歧视现象的技能和能力（成为有责任心的公民）；
- 提供反对歧视的行动机会（成为有效的贡献者）。

◎ 专门开设几节课、几门课乃至几个学习项目传播性别平等思想，在各个课程、各个阶段中传授反对性别歧视、反对同性恋恐惧的方法。

◎ 有效的主流化可以确保所有学生在学校生涯中始终不断地发展他们对平等和反歧视思想（包括性别平等）的知识技能并加深理解，无论他们选择什么课程去学习。

参考

- 附录 A：性别平等主流化进入特殊课程领域的实例
- 附录 B：进入优秀课程的平等主流化清单

课程的发展

◎ 在教师学习活动中讨论“平等和公平”，使教师保持对性别平等新资源及其发展的了解，并且鼓励教师在教学中融合平等思想，使之一体化。

◎ 学校管理层或学校平等协调人定时开展课程的常规核查，以确保主流化渗透到所有课程和阶段中。

教学大纲和课程

◎ 开展螺旋式课程，使性别平等问题能够不断被重温并且能够被更加深入地理解。

◎ 每年，学校开发关于个人与社会的教育、公民权以及健康卫生等项目，都要关注平等问题。虽然性别平等近年来多受关注，但仍须在各项工作中予以体现。

◎ 建立与性别有关的外部机构或在该领域工作的个人的联系，并利用其来丰富学习计划（例如平等和人权委员会、乐施会、世界女性、苏格兰妇女救助会、零宽容等）。

5.2 为了有效学习的教学

学习氛围和教学方式

◎ 采用一系列策略，这些策略不会将任何一个学生或一组学生限定在一种学习风格上，但能使学生熟悉各种不同的学习模式并且对它们充满信心。

◎ 在学习上采用同伴教育传递性别平等思想。例如：

- 五/六年级和一年级或是和学前班一起，在教师的帮助下自己开展性别平等课程或会议，如采用追求平等的击鼓传花游戏；
- 在中年级，大部分学生能够解释为什么在学前班里要平等对待女生和男生（除了校规）；
- 上流小学与中流小学一起解释同伴压力和性别问题。

师生互动，包括学生的参与

◎ 教师始终要对那些使用带有偏见或冒犯性的术语和典型偏见词汇的现象进行教育。

◎ 鼓励和支持学生研究性别平等问题，例如把它作为一篇课文或一段历史时期来重点学习。

◎ 学生通过熟悉相关的平等规章并且清晰地表达学习意图来理解性别平等教育的目的和目标。

师生交流中的性别敏感

◎ 教师要觉察到在他们提问女生和男生时可能产生的偏见与差别，并且采取行动进行监督，一有可能就改进他们的实践，例如给女生和男生同样的等待时间。

◎ 教师对男女生都要提问高难度、开放式的问题。

◎ 教师要对性别平等术语下定义并且解释概念（参考“专业术语”部分）。

教学过程中的公正

◎ 采取行动去反驳由于性别而带来的同伴压力，例如：

给予学生反映他们自己关于性别的假设和期望的机会；

教师在提供选择前开展关于刻板选择的讨论；

采用像房间号码或家长姓名的首字母这样的偶然因素来分配任务或角色。

5.3　*满足学习需求*

任务、活动和资源

◎ 无论学生的阅读、写作能力怎样，通过改变教学方式，使学生得以提升对于平等和歧视的认识与理解，包括小组合作学习、讨论、听说表达。

◎ 介绍有关女性与男性的积极形象和态度的最新资源，尤其是那些参加传统上与其性别关联不大的活动的人们的资料。

学习需求的识别

◎ 重视和尊重那些与父母/监护人或亲戚（是男同性恋、女同性恋或跨性别者）一起居住的儿童和青少年以及他们的家庭。

教师和特殊需要师资的角色

◎ 鼓励学生识别和抵抗学校中源自性别的同伴压力。

◎ 支持所有儿童和青少年反映和褒奖他们自己的性别表达。

◎ 对有额外支持需要的学生提供性别问题的教育方法。

法律要求的满足和落实

◎ 为个人、班级和整所学校学习所做的计划，在性别背景下不仅没有区别而且都提倡性别平等，例如在设置学生的 IEP（个别化教育计划）或同级互助计划时，提供探索非性别典型模式的兴趣和能力的机会。

5.4 学业评定

评价方法

◎ 采用多种评价模式，使所有学生都有机会获得最好的表现（例如口头问题、书面回答、多种选择、小组合作观察）。

◎ 从以下几方面评价学生：

对性别歧视和性别不平等的认识与理解；

挑战性别歧视和性别不平等的能力；

参与反对性别歧视和性别不平等活动的意愿；

计划学习经验和活动。

◎ 注意儿童和青少年的兴趣不能被狭窄地定义或说明；不能因为“女生和男生喜欢什么或想要什么”的想法而限制提供给他们的机会。

◎ 考虑学生学习风格和学习需要的信息时，不能假设某种方法或资源最适合所有男生或所有女生，要提供机会让所有学生一起经历一系列教学、学习活动和任务。

◎ 只有在特定场合或是已经完全考虑了利弊时，才可以采用类似于同性别小组或是男女生同桌的策略。

使用评价信息识别和计划未来的学习

◎ 在所有学习领域里积极识别男生和女生的成就。如果某一性别比另一性别表现更出众，那么就要审视评价标准是否有偏袒，采取积极的措施认同所有儿童和青少年的成功，并鼓励他们的进取心。

记录和报告的安排

◎ 儿童和青少年提高对平等的认知并发展向针对他们及其他人的歧视现象发起挑战的能力，学校把这作为成为有责任心的公民的一个方面，和他们的父母/监护人进行探讨。

5.5 期望和促进成功

教师的期望和赞扬的使用

◎ 教师对女生和男生都有很高的行为期待。

◎ 对女生和男生都要始终平等地进行表扬与惩罚。

◎ 鼓励女生和男生在教室与学校里平等地承担责任。

◎ 学校提供的课外活动对女生和男生都要开放，积极鼓励在所有活动中性别合理混合。

学生的期望和成就感

◎ 提供给学生评议和反馈的机会，并且教师要确保女生和男生的声音都能够被听到并给予相同的权重。

◎ 女生和男生要互相尊重，并且能够愉快地讨论彼此之间的不同点和相同点。

促进和维持成功特质

◎ 在学校活动中有意寻找某些女性和男性（作为家长/监护人/外部发言人/专家），确保他们中有人参加反对男性和女性的职业/成就刻板印象期望的活动。

◎ 思考并采取一些策略，鼓励女生和男生在不害怕被嘲笑和被孤立的前提下努力工作。

◎ 提供补习社和其他机会鼓励学生参与学习并且继续学习下去，特别鼓励那些需要支持的女生和男生。

◎ 学校要同样庆祝女生和男生的成就，例如，相比于女生参加慈善募捐活动，对男生赢得足球联赛这样的事不能有过多的强调。

师生关系

◎ 要始终严肃对待和灵敏处理性别歧视事件或同性恋恐惧行为/恃强凌弱行为。

◎ 儿童和青少年对报道这些事件要充满信心。

◎ 在学校里没有任何地方认可性别歧视或同性恋恐惧、骚扰行为，如开玩笑、冠以恶名等。这些地方包括操场、办公室、更衣室、教室、走廊、餐厅等。

5.6　平等和公正

全纳途径

◎ 重视并接受那些行为和/或表现不符合与他们的性别相应的传统期望的儿

童、青少年、家长、监护人和教师。

◎ 学校要保证性别、性别表达与性取向不会阻挠学校人员参加活动和获得成就。

◎ 与家长/监护人交谈时要注意避免一些假设：

- 家长和监护人可能是母亲/父亲/继父母，单身或离异家长/监护人，相同性别的家长/监护人等；
- 家长或监护人可能不会与孩子共用家族名字，但是不能因此认为他们的婚姻地位或与孩子的关系有问题；
- 不能设定有关家长/监护人性别的假设，例如不能出现“妈妈们帮助我烘烤”或是“爸爸们教我踢足球”这样的话语。

◎ 所有儿童和青少年、教职人员和家长/监护人要认识到在学校里性别歧视、同性恋恐惧、性骚扰行为是不被接受的。

提倡平等和公正

◎ 在学校里要通过学生工作、活动、事务、时事通讯、海报、举办演讲等途径使人们明确认识到性别平等。

确保平等和公正

◎ 学校欢迎男女家长/监护人进入学校，并且积极鼓励监护人和亲戚成为更大范围内的支持者。

◎ 教师要始终和其他职员、儿童和青少年、家长和其他监护人一起做出反对性别歧视和反对同性恋恐惧的行为示范。

5.7 和学生以及家长的合作伙伴关系

安排家长参与学生的学习和学校生活

◎ 特别鼓励和支持父亲与男性监护人/亲戚参与学校活动并成为孩子学习的伙伴。

◎ 在计划为家长/监护人设置讨论会、咨询处和社区会议时要特别关注单身或离异家长/监护人。

◎ 灵敏地处理与离异家长的关系和交流，以最大限度地保障学生的利益。

◎ 在非性别歧视下履行儿童保护协议。

与学生以及家长之间的商讨和交流

◎ 给予儿童和青少年、家长和监护人以下信息：

- 学校是怎样提倡平等和反歧视思想（包括性别平等）的；
- 在课程的不同领域是怎样处理平等和反歧视思想（包括性别平等）的；
- 学校是怎样处理儿童和青少年的歧视行为（包括性别歧视和同性恋恐惧行为）的。

◎ 学校启动与家长关于同伴压力、性别和刻板印象之类问题的探讨。

◎ 家长和监护人了解当他们或他们的孩子遭受歧视（包括性别歧视和同性恋恐惧）时要怎样使用学校申诉程序。

与学生和家长交流学校工作

◎ 学校每年都要把学校顺利施行改善优先权和开展性别平等工作的主要成果报告给家长、监护人、儿童和青少年。

5.8　关怀、福利和发展

确保关怀、福利和儿童保护的安排

◎ 处理性别歧视、同性恋恐惧或性别毁谤事件的政策和过程是清晰明了的，并且与当地和国家的指导方针相一致。

◎ 教师要对解决这些事件充满信心并能够协调处理。

◎ 新教师要了解过程，并且帮助实施相关程序。

◎ 在常规基础上与儿童和青少年讨论抵制恃强凌弱行为的过程，包括处理性别歧视或反对同性恋欺凌行为。

满足儿童和青少年的情感、身体及社会需要的途径与规定

◎ 在学校里开展一个经过深思熟虑的社会教育计划，引起学生对性别问题的关注，发展学生挑战他们所经历或遭受的任何性别歧视或同性恋恐惧行为的能力。

◎ 这项工作被学校事务不断丰富和发展，并且贯穿于课程探究活动中。它特别关注平等，包括调查性别问题的活动，例如，性别歧视行为或态度，性别歧视和同性恋欺凌行为，男性气质、女性气质和性别认同，性别刻板印象，在“男生和女生的健康关系”背景下的性别问题等。

◎ 公民教育通过调查研究发生在苏格兰和与之相联的机构的事件及支持受害者的运动，提供了探究性别、同性恋恐惧或家庭暴力和虐待的影响的机会。

◎ 所有教育计划或课程都要涉及处理性虐待、家庭虐待、同性恋恐惧等事件。在教育计划或课程中要充分考虑儿童和青少年在班级或团队中的可能性，能够利用他们目前或过去的个人经验处理这些问题。

◎ 教师要充分认识性别歧视欺凌、性虐待、同性恋骚扰、家庭虐待和性别歧视或同性恋恐惧态度的情感影响。

◎ 在解决上述问题和为那些由于上述原因而遭受痛苦的儿童和青少年提供最好的关怀时，可以从经验丰富的境外机构中寻求帮助和建议，比如女性救助会。

◎ 重视和支持那些行为或表现不符合与他们的性别相对应的传统期望的儿童和青少年。

◎ 如果家长/监护人感觉到孩子的发展被性别歧视、变性恐惧或同性恋恐惧所阻碍，学校要全面调查他们的疑虑，并采取有效的行动。

课程和职业指导

◎ 教师要谨慎避免把女生和男生刻板地局限在某种职业或学科道路中。

◎ 提供积极的角色模式和行动，以挑战任何对职业选择事先构成性别刻板印象的看法。

◎ 提供的职业信息/材料对女性和男性是平等的，体现了国家追求平等的精神特质。

◎ 中学时，不鼓励儿童和青少年去谋求那些仅仅是性别刻板印象的工作经验，比如女生去做护理或照看工作，男生去做机械或体力工作。

◎ 要注意保证在工作场所的经验不会增强性别刻板印象或导致不能适当地处理性别歧视、性骚扰或同性恋恐惧。

◎ 鼓励家长/监护人支持学校挑战性别刻板印象的学科选择和职业选择，并且给他们提供学校怎么处理这些问题的信息。

◎ 为那些成为家长的高年级学生提供帮助，无论她/他是母亲还是父亲。利用探究家长责任的资料来帮助他们，例如由南拉纳克郡家庭学校合作伙伴项目出版的 DVD《卡罗琳的故事》或《少年成为父亲》等。

5.9 通过自我评价进行改善

自我评价的承诺

◎ 教师、家长、监护人、儿童和青少年在学校中都要参与性别平等活动的评价工作。

◎ 学校确立行动要点，将其纳入发展计划中，并且检查这是否与学校的计划周期相一致。这个要点是从地方当局性别平等计划中产生的。从地方当局的计划出发为学校制定行动，并在三年内完成该计划。

◎ 采取积极的措施收集男女教师、家长、监护人、儿童和青少年的看法（不一定是直接与性别有关联的问题）。

自我评价的管理

◎ 高级教师：

- 监督性别主流化（包括性别平等）进入所有计划、教学和学习中；
- 清楚地确认优势和需要改进的地方；
- 确保分享好的实践经验；
- 如有可能，监督、比较和评价男生与女生的经验、成绩及学科选择。

学校的改善

◎ 学校每年报告为了履行性别平等义务而已经采取的或想要采取的行动。

◎ 为家长、监护人、儿童和青少年、教育督导人员、权威评估、标准和质量报告等提供的学校信息要从性别平等的角度来阐述。

质量指标6：政策发展和计划

6.1 政策回顾和发展

◎ 所有新出台和已经存在的政策都要服从性别影响评估（GIA），这个评估包括询问这样的问题，例如：

- 这个政策/程序提及了性别平等问题吗？

- 有没有证据表明女生和男生或妇女和男人在这方面的政策领域中或程序上有不同的需要、经验、关注或优先权？
- 这个政策/程序会不会无意中对某一性别或另一性别的人或变性人不利？

◎ 学校政策在平等和反歧视思想（包括性别平等）上提供了清晰的指导。

◎ 要在政策说明、课程和项目中反映国家追求平等的精神特质。这包括明确提及性别问题、家庭虐待、同性恋恐惧等。

◎ 政策顺利开展，借鉴性别平等义务的法律要求和从平等机会委员会/平等和人权委员会（CEHR）以及地方当局得来的指导而不断更新政策。

6.2 参与政策和计划

◎ 欢迎男女教师、学生、家长和监护人代表参加利益共享者论坛，比如学生委员会、家长委员会、工作小组和中心团队。

◎ 学校利用更多途径进行交流和商谈，如正式会议、调查表、非正式交谈、小组讨论、网络/电子邮件调查。这促使多元群体的男女学生、家长与监护人理解和支持学校政策。

6.3 为了改善的计划

◎ 计划周期的发展包含性别平等因素。

◎ 在制定改善计划时，学校系统地利用男生和女生的才能与成绩的比较数据。

质量指标7：教师的管理和支持

7.1 教师队伍的稳定

◎ 新进教师的就职仪式包含平等和反歧视成分。

◎ 教师对当地和国家处理性别歧视、同性恋恐惧或性虐待事件的政策和程序有清楚的了解。

◎ 严肃处理对教师或访问者的性别歧视或同性恋恐惧言论，并且管理层和其他教师要充分支持受害者。

◎ 高级管理团队认可和褒奖那些对学校发展性别平等做出贡献或特殊努力

的教师。

7.2 教师的安排和团队建设

◎ 高级教师有责任通过培训和支持的方式，协调与拥护学校各项关于平等和反歧视方面的事项，并加以合适的训练和帮助。

◎ 委派教师（如图书管理员）开发交流系统以告知职员性别平等资料和行动计划信息，可以采用布告栏或公共邮件的形式。

◎ 平等工作小组应当定期会面以支持高级教师和平等行动。

◎ 注意保证在不同层级或学科上雇用、提拔或调动教师时不受性别的影响。

◎ 教师会议、非接触时间和工作小组的组织应保证所有教师，包括兼职教师，都能够有效推动学校工作。

7.3 教师发展和评估

◎ 了解平等问题和相关法律条例以及有志于促进平等（包括性别平等），这是评估过程框架的一部分。

◎ 教师每年都要参加关于平等的持续的职业发展（包括性别平等）活动，这应作为一个完整的学校项目来推进并不断发展和更新思想与实践。

◎ 组织持续的职业发展会议，使兼职人员也有机会参加会议。

质量指标8：合作伙伴关系和资源

8.1 与社区、教育机构、机关以及董事会之间的合作伙伴关系的建立

◎ 学校要清楚地了解并与一系列机构保持联系，这些机构促进性别平等，或是支持性别不平等的受害者，如女性救助会、苏格兰平等执行处。

◎ 学校和这些机构发展合作伙伴关系，同时与其他地方的、国家的性别平等协会合作，如家庭虐待处理对策和性健康机构。

◎ 学校与当地年轻人团体和社区组织合作，这些团体与组织特别为弱势和边缘化的年轻人提供帮助与行动，如亚洲女孩团体。

8.2 学习经费的管理

◎ 每年拨出一个可行的预算，专门用来发展和支持包含性别平等在内的平等行动。这个预算由平等协调人、平等工作小组或高级管理团队授权成

员管理。

◎ 充分考虑学校预算该以何种形式分配，该形式有助于提倡2006年《平等法案》的规定，例如购买相关图书资源，筹措学校各项事务的资金，使儿童和青少年能够参与当地和国家的事务/协会，参加性别平等/反对性别歧视或同性恋恐惧议题的教育访问活动，支持教师的持续职业发展。

◎ 高级管理团队和/或学校业务主管要熟悉平等机会委员会2006年《平等法案》有关采办的指导，并且直接参与起草与供应商的合同，保证任何采购和立约都遵循这个指导。

- 苏格兰平等机会委会员指导

  http://www.eoc.org.uk/default.aspx?page=14899

◎ 所有教师都要清楚如何使得预算可行，以便为平等和反歧视工作提供基金，并知道这方面的开支计划。

8.3 学习资源和条件的开发与管理

◎ 学校设置一些标志/通知/海报，清楚地表明恃强凌弱和歧视行为是不被接受的（包括明显的性别歧视和同性恋恐惧行为及性暴力），同时也要呈现如何应对以及到哪里寻求帮助的信息。

◎ 为一系列课程与课外活动提供场地和设施以吸引所有学生。如果有些活动被大量同性别的学生选择，那么要鼓励所有儿童和青少年参与这些活动，实现性别合理混合。

◎ 在学校中呈现多样的女性和男性形象。选择其中一部分用来介绍与女性和男性传统上关联不大的活动以及参与者的积极形象和态度。

◎ 定期对学校关于平等和反歧视方面的各种资源进行详细审计，确保学校的各项平等和反歧视事宜顺畅进行。

◎ 在全校范围内有效使用一系列反歧视的优秀资源。

◎ 严肃监督和管理儿童和青少年可能遭受虐待或恃强凌弱的场所，除教室外，还有如操场、周末的校门前、厕所、校车、更衣室等。

◎ 立刻清除任何带有辱骂性的涂鸦。

◎ 如果出现乱涂乱画，教师要将其作为一个教育机会来引起对歧视的讨论，并且谨慎处理，以照顾到受害者的敏感性。

◎ 教师、操场督导员和其他有关支持人员要熟悉应对性别歧视和同性恋恐惧行为的措施，并有信心处理这些行为。

8.4　**信息管理**

◎ 如有可能，用性别视角监督和分析学生的经验、成绩、才能和学科选择。

◎ 对学生的发展进行分析时，要融入对教育领域中复杂的、连锁式的不平等的理解，包括社会阶级、种族地位和性别的差别。

- 性别与成就

  http：//www. standards. dfes. gov. uk/gender and achievenment/

- 性别与成就

  http：//www. literacytrust. org. uk/database/boys/genderupdate. html

◎ 有效利用收集来的男生和女生学业成绩的统计资料在教师中引起讨论，如有可能，考虑并采取对策解决归因于性别的不同和差距。

- 关于学生教育和技能方面的统计观测点，应提供多个领域的信息，如单一性别教学形式的有效性，性别和行为表现，男女生之间的互动，性别差异，女生的精神压力，男女生的学科选择等。

  http：//www. standards. dfes. gov. uk/research/themes/gender

- 对学校中女生和男生不同的成就模式的调查研究。

  http：//www. standards. dfes. gov. uk/research/themes/Mathematics/Wed-Oct161248412002/

- 教育和培训中的性别与不同的成就。

  http：//www. eoc. org. uk/PDF/gender_and_differential_achievement_findings. pdf

质量指标9：领导

9.1　**愿景、价值、目标和方向**

学校目标

◎ 消除性别不平等、性别歧视和同性恋恐惧。

◎ 包容、重视和尊重所有学生、家长/监护人和教师，不考虑他们的性别、性别表达和性取向。

◎ 校长和高级管理团队对性别平等需求有很好的理解，并且很关注学校在这一领域的发展目标。

◎ 校长和高级管理团队与学校所有团体交流性别平等的好处。

◎ 如果教师、家长、监护人或学生反对学校性别平等的发展，校长和高级管理团队要有信心追求官方的、国家的和立法的要求与指令。

9.2 领导和方向

◎ 校长和高级管理团队：

- 领导、鼓励和推动教师通过案例、指导和帮助在学校中发展性别平等。

9.3 合作伙伴关系中机构与人员的共同发展

◎ 校长和高级领导团队：

- 在性别平等领域中积极鼓励、支持学习以及从教师探究活动中学习；
- 找出愿意为性别平等而工作的教师、儿童和青少年、家长、监护人、专家和社区团体并与之发展富有成效的合作伙伴关系。

9.4 变革和改进中的领导

◎ 高级管理团队、平等协调人和工作小组要保证所有新进与现有的教师都知道他们该怎么促进学校平等和反歧视工作，并且受到学校的期待。

◎ 校长和高级管理团队：

- 积极寻找发展男性与女性教师的天赋和能力以及培养专业知识的方法；
- 为男女教师提供平等的机会分享领导权。

索引

Y

Z